Herbert Kraus

›Untragbare Objektivität‹

Herbert Kraus

›Untragbare Objektivität‹

Politische Erinnerungen
1917 bis 1987

Amalthea

Danksagung

Für wertvolle Mithilfe und Anregungen habe ich
meiner Frau Elisabeth,
dem Zeitgeschichtler Dr. Hannes Zimmermann
und meiner Assistentin Christine Pichler herzlich zu danken.

© 1988 by Amalthea Verlag Ges. m. b. H.,
Wien · München
Alle Rechte vorbehalten
Schutzumschlaggestaltung: Karl Schaumann, München
Satz: Fotosatz Völkl, Germering
gesetzt aus der 10/13 Punkt Times
Druck und Bindung: Wiener Verlag, Himberg bei Wien
Printed in Austria 1988
ISBN 3-85002-254-4

Vorbemerkung

Wegen »untragbarer Objektivität« wurde im Jahre 1941 vom Goebbels-Ministerium ein Buch des Autors verboten, das unter dem Titel »Rußland 1941 – Volk, Kultur und Wirtschaft« im »Südost-Echo«-Verlag erschienen ist und von dem innerhalb kürzester Zeit 10 000 Exemplare verkauft worden waren. Weitere 120 000 Exemplare waren vorbestellt worden!

Auch spätere Machthaber und Meinungsdiktatoren empfanden die Krausschen politischen Thesen als »untragbar«, weil »unangenehm objektiv«.

Aus der Verpflichtung zur Objektivität ist diese lebendige Zeitgeschichte Österreichs und Europas geschrieben.

Inhaltsverzeichnis

7

9

1. Kapitel

Das gute und das schlechte Erbe der Monarchie

Während meiner Volksschulzeit ist eine Welt zusammengebrochen. Der Übergang von der Monarchie zur Republik hat in Österreich heftigere Krisen als in anderen neuen Republiken Europas hervorgerufen. Das turbulente Geschehen in der Mitte des Jahrhunderts kann ich nur aus dem damals erzwungenen, schmerzhaften Umdenken heraus verständlich machen.

1917 hielt der Sonderzug des jungen Kaiser Karl eine halbe Stunde auf dem Bahnhof unserer Kleinstadt. Die Honoratioren und wir Schulkinder hatten Gelegenheit, ihm zu huldigen. Mein Bruder durfte den Blumenstrauß überreichen. Vornehme Damen in rauschenden Roben, strahlendes Wetter und auch wir im Sonntagsgewand! Ein Schauer lief uns über den Rücken. Die Größe des Augenblicks hatte uns erfaßt. Der Kaiser dankte einfach und herzlich, obwohl mein Bruder nichts anderes herausbrachte als: »Da hamm S'.«
Da ist mir auch alles in den Sinn gekommen, was ich kurz zuvor in Wien gesehen hatte: die großartigen kaiserlichen Bauwerke, die vielen Uniformen und der ganze Glanz dieses Weltzentrums.
Was für ein lebhafter Begriff von der Großartigkeit unse-

res Staates, von seinen vielen Nationen und seinen verschiedenartigen, imponierenden Ständen! Ich fühlte mich schon in der Volksschule als Begünstigter dieses Reiches: als Mitglied der bevorzugten deutschen Nation und als Mitglied eines geachteten Standes.

Doch das Schicksal hatte uns kein einfaches Los bestimmt.

Der Krieg wurde fühlbarer: Zu essen gab es immer weniger, das Geld verlor rapid an Wert, es kamen Nachrichten, daß die Front zusammenbreche und schließlich, daß der Krieg verloren sei.

Meine Familie lebte damals in der idyllischen Kleinstadt Hall in Tirol, wohin wir erst 1915 – über Wien – aus Laibach »zugereist« waren. Mein Vater[1] war als Generalstabsoffizier von Tirol nach Galizien, von dort nach Sarajevo, dann nach Agram und schließlich nach Laibach versetzt worden.

Er ist im Dezember 1914 als 38jähriger gefallen. Ich habe unter seinen nachgelassenen Papieren einen bleistiftgeschriebenen Feldpostbrief an seine fünf Kinder gefunden. Er ermahnt uns darin, seine Lebensideale: die Treue zum Kaiser, die Vaterlandsliebe und die Tapferkeit – unter diesen ganz besonders die Zivilcourage – hochzuhalten.

Diese Tugenden waren auch weiterhin der Mittelpunkt unserer Erziehung, so als wäre uns – als Vermächtnis der Familie und der »größeren alten Zeit« – die Pflicht zu einem höheren Menschentum aufgetragen worden. Die vielen Lehren und Mahnungen, die wir bekamen, lassen sich etwa in folgende Worte zusammenfassen:

»Ihr müßt mehr Fairneß und mehr Großmut haben als die Menge derer, denen nichts aufgetragen ist. Ihr müßt mehr Mühen und Opfer auf euch nehmen als die Kleinen und Schwachen; denn ihr müßt für sie eintreten! Nicht das bessere, angenehmere Leben ist der Sinn eures Daseins. Ihr müßt den Ungerechten und Bösen ins Angesicht widerstehen und euch aufraffen, zur rechten Zeit und mit lauter Stimme das Wort zu sagen; denn ihr habt die Bildung und die Tradition.«

In den Tiefen einer rüden Umwelt und eines simplen Kampfes ums Dasein ist das sicherlich oft zurückgetreten. Aber dann hat es auch immer wieder durchgeleuchtet und mir geholfen, nicht den ausgetretenen Weg zu gehen.

Wie anders sich das politische Leben nach dem Umsturz gestaltete, erlebte ich bei einem Besuch in Innsbruck: Eine Gruppe johlender Menschen zog mit der roten Fahne durch die Straßen, schlug Auslagen ein und plünderte. Einem rann das Blut von der Hand. – »Das sind die Roten!« sagte meine Mutter und zerrte mich in eine Nebengasse. »Die werden auch uns noch das letzte wegnehmen. Gnad' uns Gott, wenn sie die Oberhand gewinnen!«

Wir haben damals von vielen ähnlichen Szenen in Wien und den Wiener Vororten und von »sozialistischen Überfällen« auf alleinstehende Bauernhöfe in der Obersteiermark gehört.

Das alles hat in mir und vielen anderen ein ausgeprägtes »Feindbild« von den Sozialisten entstehen lassen. Bei mir ist es erst lange nach ihrem Linzer Parteitag 1924 – auf dem sie noch von der »Diktatur des Proletariats« sprachen – verblaßt.

Damals jedoch riefen diese öffentlichen Auftritte in mir Abscheu vor allen politischen Parteien und der ganzen Republik hervor. Die alte Monarchie leuchtete mir als das Bessere.

Aber nicht lange.

So gering mein politisches Verständnis noch war, die Darstellungen eines Onkels[2], der, von der Front kommend, einige Wochen bei uns blieb, haben meinen Glauben an das Kaisertum schwer erschüttert.

Er war der älteste Bruder meines Vaters. Er hatte dem Kaiser die Treue gehalten: Als Geniestabs-Oberst war er für die Festungsbauten der Südfront verantwortlich gewesen und hatte dort viele Mißstände beseitigen können. Aber er war ein nüchterner, scharf urteilender Mensch, der auch die oberste Kriegsführung nicht mit seiner Kritik verschont hatte. Mit kaltem Realismus schilderte er uns das massenhafte Sterben und die Greuel eines Krieges, der nicht zur Abwehr einer fremden Bedrohung, nicht zur Verteidigung des Vaterlandes, sondern um eines Prestiges, einer Eitelkeit willen begonnen worden sei. Man hatte das gegenseitige Abschlachten von Millionen fast wie ein Duell der Monarchen angesehen: Der Krieg war schon erklärt, als der Kaiser den serbischen Generalstabschef aus einem österreichischen Kurort per Sonderzug zum feindlichen Aufmarsch nach Belgrad fahren ließ. Der Leichtsinn und der Übermut, mit dem man die russische Kriegsdrohung entgegengenommen hatte, seien nicht zu beschreiben gewesen.

Verblendet seien nicht nur die unfähigen und leichtfertigen Herren oben, sondern auch zahllose Chauvinisten in der dummen Masse unten gewesen. Der Onkel berichtete: Als 1914 das Ultimatum an Serbien ablief, versammelte sich eine große Menge zwischen Stefansplatz und Schulerstraße, wo die amtliche »Depeschenagentur« als erste die serbische Antwort bekanntgeben konnte. Durch den Irrtum eines Telegrafisten wurde dem wartenden Volke die Annahme des Ultimatums durch Serbien, was die Erhaltung des Friedens bedeutet hätte, verkündet. Die Reaktion war ein Wutgeheul der Menge:

»Warum nicht Krieg? Wo bleibt die Strafe für das Volk der Mörder?«

Als dann eine Viertelstunde später die richtige Meldung durchkam, das heißt, als der Beginn des Krieges feststand, bemächtigte sich der Menge ein wahrer Freudentaumel, nicht nur auf dem Stefansplatz; auf den Straßen und Plätzen ringsum sammelten sich die Menschen und brachen in Jubel aus.

Meine Mutter ergänzte diesen Bericht durch ihre Erlebnisse von Laibach, wo die ins Feld abmarschierenden Truppen slowenischer Landsmannschaft voll Stolz und Begeisterung den Honoratioren und Frauen, die die Straßen säumten, »Živio« zuriefen, als ob sie sagen wollten: »Wir werden es schon schaffen.«

Das alles kam mir während des Zweiten Weltkriegs wieder in den Sinn, als mir meine russischen Freunde erzählten, wie anders sich der »Aufbruch in den Krieg« in Rußland abgespielt hatte, sowohl 1914 als auch 1941: auf dem Bahnhof und in den Straßen ein Meer von Tränen – bei den Frauen und ohne Scham auch bei den Soldaten!

Der Onkel hatte im Jahre 1918 in Hall die Aufgabe, die zahllosen Pferde der zurückflutenden Armee wirtschaftlich zu verwerten, das heißt an Bauern und Fleischhauer zu verkaufen. Ich erinnere mich lebhaft an das Gewühl von Menschen- und Tierleibern auf der »Unteren Lend«, dort, wo noch 60 Jahre zuvor die Inn-Schiffahrt ihren letzten Anlage- und Handelsplatz gehabt hatte. Unweit davon sah ich alle paar Stunden einen von Heimkehrern überfüllten, langsam dahinschnaufenden Personenzug. Die Soldaten hingen nicht nur an den Trittbrettern, sie saßen auch auf den Dächern der altmodischen Waggons. Die Rückzugslawine war bald verrollt. Es kam die italienische Besatzung – nicht so massiv wie die der Alliierten nach dem Zweiten Weltkrieg. Aber wir haben sie, anders als 1945, als persönliche Demütigung empfunden.

Ich hatte – wie die meisten anderen – alle Feinde und vor allem die vertragsbrüchigen Italiener für Teufel gehalten.

Doch nun sah ich, daß auch sie Menschen waren: Einmal riß ein italienisches Fuhrwerk die Mauerpfosten unseres Gartentors um. Wir wußten nicht, wo wir uns beklagen sollten. Da kam nach einer Stunde ein italienischer Offizier, entschuldigte sich und ließ schon am nächsten Tag die Pfosten durch seine Soldaten wieder aufbauen.

Eines Tages heftete unser Lehrer zwei Landkarten an die Tafel: das alte und das neue Österreich. Er suchte seine Gefühle zu verbergen und sagte nur kurz: »Das hier war unser Land, die österreichisch-ungarische Monarchie, und das dort wird von jetzt an eure Heimat sein, die Republik Deutschösterreich. Kaiser gibt es auch keinen mehr. Alles wird anders.«

In der Klasse war es eine Zeitlang still. Wir wußten nicht, was wir denken sollten, wir verstanden bloß, daß der Friedensvertrag ein großes, unseliges Ereignis war und daß sich der Jammer der vergangenen Monate verewigen werde. Wir hatten ein beklemmendes Gefühl wie die Kinder eines abgebrannten Bauern. Jetzt zeigte uns der Lehrer erst, wie armselig das Notquartier für uns Abbrändler war.

Die Lehrer hatten wohl Weisungen und Richtlinien, wie sie uns in die neue Zeit einführen sollten. Aber sie konnten sich selber nicht zurechtfinden mit der neuen Staatsform, dem neuen geographischen Gebilde und der neuen Moral. Es waren zu viele Dinge, die dieser Umbruch umgestürzt hatte.

Zunächst das Erlebnis des Äußeren: Man war an den

sichtbaren Glanz des Kaisertums, an das Zeremoniell gewöhnt, das sich um den Kaiser herum abgespielt hatte. Sein Auftritt barg ja alle Elemente des Großartigen: den prunkvollen Raum, das Gefolge, bunt glitzernde Gewänder, gemessene Bewegungen und Ehrfurcht vor der zentralen Person. Es war nicht viel anders als beim Hochamt: Oben der zelebrierende höchste Priester, die Stufen herunter seine Akolythen, dann die Ministranten und jenseits des Lettners zuerst die vornehmen Bürger und dann das festlich gekleidete Volk.

Im Staat hatte sich die ererbte Freude am prunkvollen Äußeren über eine ganze Rangordnung hin fortgesetzt, angefangen von den Mitgliedern des Kaiserhauses, bei deren Erscheinen Militärs »Front zu machen« hatten (eine besondere Form der Ehrenbezeugung), über die Statthalter, Minister, den Adel, das Offizierskorps und die höhere Beamtenschaft bis hinunter zum volksnahen Träger des »Amtskappels«. Jedem wurde seine eigene Ehrenbezeugung zuteil. Jeder hatte seine eigene Würde.

So hatte für die damals lebenden Generationen der Staat seine greifbare Gestalt angenommen. Auch wir Volksschüler waren schon darauf ausgerichtet gewesen.

Und nun? Keine Schaustellung der hohen Personen, keine Fahnen und Hymnen mehr. Die neuen Machthaber waren unsichtbar. Man sprach von Parteisekretariaten. Was sie beschlossen, erschien in Druckerschwärze auf schäbigem Zeitungspapier. Und wenn einer der neuen Herren zu sehen war, so verschenkte er kein huldvolles Lächeln, verteilte keine Auszeichnungen, sondern sprach mit nervöser Geste über die Fehler der anderen Politiker oder verlangte, daß man ihn wähle.

Ein anderes war der Bruch im politischen Denken, in den Ehrbegriffen und der staatsbürgerlichen Moral. Eine »gottgegebene Ordnung« wurde beseitigt. Wer ein

Leben lang redlich dem nachgelebt hatte, was ihm in der Schule und von der Kanzel zu glauben vorgestellt worden war, wer Respekt und Disziplin bewahrt hatte, war jetzt der Dumme. Dem Tod für's Vaterland war früher eine hohe Weihe, ein jenseitiger Sinn gegeben. Jetzt wurde er als ein sinnloses Opfer für nichts und wieder nichts angesehen, der nackte Jammer für die Familie. Woran konnte man sich noch halten? Was war nun wirklich gut und was war bös?

Nur wenige Verständige hatten schon vor dem Krieg »unabhängig« gedacht, das heißt das selbständige Überdenken der öffentlichen Dinge, das »im Geiste Mitregieren« als die große Mitwelt-Verpflichtung angesehen. Die Mehrheit, auch unter den Bürgerlichen und »in den Ständen«, hat die geistige Disziplin weit über die geistige Freiheit gestellt. Was diese Menschen jetzt erlebten, war ein schwerer Schock, so als wäre ihnen der ganze Sinn des Lebens genommen worden.

Man ahnt nicht, wie viele von da an ihren unterschwelligen Vorbehalt gegen die Demokratie still mit sich herumgetragen haben. Sie sind sich – dann später – gar nicht bewußt gewesen, daß es eine falsche Anhänglichkeit an die »alte Ordnung« war, die sie in die Arme des neu heraufziehenden Faschismus trieb.

Diese gewaltsame »Umwertung aller Werte« – daß heute das Gegenteil von dem gilt, was gestern noch heilig gewesen ist – haben die Österreicher dann noch zweimal erleben müssen: 1938 und 1945. Wie sollte sich da eine ordentliche staatsbürgerliche Gesinnung bilden!

Die schlampig skizzierte Landkarte auf unserer Schultafel zeigte das ungewohnte, keulenförmige Gebilde des neuen Österreich. Mir war es fast unheimlich. Unsere Lehrer hatten es nicht leicht, uns für diesen Staat zu begeistern, uns eine tragfähige Staatsidee einzupflanzen.

An welche Traditionen sollten sie anknüpfen? Alles, was bewundernswert war in unserem Geschichtsunterricht, hat sich auf das Heilige Römische Reich oder die Habsburger-Monarchie, aber niemals auf dieses alpenländische Rumpfgebilde bezogen. Die Lehrer behalfen sich mit den lokalen Traditionen der Kronländer, jetzt Bundesländer: Wir in Tirol haben nur das »Andreas-Hofer-Lied« mit Inbrunst gesungen. Die Salzburger Schüler konnten jeden der großen Erzbischöfe mit Namen nennen, und die von der Steiermark hatten ihren Erzherzog Johann, der auch die Republik überstand.

Das neue Ideal, der »Nationalstaat«, ist für uns nicht in Frage gekommen. Das hätte ja nur das Großreich der zusammengefaßten 80 oder noch mehr Millionen Deutschen sein können. Und dieses haben die Siegermächte durch die Friedensverträge zu verhindern gewußt. Denn wenn sie die Bildung einer solchen Übermacht gegen die 40 Millionen Franzosen und eine Schar slawischer Kleinstaaten zugelassen hätten, wären sie um die Früchte ihres Sieges gekommen.

Man sah auch keine wirtschaftliche Lebensfähigkeit des neuen Staates. Der landwirtschaftliche Reichtum der Monarchie ist in Ungarn und der industrielle in der Tschechoslowakei zurückgeblieben.

Uns sind nur die Offiziere und Verwaltungsbeamten des großen Reiches zugefallen. Diese sind nun in Massen zurückgeströmt und haben nur unsere Not vergrößert.

Zur tragfähigen Staatsidee gehört auch die mitreißende Vorstellung von einer hohen, übernationalen Aufgabe, von besonderen Vorzügen, die der Fremde, der unser Land besucht, rühmen könnte. Doch damals war noch niemand darauf aus, unsere Berge zu durchwandern, renovierte alte Schlösser und bunte Dirndl zu bewundern.

Theater und Musik waren vergessen. Der Völkerbund ließ sich in Genf und nicht bei uns nieder. Von Neutralität war noch lange nicht die Rede.

Es war ein Staat wider Willen. Keine Partei und keine Volksgruppe hatte diesen alpenländischen Kleinstaat herbeigewünscht. Er ist von fremden Siegermächten in dieser Form gewaltsam hingestellt worden, ohne daß seine Einwohner gefragt worden wären – der einzige Staat der Welt, der zur »souveränen Unabhängigkeit« gezwungen worden ist!

Teils durch Gewöhnung, teils durch das Leid der fehlgeschlagenen Experimente und vor allem durch mutiges Anpassen an die harte Wirklichkeit ist langsam, langsam, in einem fast 40 Jahre währenden Prozeß, die Freude an diesem Staat, eine neue tragfähige Staatsidee entstanden.

Hätte es denn damals, im ersten Viertel unseres Jahrhunderts, keine andere politische Lösung für den altersschwachen Vielvölkerstaat an der Donau gegeben?

Als ich in späteren Gymnasialjahren anfing, mich für Politik und Zeitgeschichte zu interessieren, erfuhr ich von meiner Mutter und den Brüdern meines Vaters, daß es doch auch im eigenen Land konkretere Vorstellungen von einer Neuordnung des Habsburgerreiches gegeben hatte.

Einer dieser Ideen hatte auch mein Vater angehangen. Er war – wie viele andere – schon seit der Jahrhundertwende überzeugt gewesen, daß die Monarchie in der alten Form nicht würde überleben können. Er hatte zu jenen Generalstabsoffizieren um den Thronfolger Franz Ferdinand gehört, die eine föderative Aufgliederung der Monarchie mit nationalen Parlamenten anstrebten. Mein Vater und einige seiner Freunde waren allerdings wesentlich weiter als der Thronfolger und sein »Belvedere-Kreis« gegangen. Sie hatten von Hoheitsrechten der Nationen und nicht der Kronländer geträumt, von einem System, das relativ kampflos mit »kaiserlichen Entschließungen« hätte eingeführt werden können. Der Katalog der Grundrechte sollte neu gefaßt, eine Sozialgesetzgebung geschaffen und das Wahlrecht modernisiert werden. Die Donau-Monarchie mit ihren 14 Nationen hätte ein Vorbild für das später zusammenzuschließende Europa der 25 Nationen abgeben sollen.

Es war die Vision einiger ideal gesinnter Menschen, die die neue Zeit mit der alten hatten versöhnen wollen. Doch der Geist der neuen Zeit war schon zu weit vorangeschritten und die Praxis der alten zu sehr zurückgeblieben – aus Unverstand, aus Bequemlichkeit und aus dem Übermut der Adeligen und anderer Privilegierter –, so daß diese Rechnung, auch ohne Krieg, nie aufgegangen wäre.

Am friedlosen Nebeneinander der Nationen schien also das alte Reich zugrunde gegangen zu sein. Mit einer neuen Aufteilung der Völker auf alte und neu geschaffene Staaten sollte das bessere, das »national befriedete Europa« erstehen. Wie unheilträchtig diese »Neuordnung« ausgefallen ist, konnte ich selber miterleben, als ich nach Brixen ins Gymnasium kam:

Die neue Staatsgrenze war keine nationale, sondern eine »strategische«. Über 100 000 deutsche Tiroler sollten italienisiert werden, nur weil am Brenner die Berge höher sind als an der Salurner Klause. Ein nationaler Haß, wie ihn kaum ein Tscheche oder Serbe im alten Staat gekannt hatte, ist dort damals aufgeflammt. Auch wir Elfjährigen träumten von einem neuen Tiroler Freiheitskampf. Wir suchten uns schon die engen Straßenschluchten aus, über denen wir – wie anno 1809 – die Steinlawinen aufbauen könnten, die dann auf durchmarschierendes italienisches Militär losdonnern sollten.

1922 kamen die Faschisten. Sie brachten süditalienische Ansiedler in die deutschen Städte, ganz urtümliche Leute, die das vorgefundene Klosett als Kühlschrank und die Badewanne als Hasenstall benutzten. An einem zentralen Platz – an der Brücke zwischen Bozen und Gries – wurde ein überdimensionales Siegesdenkmal errichtet, auf dem diese Sieger mit italienischer Emphase und lateinischen Worten verkündeten: »Von hier aus haben wir den anderen Sprache, Gesetze und Kunst beigebracht.«

Sie schauten auf uns herab und wir auf sie. Und so ist es reihum gegangen, fast überall in Europa. Wir Österreicher und die Polen würdigten vielleicht manchmal das französische Volk, die Holländer und die Schweden das englische Volk. Aber sonst hat es nur wenig Toleranz und noch weniger Respekt vor der Andersgeartetheit eines Nachbarvolkes gegeben. Die meisten liebten es, die Nachbarn als minderwertig, grob oder bösartig zu bezeichnen.

Gab es nun keine Chance, aus dieser gegenseitigen nationalen Ablehnung herauszukommen?

Früher einmal hatte das eine Völkergemisch gegen das andere Völkergemisch nur für die Macht der einen oder anderen Dynastie gekämpft. Nationen hatte man kaum gekannt. Man kannte nur Herrscher. Es gibt einen Brief des hochgebildeten Renaissance-Papstes Enea Silvio Piccolomini, in dem er den Bischof von Prag fragt, ob es wahr sei, was ihm Pilger erzählt haben, daß man in seiner Diözese eine andere Sprache als Deutsch spreche.

Und als dann Kaiser Josef II. mit Einführung der Volksschule und der zentralen Verwaltung den ersten Schritt in die neue Zeit tat, geschah es wie im biblischen Babylon:

Die Menschen erlebten zum ersten Mal die fremde Sprache ihrer Landsleute und begannen einander scheel anzusehen. So entstand der österreichische Nationalitätenhader, der die letzten 70 Jahre des Habsburgerreiches beherrschte.

Österreich ist nicht einfach darüber hinweggegangen. Die Verwaltung in Wien hat einen ehrlich gemeinten und geradezu vorbildlichen Kompromißvorschlag für die Sprachregelung ausgearbeitet. Dieser redliche Versuch ist aber am Widerstand der Extremisten der verschiedenen Nationen, auch der Deutschen, gescheitert.[3] Das wohldurchdachte Modell ist nach dem Krieg vollends vergessen worden, sogar in den Nachfolgestaaten wie in Jugoslawien.

Es war also nicht die Sprachpolitik, die versagt hatte. Es war der falsche Geist, der nicht nach vorne auf das neue demokratische Konsens-Suchen, sondern nach rückwärts auf den dynastischen Ordnungsstaat ausgerichtet war. Man versäumte es, die Wertschätzung der neu heraufkommenden kleinen Nationen zu begründen und zu festigen. Wie lange noch ist in den Wiener Kabaretts der tschechische Hausmeister und der gallizische Jude karikiert worden, so karikiert worden, daß sich primitivere Seelen daraus eine Abwertung jener anderen und eine Aufwertung ihrer selbst zurechtmachten!

In meinem Gymnasium in Brixen ist die Unterrichtssprache, trotz der faschistischen Scharfmacher, noch eine Zeitlang Deutsch geblieben. Aber es wurden uns neben Latein und den vielen anderen Fächern sieben Wochenstunden Italienisch vorgeschrieben. Bald waren wir so weit, daß wir den Pinocchio lesen konnten. So heftig ich die Fremdherrschaft ablehnte, ich fand Gefallen an dieser deutlich sprechbaren, wohlklingenden, grammatikalisch klaren Sprache.

Mit innerer Aufgeschlossenheit in die Seele eines anderen Volkes einzudringen ist für meine Generation nicht so einfach gewesen. Dazu mußte man zuerst den politischen Konfliktstoff »verarbeitet« haben, das heißt wenigstens eine theoretische Konfliktlösung vor sich sehen.

Leichter war es mir, in den Geist vergangener Epochen einzudringen. Dazu hat mir meine damalige Nordtiroler Heimatstadt Hall besondere Gelegenheit gegeben. Sie war eine beinahe unberührt gebliebene, mittelalterliche Großstadt aus der Zeit Herzog Siegmund des Münzreichen und des Kaisers Maximilian I.

Ein Bub aus dem 15. Jahrhundert hätte sich nicht anders fühlen können, als ich mich fühlte, wenn ich unter den erkergeschmückten Häusern der engen Salvatorgasse das Haus unseres Flickschneiders zu finden hatte und über eine steile, steinerne Wendeltreppe hoch hinaufsteigen mußte oder wenn ich hinter dem Münzerturm an der weithin stinkenden Lohgerberei vorbeikam. Es mögen auch dieselben Geschichten gewesen sein, die man uns und den Kindern vor 400 Jahren von den Gespenstern auf der »Naggelburg« und den Taten des Ritters Baldauf[4] in der Baldaufkapelle erzählt hat.

Hineingestreut in die Reihen der 300 hohen, schmalen Bürgerhäuser waren Klöster, Herrensitze mit gepflegten Gärtchen und allerlei Kirchen und Kapellen, und das alles war umgeben von einer zum Teil noch aufrechten Stadtmauer mit vorgelagerten breiten Gräben. Der ausgedehnte »Patergraben«, nach den benachbarten Patres Franziskanern benannt, wurde als Hauptstraße benutzt, während ein kurzes anderes Stück als Schauplatz für die städtischen Kulturbemühungen – meist nur bescheidene »lebende Bilder« – diente.

Ausgehöhlte, ineinandergesteckte Baumstämme waren

wie vor alten Zeiten die Rohrleitung, durch welche die Sole aus dem hochgelegenen Salzbergwerk in die Kesselhalle der »Saline« am unteren Stadtplatz floß.

Im nahen Innsbruck war der mittelalterliche Stadtkern herrschaftlicher, den reicheren Patriziern und Fürstlichkeiten angepaßt. Seine Laubengänge führten in die barocke und franzisco-josefinische Pracht der Maria-Theresien-Straße.

Einer ähnlichen Atmosphäre begegnete ich in Brixen und dann auch in Feldkirch, wo ich von der dritten Gymnasialklasse an weiterstudierte – alles Orte, wo sich das Alte nicht perfekt lackiert und nicht museal präsentierte, sondern sich im gleichen Gebrauch wie seinerzeit darstellte und etwas abgenützt war.

Wer in der österreichischen Provinz aufwächst, ist wohl leichter als ein Großstädter imstande, Relikte uralter Vorstellungen – nicht nur der heidnischen mit ihren Perchten, sondern auch der späteren, tief christlichen und oberflächlich wundergläubigen – hinzunehmen und zu verstehen. Diese Relikte treten uns ja aus jeder politischen Partei, aus jeder »Weltanschauung« und aus jeder Eigenbrötelei einer Talschaft entgegen.

Die junge Republik hatte die Schleusen für die weltanschauliche Diskussion geöffnet. Es gab ein hartes, feindseliges Aufeinanderprallen der drei Weltanschauungen: der katholisch-konservativen, der bürgerlich-freisinnigen und der marxistischen.

Ich habe bis zum Abschluß meines Hochschulstudiums zu Vertretern aller drei Weltanschauungen menschliche Beziehungen gefunden und bin immer wieder angeregt worden, den Gedankengängen und Gefühlen der einen wie der anderen nachzugehen.

In der Gymnasialzeit war es einfach. Da gab es fast nur

eine Linie. Ich war in zwei katholischen Internaten: in Brixen in einem bischöflichen Konvikt und in Feldkirch bei den Jesuiten. Sie unterschieden sich wesentlich voneinander.

In Brixen lernte ich den unverfälschten Katholizismus des 19. Jahrhunderts kennen: die tiefe Ehrfurcht vor der Hierarchie und den Einrichtungen der Kirche, echte Gottergebenheit und wundergläubige Heiligenverehrung. Für meine Mitschüler, zumeist Bauernsöhne aus den Tiroler Bergdörfern, existierte noch die gottgewollte Ordnung der alten Monarchie. Die italienische Fremdherrschaft wurde als vorübergehende Strafe Gottes betrachtet.

Hier herrschte die Ruhe eines in sich gekehrten, klösterlichen Lebens: Um fünf Uhr früh weckte uns der Präfekt mit seiner Handschelle. Eine Minute später begann er mit lauter Stimme den Psalm zu beten, in den dann unser anwachsender Chor – zuerst heiser verschlafen, dann immer kräftiger – einstimmte. Nachdem die lateinischen Worte, die wir bald gut auswendig wußten, aber erst spät verstanden, verklungen waren, begann das Plätschern an der gemeinsamen Waschrinne. Man ging zur Messe, zum Studium und dann in den Speisesaal zum Frühstück zu Brennsuppe und Schwarzbrot. Der weitere, wohl geordnete Tagesablauf spielte sich zwischen den Klassenzimmern, Spielplätzen, Studierräumen und dem Speisesaal ab, um schließlich wieder im Schlafsaal zu enden. Zweimal die Woche gab es statt des Nachmittagsunterrichts einen Ausflug in die schöne Umgebung.

Besonderen Eindruck machte mir der Besuch des Klosters Neustift. Hier erlebte ich die Hochform gepflegten Mönchtums. Es war die Stunde der Vesper. Feierlich, in langen Gewändern, gemessenen Schritts, wie orientalische Könige, zogen die Mönche durch die Kirche zum

Chorgestühl. Die rechts Platz genommen hatten, begannen den schlichten Gesang, die links antworteten. Wo immer der dichterische Text des alten Testaments Gott nannte, erhoben oder verneigten sie sich.

Dann wurden wir durch die herrlichen Räume des anschließenden Klosters geführt. Endlich traute ich mich, einen der Patres zu fragen, was er denn außer singen und beten den Tag über mache. Er antwortete, daß jeder einen anderen »weltlichen Teil« seiner Gottesverehrung pflege, führte mich in den hoch abgeschlossenen Klostergarten und zeigte mir seitwärts einen buntgemusterten Teppich leuchtender Alpenblumen. Er hob den Blumentopf einer schon abgeblühten Kuhschelle auf und zeigte mir die Schönheit der zurückgebliebenen Samenhaare. Es sei ihm erlaubt, stundenlang durch die nahen Dolomiten zu streifen und seltene Pflanzen für dieses Alpinum zu sammeln. Schon das Aufsuchen der Namen und Beschreibungen in der »Pflanzenkunde« bereite ihm Freude, am schönsten aber sei es, nach dem langen Winter alles wieder aufblühen zu sehen.

In Feldkirch bei den Jesuiten bin ich dann dem 20. Jahrhundert begegnet: der Diskussion, dem Überprüfen und dem Zweifel an manchem Althergebrachten.

Es war auch ein anderes Publikum in diesem auserlesenen Pensionat: eine interessante Mischung aus bürgerlichen und adeligen Familien der verschiedensten Länder, darunter die Söhne wirtschaftlich und politisch führender Leute. Sie haben eine gewisse Weltaufgeschlossenheit und auch etwas Skepsis gegenüber der kirchlichen Unfehlbarkeit mit hereingebracht.

Die Jesuiten selbst waren nicht – so wie die meisten anderen Geistlichen – darauf aus, auf den kirchlichen Einrichtungen kein Stäubchen eines Tadels zu dulden. Sie gaben Fehler und Unzulänglichkeiten zu. Und wenn man sie über den »Index« und manchen fragwürdigen Sündenkatalog befragte, verwiesen sie auf die Zukunft, auf kommende Reformen. Sie betonten sogar, daß die Kirche immer schon dem Geist der Zeit um mindestens 30 Jahre nachgehinkt sei.

Ab der fünften Klasse konnte man an einer Rednerschule, »Akademie« genannt, teilnehmen. Hier wurden einerseits berühmte Prosastücke und Gedichte vorgetragen und andererseits politische und gesellschaftskritische Probleme diskutiert. Wir durften da sogar so heikle Themen wie die Inquisition und die weiterhin bestehende katholische Intoleranz gegen Andersgläubige angehen, und zwar recht freimütig.

Von der strengen Ausrichtung auf die römische Autorität abgesehen, hätte man fast von einem »liberalen Katholizismus« reden können; denn »das Wesentliche« war bei unseren Lehrern nicht die pharisäische Einhaltung äußerlicher Vorschriften, sondern die christliche Tugend und die persönliche Gottbeziehung.

So hatte ich eine der drei Österreich beherrschenden Weltanschauungen aus ihrem Urquell heraus in mich aufgenommen, und zwar ohne mich mit Scheuklappen vor den zwei anderen abschirmen zu müssen.

Neben der mangelnden Staatsidee und dem erbitterten Kampf der Weltanschauungen belastete noch ein anderes Moment den Übergang zur Republik: der Gegensatz der Stände oder Klassen.

Die soziale Einebnung war im alten Österreich nicht so weit gediehen wie in anderen Industriestaaten. Die reich gegliederte Gesellschaftsstruktur der alten Zeit hatte sich hier viel länger als sonstwo gehalten.

Das Offizierskorps umfaßte eine ganz andere Kategorie Menschen als das wirtschaftlich tätige Großbürgertum

und dieses wieder eine andere als die höhere Beamtenschaft. Sie unterschieden sich nicht nur durch ihre Lebensart, auch durch ihre Ehrbegriffe, ja sogar durch den
Jargon. Freilich kam es vor, daß Leute verschiedener Kategorien zur selben Festlichkeit zusammenkamen, aber
von einem Stand in den anderen hineinzuheiraten war
bereits ein Problem.

Es gab über ein Dutzend Stände, die alle ihre Eigenhei-
ten wie einen heiligen Gral hüteten: die adeligen Groß-
grundbesitzer, die Großbauern, die Häusler und
Knechte, die nicht assimilierten Juden, die Handwerker,
die kleinen Geschäftsleute und die Facharbeiter, die sich
auch noch von der ungegliederten Masse der traditions-
losen Proletarier unterscheiden wollten. Schon auf der
Straße konnte man erkennen, welchen Standes der Ent-
gegenkommende war, an seiner Kleidung, am Gang und
an seiner Haltung.

Die meisten Menschen sahen es als eine Lebensaufgabe
an, sich ihren Stand zu erhalten und das »standesge-
mäße« Einkommen zu sichern.

Im alten Regime war der Standesunterschied nicht bloß
durch Leistung, sondern auch durch »Privilegien« unter-
baut. Jetzt waren die Privilegien abgeschafft. Den Be-
nachteiligten war die »Gleichheit« versprochen worden.
Die einen haben diese im Einkommen gesehen. Die anderen wollten wenigstens die äußeren Erscheinungsfor-
men der »Besseren« wegwischen. Und damit sind die
großen Gegensätze aufgebrochen.

Ich war noch in der Volksschule, als ich einst eine qual-
volle Stunde lang in der Schlange vor einem Lebensmit-
telgeschäft stand, ordentlich angezogen mitten unter ver-
drossenen alten Frauen und halbwüchsigen Burschen.
Was sie untereinander sprachen, hatte mich schon eingeschüchtert. Und als man mich ungerecht zurückdrängte

und ich leise protestierte, ging es um mich herum los: »Mit eurem feinen Herrentum ist es jetzt vorbei!« – »Der bildet sich ein, etwas Besseres zu sein!« – »Ihr werdet auch noch aus dem selben Topf fressen wie wir.« – und anderes mehr.

Spontane Auflehnung gegen den »bürgerlichen Vorrang« war in diesen Revolutionsjahren an der Tagesordnung. Sie war hier nicht so wild wie in Italien, wo man den Frauen die Hüte – Symbole des besseren Standes – vom Kopf riß. Aber gespürt hat man die feindselige Haltung in der Straßenbahn, in den Warteräumen der Ämter und bei größeren Ansammlungen auch in Österreich.

Die Revolution verlangte die Gleichheit; die Mehrzahl der Staatsbürger aber wollte den erworbenen Stand bewahren und ihr bißchen Eigentum behalten – und zwar verbissen und mit aller Kraft. Bald stellte sich heraus, daß die bürgerliche Reaktion nachhaltiger und heftiger war als die ursprüngliche proletarische Auflehnung. In dem Maße, in dem das allgemeine Vertrauen in die Demokratie schwand, stieg die Neigung der Bürgerlichen, ihren Schutz zuerst in den paramilitärischen Wehrverbänden und schließlich in einer »faschistischen Ordnung« zu suchen.

Demgegenüber hatte die besitzlose Arbeiterschaft – von Schundlöhnen niedergedrückt und vor dem Schicksal der Arbeitslosigkeit zitternd – keine andere Hoffnung als die »sozialistische Umverteilung«, und diese ziemlich revolutionär gedacht. Damals wäre ja niemand darauf verfallen, zugleich mit einem allgemeinen Produktionsanstieg systematisch Lohnerhöhungen erzwingen zu können und eine volkswirtschaftlich abgestimmte Sozialpolitik in Gang zu bringen – so wie das 40 Jahre später jedem Arbeiter geläufig war, der die wirtschaftspolitische Schulung der Gewerkschaft mitmachte.

Die Revolution von 1918 war den Arbeitern der ersehnte Aufbruch zur »sozialen Gerechtigkeit« gewesen. Als aber dann von 1920 an eine bürgerliche Regierung nach der anderen an der Macht war, sahen sich die Arbeiter um die Früchte der Revolution betrogen und glaubten, nicht anders als unter dem Kaiser niedergehalten zu werden. Sie waren einer schweren seelischen Belastung ausgesetzt, und vor der nackten Verzweiflung bewahrte sie nur ihr anwachsendes, kämpferisches Klassenbewußtsein. »Proletariat« war ihnen kein abschätziges Wort. Es wurde zum Feldzeichen für den kommenden Krieg der Klassen.

Dieses Gefühl hatte ich schon als 15jähriger, als ich mich einmal während der Ferien in Wien mit unserer Bedienerin in ein politisches Gespräch einließ. Am Ende desselben sagte sie gelassen: »Wir werden einander nie überzeugen. Ich bin Proletarierin, und alle meine Freunde sind Proletarier. Sie aber sind ein Bürgerlicher.« Ich fragte: »Warum wollen Sie sich unbedingt als Proletarierin erklären?« Sie antwortete: »Wir wollen keine feigen, im Schlepptau der Kapitalisten vegetierenden Kleinbürger, sondern stolze Proletarier sein, die dem großen Kampf um eine neue Welt gewachsen sind.«

Diesem Proletarier-Stolz bin ich während der Ersten Republik noch oft begegnet. Er bedeutete sowohl die Absage an eine Eingliederung in die bürgerliche Gesellschaftsordnung als auch die Bereitschaft zum entscheidenden Klassenkampf – wenn nötig, auch zum gewaltsamen.

Die psychologische Situation war auf beiden Seiten so, daß die politische Entwicklung unaufhaltsam der gewalttätigen Auseinandersetzung zutrieb. So wie die einen ihren Stand und ihr Eigentum mit Zähnen und Nägeln verteidigten, so verteidigten die anderen ihre gesellschaftspolitische Hoffnung, das einzige, was sie hatten.

Der Kampf um die Erhaltung des Standes spielte sich nicht nur in der Politik, sondern vielleicht noch eindrucksvoller in den Einzelschicksalen ab.

Offiziere und Beamte waren am schlimmsten aus ihrer Bahn geworfen. Der neue Staat konnte ja nur wenige aufnehmen. Der 1919 schon reduzierte Beamtenstand mußte mit der Stabilisierung der Währung (eine Bedingung der Völkerbundanleihe!) plötzlich nochmals um mehr als 100 000 Menschen verringert werden, die brutalste »Entbürokratisierung«, die man je erlebt hat! Einige kamen als Privatangestellte unter. Wer Kroatisch oder Slowenisch beherrschte, bot sich dem neuen südslawischen Staat als Beamter an, allerdings mit der Bereitschaft, sich zur anderen Nation zu bekennen.

Nachrichten-Offiziere verdingten sich beim Kabelbau Wien-Paris, Pioniere ergatterten sich mit ihrem militärischen Know-how einen Ingenieurposten in der Bauindustrie, ein Generalstäbler schulte die Verkäufer von Julius Meinl zur vorbildlichsten Laden-Garde Europas, einige gründeten eigene Firmen, und viele wanderten nach Übersee aus. Wohin sie auch verschlagen wurden, man hat von ihnen noch bis in die zweite und dritte Generation als von »österreichischen Offiziersfamilien« gesprochen. Ich bin solchen Jahrzehnte später noch in Übersee begegnet.

Unsere Mutter hatte das Familienvermögen in Kriegsanleihen angelegt und damit restlos verloren. Die Witwenpension für sie und uns fünf Kinder betrug 200 Schilling im Monat und ist bis zu unserer Großjährigkeit nicht aufgewertet worden. Mir wurde schon am Ende meiner Volksschulzeit klar, daß wir keine »gutsituierte Familie« mehr waren.

Für unsere Mutter hat es also – wie für 100 000 andere – geheißen, »von vorne anfangen«. Selbst wer sein Geld in

Hausbesitz angelegt hatte, sah es nun durch die Verschärfung eines kriegsbedingten Mieterschutzgesetzes auf den Nullpunkt zusammengeschrumpft.

»Von vorne anfangen« ist auch in der Politik das Schwerste. Man muß sich an Vorhergegangenes anlehnen können. Davon hat uns das alte Kaiserreich nicht viel Brauchbares vererbt.

Die halbherzigen demokratischen Experimente Franz Josephs haben keine Tradition geschaffen. Es gab wohl ein prunkvolles, großartig ausgestattetes Parlamentsgebäude, aber keine Vorbilder für parteipolitisches Zusammenwirken und keinen Sinn für demokratische Fairneß. Das Ideal der alten Zeit war eben nicht das Parlament, nicht das lebendige Zusammenspiel der Gruppierungen, sondern der Kaiser und die auf ihn ausgerichtete Ordnung.

Diese Einstellung kam auch im Verwaltungsapparat zum Vorschein. Seine Beamten agierten auch nach 1919 aus der Idee des »Obrigkeitsstaates« heraus, eines Staates, in dem der Bürger nichts anderes als »Untertan« war.

Als meine Mutter um die Pachtung einer Tabaktrafik ansuchte – wie das damals für Kriegerwitwen vorgesehen war –, ging ich in das zuständige Amt. Der Beamte schnauzte mich an, wieso ich hereinkäme, ohne vom Amtsdiener gerufen worden zu sein. Dann musterte er mich mißtrauisch über seine Brille hinweg, warf einen kurzen Blick auf den Akt und schob ihn gleich wieder mit lässiger Gebärde unter einen Stoß anderer Akten. Schließlich sagte er: »Wenn S' keine Empfehlung von einem Minister kriegen, haben S' keine Chance.«

Bis über 1955 hinaus hatte der Österreicher bei Behörden fast nie das Gefühl der Ebenbürtigkeit mit dem Beamten, das Selbstbewußtsein des freien Bürgers einer Demokratie.

Der kaiserliche »Obrigkeitsstaat« hat uns aber auch ein gutes Erbe hinterlassen: In seinen obersten Schichten hat sich ein hohes, überparteiliches Verantwortungsgefühl für das Staatsganze ausgebildet. Es überstand die Revolution und ist der Republik in der ersten Zeit unverkürzt zugute gekommen.

Ein enger Freund meines Vaters, der spätere Polizeipräsident von Wien Michael Skubl, erzählte uns vom Machtübergang des Jahres 1918 das folgende:

Die höheren Beamten, auch die vielen »josefinisch liberal« Gesinnten, waren in ihrem Herzen dem Kaiserhaus verbunden. Als am 31. Oktober 1918 der letzte kaiserliche Ministerpräsident, Lammasch, die Regierungsgeschäfte an den revolutionär gebildeten »Staatsrat« abgegeben hatte, drohte sich die staatliche Ordnung aufzulösen: Auf der einen Seite füllten demonstrierende Massen die Straßen, und auf der anderen Seite formierte sich in Wiener Neustadt ein ganzes Regiment, bestehend aus kaisertreuen Kadetten und Offizieren, um nach Wien zu marschieren und den Kaiser zu verteidigen.

Der »Staatsrat« hatte noch keine verfassungsmäßige Legitimation. Was sollte man tun? Aus eigenem Antrieb versammelten sich die wichtigsten Beamten in ihren Ministerien, berieten über Beamtenpflicht und »Zwang der Umstände« und beschlossen – allen voran der letzte vom Kaiser für das ganze Reich ernannte Polizeipräsident Johannes Schober –, dem neuen Staat zu dienen und sofort zu handeln.

Man versicherte sich beim Staatsrat und bei den tonangebenden Führern der Parteien, daß mit dem Kaiser über seine Abdankung friedlich verhandelt und sein Leben nicht aufs Spiel gesetzt werde. Mit dieser Botschaft schickte man adelige Unterhändler zum kaisertreuen

Regiment und verhinderte auf diese Weise eine sinnlose blutige Episode.

Als uns Skubl 1929 von diesen kritischen Tagen erzählte, war gerade der christlich-soziale Politiker Carl Vaugoin Vizekanzler im zweiten Kabinett Schober geworden und heftig darauf aus, lediglich Parteifreunde – zumeist aus dem großen Reservoir des CV[5] – als Beamte einzustellen und in die wichtigsten Schlüsselstellungen zu bringen. Skubl schilderte uns Schobers verzweifelten Kampf, die öffentliche Verwaltung vor einer solchen parteipolitischen Durchdringung zu bewahren. Er sah, wie sich die Gegensätze polarisieren müßten, wenn auch bei der höheren Beamtenschaft Parteiräson vor dem Staatsinteresse stünde.

Schober verlor den Kampf, er mußte wegen dieser Meinungsverschiedenheit demissionieren. Ich erlebte es dann, wie in den Bundesdienststellen bis zum Amtsdiener hinunter fast nur »Schwarze« und in den sozialdemokratischen Gemeinden bis zu den Spitalsärzten und Lehrern fast nur »Rote« eingestellt wurden und wie weitgehend die Parteipolitik damit auch den persönlichen Existenzkampf der österreichischen Intelligenz entschied.

Trotz alledem, die altösterreichische Tradition des »staatstragenden« Beamten hat sich noch vielfach am Leben erhalten, ist nicht ganz ausgelöscht worden. Ich bin immer wieder – bis in die Zweite Republik hinein – führenden Beamten begegnet, die nicht bereit waren, ihre Objektivität und ihren unbestechlichen Sinn für die wirklichen Staatsnotwendigkeiten der Parteiräson zu opfern.

Ein positives Erbe war auch die »Aufgeschlossenheit für die andere Nation«. Während sich viele kleine Leute und Halbintellektuelle im Nationalitätenhader verstrickten, hat eine breite Intelligenzschicht das staatliche Zusammenleben mit den anderen Nationen als eine Selbstverständlichkeit erkannt, freiwillig eine fremde Sprache erlernt und mit echtem Interesse den fällig gewordenen Zivilisationsaustausch betrieben; denn die Unterschiede im Lebensstandard waren erheblich:

In Kroatien gab es weite Gebiete, in denen nur 20 Prozent der Menschen in Betten schliefen. In Galizien waren selbst die Dorfstraßen bei Regenwetter so gut wie unpassierbar – vom Überlandverkehr ganz zu schweigen. In manche wunderschöne Gegend der Bukowina kam die Post nur einmal im Monat. Moderne Wirtschaftsformen, Schulen, Hygiene und öffentliche Einrichtungen waren von Wien aus in diese »vergessenen« östlichen und südöstlichen Landesteile gebracht worden. Die deutschsprachigen – manchmal auch tschechischen und ungarischen – Kulturpioniere haben dort unter höchst unbequemen Lebensumständen das vollbracht, was am Ende des 20. Jahrhunderts als echte Entwicklungsarbeit bezeichnet wurde. Diese stille altösterreichische Aufgeschlossenheit hat sich in nachfolgenden Generationen erhalten.

Auch in mir hat diese Tradition fortgelebt, denn in frühester Jugend schon ist meine Phantasie von den altösterreichischen Milieuschilderungen unserer Mutter erfüllt worden. Da waren die Bilder von den halborientalischen Häusern Bosniens, in denen die Eltern bei gebildeten Muslims zu Gast waren, von den bettelarmen Rekruten, die aus rumänischen Dörfern Siebenbürgens kamen und beim österreichischen Militär das erste Mal Brot und Lederschuhe kennenlernten, von den unglaublich einfallsreichen Juden und den volksbewußten Ruthenen Galiziens, kurz von dem ganzen bunten Leben in österreichischen »Garnisonsstädten«. Manchmal kam es mir vor, als hätte ich die kaiserlichen Beamten in den fernen

»Statthaltereien« und das ganze Völkergemisch Öster-
reich-Ungarns selbst erlebt, so sehr stand ich im Bann
dieser untergegangenen Welt. Das Vergangene war groß
und das Gegenwärtige zu klein und zu bedrückend, als
daß ich mich dem Alten ganz hätte entziehen können.

Die positiven Seiten unseres Erbes sind damals kaum zu
sehen gewesen. Wer einen neuen Hausstand gründet,
stellt oft alle ererbten Möbel auf den Dachboden, und
wenn er später einmal den besonderen Wert des einen
oder anderen Stücks erkannt hat, holt er sie herunter
und weist ihnen den rechten Platz an.

2. Kapitel

Die Schwierigkeiten eines
»Staates wider Willen«

Das Bild des altösterreichischen Erbes war in mir allmählich und im nachhinein entstanden, so, wie ich eben das einzelne mit zunehmendem Alter rekonstruieren konnte. Die Erste Republik jedoch habe ich selber frisch erlebt.

1924 zog meine Familie von Tirol nach Wien. Während der Gymnasialferien und erst recht nach der Matura im Jahre 1930 geriet ich ganz in den Bann dieser wilden, bewegten Zeit. Die großen politischen Geschehnisse – angefangen vom Brand des Justizpalastes bis zum Einzug Hitlers – konnte ich fast alle selbst mitansehen. Die Wirtschaftskrise mußte ich nicht nur an der Hochschule für Welthandel studieren, sondern auch bei mir und meinen Freunden schmerzhaft miterleben. Und von der überquellenden Produktivität der damaligen Geistesgrößen und »Propheten« bekam ich immer wieder einiges mitanzuhören.

Die vier Brüder meines Vaters hingen politisch dem liberalen Schoberblock[6] an. Meine Mutter und meine Mitschüler waren für die Christlichsoziale Partei, und meine Schützlinge in den Slums von Wien, dem Barackenlager der Hasenleitengasse, kannten nichts als die Sozialdemokratie und den Kommunismus. So war ich zu gleicher

Zeit so unterschiedlichen Einflüssen und Geschehnissen ausgesetzt, daß mich das Schicksal – mehr noch als meine Veranlagung – davor bewahrt hat, mit der großen Menge blind in einem dieser Ströme mitzuschwimmen. Ich war also frühzeitig daran, mir jenen archimedischen Punkt zu erobern, von dem aus ich dann später unvoreingenommen urteilen und politisch handeln konnte.

Nach bestandener Matura zeigten wir uns vor dem ganzen Gymnasium mit Kokarden in den Farben des gewählten Hochschulstudiums: die Mediziner rot, die Juristen weiß und ich gelb, dem Zeichen des Wirtschaftsstudiums.
Die Nationalökonomie war mir als bedeutsame Geheimwissenschaft erschienen, fast wie ein schwer zugängliches Schatzkästchen, in dem die Lösungen für kaum zu durchschauende, politische Probleme verborgen sind.
Zwei Umstände hatten mich zu dieser Vorstellung gebracht. Der eine war unsere permanente Gymnasiasten-Diskussion über Politik – zum Teil wohl auch dadurch veranlaßt, daß wir »politisch punzierte« Mitschüler hatten: Unter den Vätern meiner Klassenkameraden befanden sich zwei Bundeskanzler (Ender und Ramek) und der Heimwehrführer Steidle.
Da sich Ender ursprünglich für den Anschluß Vorarlbergs an die Schweiz und manche Tiroler Politiker für einen Zusammenschluß mit Bayern eingesetzt hatten, stritten wir über Nationalgefühl und historischen Auftrag sowie schließlich auch über die Lebensfähigkeit des neuen Österreich. Da wurde mir bewußt, daß man nicht gut politisieren kann, ohne etwas von der Wirtschaft zu verstehen.
Der zweite Anlaß waren die wirtschaftspolitischen Gespräche, die ich während der Ferien hin und wieder bei

meinem Onkel, dem Generaldirektor von Siemens[7], mitanhören konnte. Da ging es zum Beispiel um die Frage, ob unser beengter Wirtschaftsraum durch eine Zollunion mit dem Deutschen Reich oder mit dem einen oder anderen Nachfolgestaat erweitert werden sollte. Man beklagte die Zunahme der parteipolitisch bedingten Streiks oder spach über die neuen Auslandsanleihen, die drückende politische Bedingungen mit sich gebracht hatten.

Ich dachte daran, eventuell einmal Journalist zu werden. Um über solche Fragen etwas Kompetentes schreiben zu können, wollte ich in die wichtigste »Hintergrund-Wissenschaft der Politik«, in die Nationalökonomie, eindringen.

Es war die Zeit der allmählichen wirtschaftlichen Erholung: Man konnte schlecht und recht ein bescheidenes Gehalt verdienen und – soweit dieses reichte – fast alles kaufen. Jedes Mal, wenn ich in den Ferien nach Wien kam, sah das Leben wieder um einen Grad besser aus.

Der in langer Notzeit aufgestaute Nachholbedarf hatte eine leichte »Nachkriegskonjunktur« hervorgerufen: Mit Hilfe ausländischer Kredite bekamen die Fabriken wieder Rohstoffe und produzierten, was so lange nicht zu haben war. Aus den Verkaufsgewinnen finanzierten sie ihre neuen Investitionen, und so war der wirtschaftliche Kreislauf wieder ein bißchen in Bewegung geraten.

Die Industriellen schienen die einzigen zu sein, denen dieser Aufstieg voll zugute kam. Ihre Gewinne wurden kaum besteuert. Mein Onkel zahlte für sein Spitzengehalt nur vier Prozent Einkommensteuer. Die Wirtschaftsführer fühlten sich wieder im Vollbesitz ihrer Macht. Die Arbeitnehmerschaft sah sich weiterhin in der schwachen Position.

Die erste proletarische Auflehnung war längst überwunden. Der Onkel hatte mir geschildert, wie die Arbeiter im November 1918 auch bei Siemens-Halske in der Apostelgasse »die Macht übernehmen« wollten und ihm erklärten, er sei abgesetzt und ihr Revolutionsausschuß werde jetzt die Führung der Firma übernehmen. Er öffnete ihnen die Direktionsräume, legte ihnen die zu erledigenden Akten vor und sagte den Prokuristen, sie sollten sich nicht scheuen, auf eine rasche Entscheidung der anstehenden Fragen zu drängen. Das Ergebnis war die stille Resignation und die Auflösung des Revolutionsausschusses – schon nach drei Tagen –, aber gleichzeitig auch der Beginn einer permanenten Aussprache zwischen meinem Onkel und dem Betriebsratsobmann Waldbrunner. Es wurde zu beiderseitigem Vorteil zusammengearbeitet, und Waldbrunners Sohn, der spätere mächtige Verstaatlichungsminister der Zweiten Republik, erhielt damals ein Firmenstipendium für das Studium an der Technischen Hochschule.

1927 kaufte sich mein Onkel – mittels eines mehrjährigen Vorgriffs auf sein hohes Gehalt – ein kleines Landgut zwischen Neuwaldegg und dem Schottenhof, am Stadtrand von Wien. Es war ein sechs Hektar großer Park mit einem antik eingerichteten Chalet und allen Errungenschaften eines neuzeitlichen Luxus, mit seltenen Bäumen, künstlichen Teichen, zwei Glashäusern voll Orchideen und in der Mitte einem Privatschwimmbad – damals eine große Seltenheit. Dorthin wurden nun Wirtschaftsführer, Politiker und sonstige Entscheidungsträger der öffentlichen Hand eingeladen. Unter diesen Gästen waren auch einige, die mit den Symbolen eines höheren Wohllebens nicht genug auftrumpfen konnten. Man suchte einander zu imponieren, indem man von jüngsten Aufenthalten in Cannes, auf dem Lido oder in Abbazia – viel mehr Renommier-Orte hat es damals nicht gegeben – erzählte oder indem man im »Automobil« vorgefahren kam.

1930 – nach meiner Matura – war die »leichte Nachkriegskonjunktur« schon wieder vorbei. Der Anstoß, den der Nachholbedarf gegeben hatte, ist ja nur einer von den drei »großen Impulsen«, die das schwere Rad des wirtschaftlichen Kreislaufes anzutreiben und in Bewegung zu halten haben.

Die zwei anderen hat es erst nach dem Zweiten Weltkrieg gegeben, nämlich die staatliche Ankurbelungsinitiative (wie zum Beispiel durch Staatsaufträge, den Marshallplan[8] und vor allem die Wohnbauförderung) und die – auf den Produktionsanstieg vernünftig abgestimmte – Lohnerhöhungspolitik der Gewerkschaften. Nur so ist es in den fünfziger und sechziger Jahren gelungen, in der breiten Masse der Arbeitnehmerschaft eine gewaltige und stetige Kaufkraftsteigerung herbeizuführen, eine Kaufkraft, die der wachsenden Konsumgüterproduktion den nötigen Absatz und der lebhaften Investitionstätigkeit eine verläßliche Rentabilität gesichert hat.

Am Ende der zwanziger und zu Beginn der dreißiger Jahre zeigte sich eine Lähmungserscheinung nach der anderen: die weltwirtschaftliche Auswirkung der unheilvollen deutschen Reparationszahlungen, unfertige Strukturanpassungen nach der neuen Grenzziehung, einige durch die erste Scheinkonjunktur veranlaßte Fehlinvestitionen und schließlich auch der neu aufgeflammte Klassenkampf (in den USA durch ungezügelte Gewerkschaftskämpfe und in Europa durch bürgerkriegsähnliche Erscheinungen). Wie nach einem schweren Erdbeben traute sich niemand, Neues aufzubauen oder Altes zu erneuern.

Unheilträchtiger als jede der bisherigen lokalen Wirtschaftskrisen erschien 1929 das einmalige Phänomen der

»Weltwirtschaftskrise«. Österreich war eines ihrer ersten Opfer.

Die schon länger schleichende österreichische Arbeitslosigkeit wurde zur katastrophalen großen Arbeitslosigkeit (1930: 15 Prozent, 1933: 29 Prozent, ohne die stellungslosen Schulabsolventen zu rechnen!). In Massen wurden alte, langgediente Arbeitskräfte abgebaut, junge Schulabsolventen hatten überhaupt keine Chance unterzukommen.

Ursprünglich hatte ich gehofft, mir mein Hochschulstudium durch Nachhilfestunden und gelegentliche Sekretärstätigkeit selbst zu verdienen. Aber dazu hatte ich 1930 nicht die geringste Chance mehr. Jetzt hieß es, wo immer es eine Möglichkeit gab, rasch zuzugreifen.

Eine solche Möglichkeit bot mir der Onkel im »Technischen Büro« von Siemens in Linz. Dort gab es damals zwar keine Universität, aber eine halbwegs zu rechtfertigende Anstellungsmöglichkeit. Ich inskribierte trotzdem an der Hochschule für Welthandel in Wien.

Ich fürchtete Linz als eine typische »kleinindustrielle Provinzstadt« genauso wie die eisige Atmosphäre der Großfirma.

Linz hat mich aber gewonnen; denn die Oberösterreicher sind frei von falscher Theatralik und Angeberei, frei von Dickköpfigkeit oder Introvertiertheit und haben trotzdem alle Grundzüge des österreichischen Volkscharakters. Der Neuling lebt sich hier besser ein als in einem anderen Bundesland.

Doch über die Großfirma Siemens blieb mir manches kritische Urteil zurück. Ich begann ein Studium der menschlichen Situation im Großbetrieb – politologisch ausgedrückt: der »immateriellen Arbeitsbedingungen« der Angestellten. Es offenbarte mir manche schwer erträgliche Eintönigkeit ihrer Arbeit, das Brachliegen vieler Fähigkeiten, unnötige Behinderungen ihres Aufstiegs und die mangelnde Vorsorge für irgendeine innere Motivierung. Ich sah, wieviel Zeit für bürokratischen Leerlauf und wieviel Energie für die innerbetriebliche Intrige verschwendet wurde.

Auf der anderen Seite machte ich die Erfahrung, daß auch innerhalb einer großen Firma kleine Einheiten entstehen können, in denen ebenso menschlich zusammengearbeitet wird wie in einem einfachen Handwerksbetrieb. Es geht dabei bloß um die Persönlichkeit des Gruppenchefs und um die Frage, ob er eine Teamarbeit zustande bringt, in der die Mitarbeiter mitdenken und mitberaten dürfen, in der sie gefordert und gefragt werden und in der ihre Vorschläge ernstlich geprüft und im Erfolgsfall auch gewürdigt werden. Diese Dinge sind weder in der Wissenschaft noch in den Organisationsanweisungen der großen Firmen gebührend berücksichtigt worden.

Meine damaligen Eindrücke gaben mir den ersten Anstoß zu dem Sozialprogramm, mit dem ich 16 Jahre später politisch hervortrat.

1931 machte sich die Wirtschaftskrise auch im äußeren Straßenbild bemerkbar: ärmlicher gekleidete Menschen, gruppenweise herumstehende arbeitslose Männer im besten Alter, leere Gasthausgärten und in den Trafiken fast niemand, der eine ganze Schachtel Zigaretten verlangte; man kaufte nur zwei oder fünf Stück auf einmal. Bei Siemens hatten wir unsere Mühe, die Außenstände hereinzubringen; schließlich schickten wir zu manchem Landinstallateur einen unserer Lagerarbeiter, der in der einen Hand – hinter dem Rücken – das bestellte Elektromaterial hielt und die andere nach dem Geld ausstreckte – wie in den Urzeiten des beginnenden Tauschhandels.

Nach fünf Monaten kündigte ich die geisttötende Arbeit im Lagerbüro auf, verließ die Firma Siemens und ging nach Wien. Durch einen glücklichen Umstand bekam ich für einige Monate einen bescheidenen Monatswechsel, so daß ich nun richtig studieren konnte. Ich wollte mich aber für länger absichern und startete – aller Krisenangst zum Trotz – das folgende wirtschaftliche Manöver: Ich mietete – ohne Ablöse – zu einem nur wenig »erhöhten Mietzins« eine Fünfeinhalbzimmer-Wohnung in der Türkenstraße, nahe der Universität, richtete sie mit geborgten Möbeln einfach ein und eröffnete mit Mutter und Schwester eine Art Pension für ausländische Studenten, die froh waren, zugleich Familie und lebhaft interessierte Freunde zu finden.

Jetzt konnte ich unbeschwert Vorlesungen hören, in den Seminaren mitdiskutieren und richtig studieren.

Die Hochschule war nicht ganz so, wie ich mir vorgestellt hatte: Man lehrte uns wohl die Gesetzmäßigkeiten wirtschaftlicher Vorgänge, aber der Maßnahmenkatalog der Finanzpolitik, der Industriepolitik und der Agrarpolitik war noch sehr dürftig. Er beschränkte sich auf eine Art »Randkosmetik«, das heißt auf die Verhinderung auffallender Exzesse und leichter manipulierbarer Randerscheinungen. Von einem kräftigen staatlichen Eingriff zur Arbeitsbeschaffung oder zur Belebung der Investitionstätigkeit war nicht die Rede.

In meiner Diplomarbeit hatte ich den »Krisenzyklus in der Investitionsgüter-Industrie« zu beschreiben. Ich habe dafür in der ganzen herangezogenen Literatur nichts über Maßnahmen gefunden, wie dieser Krisenzyklus unterbrochen werden könnte. Mein Professor wollte auch gar nichts anderes, als den »gesetzmäßigen Ablauf der sich selbst überlassenen Wirtschaft« dargestellt bekommen.

Man diskutierte viel über den großen Gegensatz zwischen der marxistischen, totalen Staatswirtschaft und dem »freien Spiel der Kräfte« des Manchester-Liberalismus. Aber daß es in der Mitte zwischen diesen beiden Extremen so etwas wie eine – wirtschaftsgerechte – staatliche Ankurbelung, Investitionsförderungen oder gar Haftungsübernahmen geben könnte, wollte niemand näher untersuchen; denn die Wirtschaftsphänomene, die die damaligen Lehrmeinungen beeinflußten, waren die eigentumsvernichtenden Inflationen und das bolschewistische Wirtschaftschaos. Da wollte man nicht in die Nähe staatswirtschaftlicher Ideen oder einer »inflationsschwangeren« Geldvermehrung kommen. Auch von Steuererhöhungen wagte niemand zu sprechen.

Und doch war es gerade diese »richtige Mitte« zwischen den genannten Extremen, die dann später Europa aus der Krise herausführen sollte: kräftig erhöhte Steuern, ein – wohl abgestimmter – erhöhter Notenumlauf, genügend Geld in Händen des Staates, um massive öffentliche Aufträge erteilen und alles mögliche ankurbeln und fördern zu können.

Die ersten, die solche Ideen anzuhören und zu verwirklichen wagten, waren die faschistischen Diktatoren. Und so kam es auch zu ihren spektakulären Erfolgen.

Die Erste Republik hat – nach heutigen Begriffen etwas pointiert ausgedrückt – überhaupt keine Wirtschaftspolitik betrieben. Ich habe diesen und jenen Handelsminister am Vormittag auf dem »Corso« zwischen Grand Hotel und Sirk-Ecke spazierengehen gesehen. Man sagte mir, er habe wirklich genug Zeit: Über die ausländischen Anleihen, das Um und Auf der damaligen Wirtschaftsvorsorge, verhandelte der Bundeskanzler, und dafür, daß die Wirtschaft knapp an Bargeld gehalten wurde, sorgten der Nationalbankpräsident und der Finanzminister. Der Handelsminister hatte nach den damaligen Theorien darauf zu warten, daß sich die Unternehmer-Initiative von selber rege und die ganze Wirtschaft belebe.

Es war ein ausgesprochener Schrumpfungsprozeß, der durch diese Deflationspolitik ausgelöst wurde: Alle Branchen verfügten über hervorragende Ingenieure und Facharbeiter, die das Beste produzieren konnten und wollten. Ihnen standen auch genügend Menschen gegenüber, die diese Produkte kaufen wollten, aber nicht konnten, weil sie zuwenig verdienten oder überhaupt arbeitslos waren. Auch wer bares Geld auf der Bank hatte, bekam zuwenig Zinsen oder verlor sogar das ganze Kapital durch den Zusammenbruch seiner Bank. Ein stets wachsender Prozentsatz dieser drei Gruppen wurde aus dem Kreislauf der Wirtschaft geschleudert, weil das Bindemittel, das richtig fließende, vermittelnde Geld, ungeschickt beschränkt wurde, während sich der Gold- und Golddevisenschatz der Nationalbank sinnlos auf eine gewaltige Summe vermehrte – und dann 1938 unversehrt in Hitlers Hände fiel.

Rührige Leute begannen einen primitiven Tauschhandel: Der Installateur reparierte dem Schneider das elektrische Bügeleisen und ließ sich dafür seinen abgetragenen Anzug wenden. Der Zimmermann vertäfelte die Stube des Bauern und erhielt dafür Speck und Eier für zwei Monate. Es bildeten sich richtige Tauschzentralen. Aber sie konnten die Funktion des Geldes nur sehr unvollkommen ersetzen, weil sich ja nur einige Dutzend Produzenten organisieren ließen, während Tausende nötig gewesen wären. Ich habe 1933 eine kleine handwerksmäßige Erzeugung von Waschpulver, Bodenwachs und ähnlichem begonnen und diesen Tauschhandel ausprobiert, aber er hat fast nichts gebracht.

Der Bürgermeister von Wörgl setzte eine eigene Währung von »Schwundgeld« in Umlauf. Er wollte damit jene Beschleunigung des Geldumlaufs erreichen, welche nach dem Zweiten Weltkrieg ganz von selbst durch die unaufhaltsame »kleine Geldentwertung« auf das kräftigste hervorgerufen wurde.

Im Sommer 1931 erlebte ich das »Krisen-Dasein« der ärmsten Schichten Wiens: Eines Tages sah ich vom Fenster meiner Studentenbude aus, wie ein aufgeweckter, etwa zehnjähriger Bub von einem schäbigen Lastwagen herabsprang, die umliegenden Häuser musterte und schließlich in unserem Haustor verschwand. Kurz darauf läutete er an meiner Tür, bat mich um fünf Groschen und sagte, er habe sechs Geschwister und der Vater sei schon vor Monaten verschwunden. Mißtrauisch fragte ich nach weiteren Umständen. Er gab an, mit seiner Mutter und vielen anderen kinderreichen Familien in den Baracken des ehemaligen Feldlazaretts in der Hasenleitengasse zu wohnen. Ich gab ihm zu essen und bat ihn, mich dort hinzuführen. Da waren nun tatsächlich die Frau Menschik mit ihren sieben Kindern, die Familie Ableitinger mit fünf und einige Baracken weiter die Holzers mit zehn Kindern. Ich ging noch oft hin, vier Jahre lang, brachte auch den einen oder anderen Kommilitonen mit und lernte hier die Slums von Wien kennen.

Wie einfallsreich haben sich die Leute geholfen! Die einen holten von den Gräbern des nahen Zentralfriedhofs verdorrte Kränze, reinigten die Drahtgestelle und verkauften sie für 20 Groschen den Blumenhändlern vor den Friedhofstoren. Andere holten aus den Mülleimern alte Flaschen und brachten sie gesäubert zum Altflaschenhändler, die dritten warteten vor den Bahnhöfen, wo das Revier der konzessionierten Gepäckträger aufhörte, und trugen die Koffer für fünf oder zehn Groschen zur Straßenbahn, der Rest verdiente als Bettler oder Hofsänger.

Als ich 1933 meine chemische Werkstätte eröffnete, stellte ich zwei Männer von der Hasenleitengasse an und kam da manchmal in ein anregendes Gespräch mit ihnen. Der eine war Kommunist. Ich fragte ihn einmal, ob er denn glaube, daß es in der Sowjetunion besser sei als bei uns. »Ich weiß genau«, antwortete er, »daß es dort schlechter ist und noch lange schlechter bleiben wird. Aber dort sind die übermütigen Herren, die Kapitalisten, endgültig abserviert. Und nur das ist wichtig. Wir brauchen jetzt den Gegenwind.« Das war typisch für den österreichischen Kommunismus. Nur auf Rache und Umsturz ausgerichtet, hat er nie viel Wahlerfolg gehabt. Der andere, der Vater Ableitinger, war ein eher toleranter Marxist. Er rühmte die sozialen Errungenschaften der Gemeinde Wien, kannte sich da auch gut aus und verschaffte seiner großen Familie mit diesem Wissen auch manche Erleichterung.

Die Österreicher waren in der Ersten Republik nicht nur wirtschaftlichen, sondern auch harten politischen Prüfungen ausgesetzt: Bürgerkriegserscheinungen, Umsturzversuchen und einem hemmungslosen Fanatismus der Parteien. Sie erlebten den bösen »Wettlauf um die Diktatur«. Wie kam es, daß die damaligen Politiker keine demokratische Zusammenarbeit zustande brachten?
Die Parteien waren ihrer ganzer Herkunft nach nicht darauf vorbereitet. In der Monarchie hatten sie nie »die Macht untereinander aufzuteilen« gehabt. Sie waren nicht viel mehr als »Meinungsträger« gewesen, etwa wie Religionsgemeinschaften. Die Verantwortung hatte allein beim Kaiser gelegen.

So waren sie einseitig auf die Verbreitung ihrer Heilslehren und auf das Anmelden ihres berufsständischen Begehrens eingerichtet. Der neu geschaffene Staat war auch nicht Gegenstand ihres bisherigen Interesses gewesen und wurde vor allem weithin als »unhaltbares Provisorium« betrachtet.

Die Sozialdemokraten beschlossen schon in den ersten Jahren, niemals eine Koalition mit einer bürgerlich-liberalen Partei einzugehen. Um wieviel leichter wäre das demokratische Zusammenspiel gewesen, hätte es für die vielen krampfhaften und mühseligen schwarz-blauen Regierungsbildungen zwischen 1920 und 1932 eine Alternative gegeben!

In der Zweiten Republik ist dieser unheilvolle Beschluß in aller Form aufgehoben worden. Die nun mögliche Bildung einer rot-blauen Koalition hat der SPÖ-Vorsitzende Adolf Schärf bei dem Salzburger Geheimtreffen mit Reimann und mir im April 1949 in den Mittelpunkt unserer Aussprache gestellt. In seinen Memoiren verschweigt das Dr. Schärf.

Einer inneren Begeisterung für den neuen Staat, für »Österreich«, bin ich vor 1933 nur selten begegnet, aber sehr oft dem heiligsten Eifer für den Marxismus, für die christliche Erneuerung der Gesellschaft oder für ein mächtiges großdeutsches Reich. Es war eine Art »Lagerpatriotismus«[9], der die Österreicher damals beseelt hat und an der Stelle des Staatsbewußtseins stand.

Die meisten wollten ihre Überzeugung auch äußerlich deutlich zur Schau tragen: durch ein Parteiabzeichen im Knopfloch oder eine Parteizeitung in der Hand. Es gab Jahre, in denen fast 50 Prozent der Menschen auf den Straßen ihr Abzeichen trugen. Besonders eifrige Christlichsoziale machten vor jeder Kirchentüre, an der sie vorbeikamen, ein auffallendes Kreuzzeichen oder lüfteten den Hut – all das, nur um zu »bekennen«, um zu werben. Ein anderes Phänomen war die Tonart, in der die Parteien nicht nur im Parlament, sondern auch in ihren Zeitungen – allen voran in der christlichsozialen »Reichspost« und der sozialdemokratischen »Arbeiter-Zeitung« – einander gegenübertraten. Wer diese Blätter nach 50 Jahren wieder liest, kann nur den Kopf schütteln. Gehässiger und unversöhnlicher könnten zwei kriegführende Staaten nicht übereinander schreiben.

Man sah im politischen Gegner nicht bloß jemanden, der eine falsche Meinung hat, sondern jemanden, der ein Verbrechen begehen will: für die einen, die Schwachen kapitalistisch auszubeuten, und für die anderen, wohlerworbenes Eigentum durch Verstaatlichung oder Umverteilung zu stehlen. Diese Meinungen wurzelten in einer geradezu mystischen Glaubensüberzeugung: bei den Christlichsozialen in der Unfehlbarkeit ihrer Kirche, die ihnen den Alleinbesitz der Wahrheit – auch der politischen – garantiert, und bei den Sozialisten im heiligen Auftrag, die unterdrückten Massen nicht anders als durch die Lehren des Karl Marx zu erlösen.

Die Anhänger dieser absoluten Heilslehren formierten sich zu Armeen, die nach einer wirklich »umfassenden Kriegsplanung« vorgingen. Diese Planung fing mit der Spionage an, wurde mit der Errichtung eines überzeugenden Feindbildes, mit der Sicherung strategischer Machtpositionen und mit verbalen Attacken fortgesetzt und endete bei den Saalschlachten und Putschversuchen.

Ein Politiker, der es in der Zweiten Republik bis zum Minister[10] gebracht hatte, erzählte mir, daß er seine politische Karriere in den dreißiger Jahren beim geheimen Telefon-Abhördienst begonnen habe. Karl Hartleb[11], im Kabinett Seipel Vizekanzler und Innenminister, berichtete mir, mit welcher Selbstverständlichkeit das Privatleben der Politiker überwacht und registriert wurde und wie er sich einmal selbst verkleidete und einen Bart aufklebte, um sich ein Bild über das Treiben des Heimwehrführers Starhemberg in einem anrüchigen Lokal (»Hadele«) zu machen. Politiker, die im Hotel mit einer Freundin abstiegen, wurden (via Meldezettel) von einem Sonderdienst der Polizei erfaßt. Die Parteien hatten in ihren Parlamentsklubs ein alphabetisch geordnetes Archiv aller zur Diffamierung geeigneten »Schandtaten« der gegnerischen Politiker. Man wollte nicht nur gefährliche Gegner schachmatt setzen oder persönlich entmutigen, sondern auch Wahlkampfmunition ansammeln.

Ein anderer Zweck der Spionage war, die taktischen Vorhaben der Gegner zu erkunden. So wurde mehrmals versucht, eine Spionin als Sekretärin in das gegnerische Parteibüro einzuschleusen. Den Sozialisten gelang es, Leute in die Heimwehr einzuschmuggeln und Truppenstärke, Ausrüstung und geheime Waffenlager auszukundschaften.

Das war nicht so schwer. Auch mir gelang es durch einen Hochschulkollegen, der mich als »Anwärter« vorstellte, an einem Ausbildungsabend der Heimwehr teilzunehmen. Es war im ausgeräumten zweiten Keller eines alten Bürgerhauses hinter der Rochuskirche: Ein buntes Gemisch von kleinen Geschäftsleuten, Akademikern und Arbeitslosen war hier zum Exerzieren zusammengekommen. Ein Kommandant schilderte die strategischen Positionen im Falle eines Bürgerkrieges und teilte den Untergruppen ihre Aufgaben zu.

Mit solchen Kenntnissen ausgerüstet, errichtete man das Feindbild des Gegners. Den Sozialdemokraten gab die Heimwehr genügend Anlaß, auf die »drohende faschistische Gewaltanwendung der Bourgeoisie« hinzuweisen. Der Faschismus war in der Tat bei den meisten Bürgerlichen ebenso hoch angesehen, wie er nach dem Zweiten Weltkrieg geächtet war. Sie sahen in einem »autoritären Staat« die einzige Rettung vor Chaos und Enteignung. Viele verhüllten damit ihre uneingestandene Sehnsucht nach der Monarchie. Man wußte bloß nicht, welchen Faschismus und vor allem welchen »Führer« man herbeiwünschen sollte. Die österreichischen Heimwehrgrößen erschienen alle zu klein. Sie selbst[12] hielten immer wieder Ausschau nach einem großen österreichischen Politiker à la Mussolini. Der in Bayern umrührende Österreicher Adolf Hitler wurde bis 1931 trotz seines ersten großen Erfolges in Thüringen nicht ernst genommen.

Dieses Feindbild vom Faschismus der Bürgerlichen gab dem linken Flügel der Sozialdemokratie, der sich offen zur »Diktatur des Proletariats« bekannte, mächtigen Auftrieb, und zwar einen so mächtigen, daß sich auch die offizielle Parteilinie auf verschleierte Diktaturparolen ausrichtete. Auf dem berühmten Linzer Parteitag 1926 wurde als Kompromiß die »Aufrichtung der proletarischen Macht« als das wesentliche Parteiziel beschlossen, aber dann hinzugefügt, daß, wenn die Mehrheit mit Hilfe der Demokratie errungen sei, ein eventueller »Widerstand der Bourgeoisie mit den Mitteln der Diktatur überwunden werden« müsse.

Das genügte natürlich, um nun auch auf der bürgerlichen Seite das Feindbild vom Sozialismus zu verfestigen. Zur Angst vor der proletarischen Machtübernahme kam die Empörung über die in Wien bereits ausgeübte »proletarische Macht«: Die Hauseigentümer hatten infolge der Geldentwertung zuerst nur Anspruch auf ein Zehntausendstel und nachher auf ein Sechzehntel der bisherigen Miete, waren also de facto enteignet. Die Mieter mußten aber statt der Miete eine »Wohnbausteuer« an die Gemeinde Wien entrichten. Aus dieser wurde während der Ersten Republik der Bau von 60 000 Wohnungen (in einem recht bescheidenen Massenstandard) finanziert. Sie haben im Ausland viel zum Ruhm der sozialistischen Gemeindeverwaltung beigetragen, sind aber im Inland vor allem als politische Geschenke an die Parteifreunde dieser Stadtverwaltung empfunden worden.

Zu diesen tagespolitischen Feindseligkeiten traten die für das Unterbewußtsein der Bürger bestimmten »Schreckbilder«: Sozialisten, die Fabrikanten ermorden und Kirchen in Lagerhäuser verwandeln; Christlichsoziale als Ablaßverkäufer und Vorkämpfer für eine neue Inquisition; Liberale, die entweder die Anarchie vorbereiten oder sich die ungehemmte Ausbeutung der Schwachen sichern wollen, und Nationale, die einen neuen Wotans-Glauben einführen und zu den wilden Sitten der alten Germanen zurückkehren wollen. Alles das war unausgesprochener Hintergrund der maßlosen Anfeindungen.

Zur umfassenden Kriegsplanung gehörte dann auch die Festigung der parteipolitischen Machtpositionen in den Ämtern und öffentlichen Betrieben: Nicht nach Fähigkeit oder staatlichem Verantwortungsbewußtsein, sondern nur nach der parteipolitischen Zuverlässigkeit wurden die Beamten und Funktionäre bestellt. Der »freie Zugang zu den Ämtern«, das hohe Ideal von 1848, wurde bedenkenlos verraten.

Jeder Akademiker, der sich als Beamter, Lehrer oder Spitalsarzt sein Brot verdienen wollte, mußte sich für sein ganzes Leben parteipolitisch abstempeln lassen. Was bedeutete das bei dem häufigen Machtwechsel!

Manch einer half sich, indem er bereitwillig die Parteifarbe wechselte. Ich kannte einen schwärmerischen

Deutschprofessor, der zuerst in der Traiskirchner Bundeserziehungsanstalt als Sozialist, nach 1934 in einem Klostergymnasium als übertriebener Frömmler und nach 1938 als Künder eines »nordisch-faustisch-mystisch-germanischen« Geistes auftrat. Nach 1945 hatte er als »Gesinnungslump« ein hartes Schicksal zu erdulden, obwohl er eigentlich niemandem etwas zuleide getan hatte.

In Schulkreisen hatte es schon lange geheißen, es gäbe drei komplette Lehrer-Garnituren, eine schwarze, eine rote und eine bürgerlich-freisinnige. Wenn die eine am Zug war, blieb die andere arbeitslos oder mußte anderswie unterkommen. Für alle Fälle hatte jedes Regime die Helfer, die es suchte.

Eine ebenso wichtige Vorbereitungsarbeit war der Aufbau der Parteikader. Vor 1918 haben sich nur wenige politische Pioniere als Mitglieder einer Partei einschreiben lassen. Nun aber ging es darum, mit Wählerstimmen die Macht zu erringen. Da wollte man seine Anhänger beizeiten mobilisiert und fest an der Hand haben, und zwar als zahlende Parteimitglieder und Besucher der Partei-Abende. Allen voran waren da die Sozialdemokraten. Sie gaben landauf, landab das Schlagwort aus: »Jeder muß organisiert sein!«

Die Christlichsozialen konnten sich Zeit lassen; denn sie hatten eine bis ins kleinste Dorf reichende, bedeutende Hilfsorganisation: die katholische Kirche. Minister Eduard Heinl sagte mir in späteren Jahren: »Wenn wir einmal für eine Versammlung zuwenig Zuhörer erwarteten oder keinen ordentlichen Saalschutz hatten, riefen wir einfach beim nächstgelegenen Pfarramt an und bekamen, was wir brauchten.«

Auch mit der Presse hatten sie es leichter; denn in den meisten Bundesländern gab es katholische Pressvereine, die in ihren Lokalblättern kräftig mitmischten.

Mit diesem Rüstzeug versehen, führten die Parteien den Kampf – nicht um den Konsens, nicht um ihren demokratischen Anteil an der Macht, sondern um die ganze Macht. Niemand sprach damals von den Spielregeln, die den alten Demokratien die Existenz gesichert hatten. Die Politiker schienen weder den schweizerischen Respekt vor der fremden Überzeugung noch die englische selbstkritische Kontrolle zu kennen. Sie begingen fast alle Sünden wider den demokratischen Geist, die es gibt. Keiner suchte das Verständigungsgespräch mit dem politischen Gegner. Wo dieses nicht durch die Verfassung vorgeschrieben war, wurde es als Verrat empfunden: Am 1. April 1932 sah ich eine aufgeregt diskutierende Gruppe vor einem Schaukasten in der Schottengasse. Dort war ein Bild, auf dem die bekanntesten politischen Gegner friedlich miteinander Karten spielten. Die Leute entrüsteten sich über diesen »Gipfel von Parteiverrat« und meinten, von ihren Politikern zum Narren gehalten zu werden -- bis endlich einer ausrief: »Das ist ja eine Fotomontage, ein Aprilscherz!«

Das persönliche Gespräch mit der anderen Partei wurde von den Politikern bis weit in die Zweite Republik hinein vermieden: 1947 erzählte mir der amerikanische Politoffizier von Salzburg voll Verwunderung, daß ihm der sozialistische Landesparteisekretär gestanden habe, mit seinem Kollegen von der ÖVP in den zwei Jahren erst ein einziges Mal gesprochen zu haben. »Wie soll da eure Demokratie funktionieren?« fragte der Amerikaner.

Es war kein Wunder, daß das »demokratische Experiment« Österreichs zuerst in einen latenten und schließlich in den offenen Bürgerkrieg mündete.

Mein Erinnerungsbild von der Ersten Republik ist erfüllt von gefährlichen Revolten, Aufmärschen und handgreiflichen Straßendiskussionen, die sich schon rund um unschuldige Zeitungsverkäufer entfachten.

Am 15. Juli 1927, dem Tag des Justizpalastbrandes, sah ich, wie friedliche Bauarbeiter vom Gerüst einer benachbarten Baustelle heruntergerufen wurden, um zum Justizpalast zu marschieren. Ich folgte ihnen aus der Ferne und erlebte dann auch das Chaos zwischen dem brennenden Gebäude und dem Parlament: viele Neugierige, viele Mitgeschwemmte und ein Häuflein echt Erboster. Es kam Fanatismus auf. Als die ersten Flammen aus den Aktenbündeln der Parterreräume schlugen, hörte man Freudenschreie. – Am 1. Mai 1933 ging ich dem Bundeskanzler Dollfuß und seinem kleinen Gefolge nach und sah sie die militärische Zernierung der Ringstraße inspizieren. Nur mit spanischen Reitern und schweren Waffen gelang es, den sozialistischen Mai-Aufmarsch zu verhindern. Ich sah das selbstbewußte Lächeln des Inspizienten, die gleichgültigen Mienen der Soldaten und die ängstlichen Gesichter der sozialistischen Vorhut.

Daß trotz alledem die wichtigsten demokratischen Einrichtungen 14 Jahre lang notdürftig funktionierten, ist auf die kleine Zahl vernünftiger Pragmatiker zurückzuführen, die es doch schließlich in jeder Partei gab. Auch ich erlebte wohl vor allem die Scharfmacher, die keine Einsicht hatten, aber daneben hatte ich doch das Glück, den einen oder anderen klaren Kopf jener Zeit persönlich kennenzulernen:

So habe ich bei den Zusammenkünften der ehemaligen Schüler meines Gymnasiums den Bundeskanzler Ender stets als weltaufgeschlossenen und nüchternen Politiker empfunden. Er half, schwierigste innenpolitische Krisen zu überwinden und wollte mit seiner – wie er sagte – »ungeliebten Ständestaat-Verfassung« nichts anderes, als die nun einmal vorhandenen faschistischen Tendenzen in ein anderes Fahrwasser lenken. Er sagte einmal, man müsse die fanatisierende »Heilslehren-Demokratie« in eine von Berufsinteressen bestimmte Demokratie umwandeln, sonst werde man wieder bei einem 30jährigen Religionskrieg landen.

Dagegen erschien mir Schuschnigg, ebenfalls Gast dieser Zusammenkünfte – sowohl in seiner schönen, gewählten Diktion als auch in seinem charismatischen Gehaben –, von einem eher unrealistischen Missionsgedanken erfüllt. Wer damals katholische Politik betrieb, stand ganz im Bann der Enzyklika »Quadragesimo anno« als einem unfehlbaren Dogma, ja als einem gottgesandten Geheimschlüssel zur Lösung aller politischen Probleme – genauso wie die andere Seite die Lehre des Karl Marx als zwingende Wahrheit ansah.

Dazu kam, daß man – im damaligen Ghetto-Geist – nur punzierte Katholiken als tragbare politische Funktionäre gelten ließ. Das demonstrierte mir der nach 1933 eingesetzte Wiener Bürgermeister Richard Schmitz anläßlich eines familiären Abendessens. (Meine Schwester war Klassenkameradin seiner Tochter.) Obwohl er die Ausschaltung des Parlaments am 3. März 1933 als logischen Schlußpunkt der vorhergegangenen verfehlten Parteipolitik lebhaft verteidigte, akzeptierte er kurz danach Ernst Karl Winter, den heftigsten Gegner des neuen autoritären Kurses – und erhofften Verbindungsmann zu den sozialistischen Arbeitern – als seinen Vizebürgermeister, nur weil dieser prononcierter Katholik war.

Auch das liberale Lager ist den Herausforderungen der neuen Demokratie nur mit Mühe und nur mit einem kleinen Teil gerecht geworden: Die Burschenschaften, die jahrzehntelang die Ideale von 1848 hochgehalten hatten, vergaßen das Wesentliche des Liberalismus und verschrieben sich einem kleingeistigen, auf Deutsche beschränkten Nationalismus. Sie fühlten sich in manchen unzeitgemäßen Traditionen, wie denen des Waffentragens und anderen Äußerlichkeiten, auch nicht mehr ganz wohl, suchten nach neuen Idealen und Formen und verfielen zum größten Teil dem Nationalsozialismus. Die Ideale der persönlichen Freiheit wurden der verhängnisvollen »Dritten Heilslehre« vom totalen Zwangsstaat geopfert. Das abstoßende Vorspiel dazu war, daß jüdische Studenten aus der Universität hinausgeprügelt wurden.

Dagegen begegnete ich in bescheidenen wissenschaftlichen Vereinen noch jener Freiheitsidee, die für alle Nationen und alle Rassen gelten sollte. Hier konnte mir der eine oder andere Kamerad noch seinen Urgroßvater nennen, der 1848 in der Studentenlegion mitaufmarschiert war. Es gab damals noch Familien, in denen diese Tradition wie ein Heiligtum gepflegt wurde. Aber der größere Teil des liberalen Lagers war in einen tiefgreifenden Gärungsprozeß geraten und daher nicht in der Lage, in der neuen, liberal konzipierten Demokratie den entscheidenden Faktor abzugeben.

Innenpolitisch zeigte sich das vor allem in der »Großdeutschen Volkspartei«, die von gegensätzlichen Tendenzen so lange erschüttert wurde, bis der radikalste Flügel siegte und die Partei zu 90 Prozent in der NSDAP aufging.

Demgegenüber hat sich der »Landbund« bis zum Schluß, das heißt bis zu seiner Selbstauflösung im Jahre 1934, immer zur Demokratie bekannt. Dem Landbund der Großdeutschen Volkspartei und manchem aus dem Beamtenstand herausgewachsenen Politiker, wie insbesondere dem Dr. Johannes Schober, war es jedoch zu verdanken, daß überhaupt Regierungen gebildet werden konnten. Der kleine »Landbund« war wirklich eine Art demokratische Bastion unter den damaligen rechts- und linksfaschistischen Tendenzen. Von den ehemaligen Landbundpolitikern, die ich nach 1945 näher kennenlernte, gewann ich den Eindruck, daß sie es als ihre »Parteiaufgabe« ansahen, zwischen den großen Parteien ausgleichend zu wirken. Schon die Art, wie zum Beispiel Hartleb über die Christlichsozialen und die Sozialdemokraten seiner Epoche sprach, bewies mir, daß er beiden Parteien in seinem Inneren das Recht auf eine andere Meinung und auch den »guten Willen« zugebilligt hatte. Mit seiner Funktion des Ausgleichens holte der Landbund auch für seine eigenen Parteianliegen stets das meiste heraus.

Ich habe mir in der Folge viele Gedanken gemacht, welche politischen Grundeinstellungen beim einfachen Staatsbürger, welche Überzeugungen in der öffentlichen Meinung, welche Charaktereigenschaften bei den Politikern und welche »offiziellen Parteimeinungen« in den Parteien vorherrschen müssen, damit das Kunstwerk der demokratischen Ordnung errichtet und erhalten werden kann.

Wie hätte man etwa das harte Schicksal Österreichs während der nun folgenden zwei Diktaturen vermeiden können?

Die erste, der autoritäre »Ständestaat«, begann mit der angeblichen Selbstauflösung des Parlaments am 4. März 1933 und dauerte bis zum Einmarsch der hitlerischen Truppen am 12. März 1938. Sie war ein mildes Vorspiel dessen, was nach ihr folgte; denn man konnte noch – ohne zu großes Risiko – protestieren. Und Protest erhob sich auch sehr eindrucksvoll aus allen Ecken und Enden; im übrigen nicht bloß zur Wiederherstellung der Demokratie – sehr viele protestierten zugunsten einer anderen Diktatur, einer Diktatur, in der sie oben und andere unten sein würden.

Zuerst waren es blutige Auseinandersetzungen: der sozialdemokratische Aufstand vom Februar 1934 und der nationalsozialistische Überfall auf das Bundeskanzleramt mit der Ermordung des Bundeskanzlers Dollfuß sowie der Aufruhr in den Bundesländern. Dann kam das Auf und Ab eines hundertfach aufgesplitterten Kleinkriegs: gesprengte Telefonzellen, nächtlich gemalte Hakenkreuze oder sozialistische »Drei Pfeile« auf Feuermauern oder Felswänden und sonstige überraschende Bravourstücke des Protestes.

Großen Anteil an diesem Kleinkrieg nahm die Schuljugend. Gymnasiasten aus beiden Lagern erzählten mir in späteren Jahren, daß sie geradezu darauf gewartet hatten, für ihre politische Überzeugung auf ein paar Wochen eingesperrt zu werden oder aus der Schule zu fliegen. Andere junge Leute – auch Mädchen – trugen als vereinbartes Protestzeichen der Nationalsozialisten weiße Kniestrümpfe. Das konnte nicht gut verboten werden. Es gab doch noch etwas an Rechtsstaatlichkeit, auch bewußte Nachsicht, ja sogar manchen Versuch der Verständigung in dieser ersten Diktatur!

In der zweiten gab es dann nur mehr Härte, Tod und die Konzentrationslager des Schreckens.

So bedrückend die politischen Umstände der Ersten Republik waren, so anregend war das geistige Leben dieser Zeit.

Das Gefühl, daß sich eine ganze Kultur ihrem Untergang nähere, hatte schon um die Jahrhundertwende eine ungewöhnliche kulturelle Produktivität ausgelöst. Neue Kunstrichtungen, Dichtungen und philosophische Denkmuster, die ganz Europa beeinflußten, sind damals in Österreich entstanden.

Im Wien der Ersten Republik war noch vieles von jener

Zeit am Leben: Die Dichter der sterbenden Monarchie, Hofmannsthal, Josef Roth, Schnitzler und viele andere – oft recht seltsame und doch sehr anregende – lebten noch und bereicherten die geistige Atmosphäre meiner Universitätzeit. Einmal noch gab es einen liebevoll-kritischen Abgesang für den österreichischen Adel: Hofmannsthals »Schwieriger« mußte in München uraufgeführt werden, weil in Wien die Wunden noch zu frisch bluteten.

Mit meinen Kollegen von der Germanistik gab es heftige Diskussionen um den geistigen und sprachlichen »Aufrührer« Karl Kraus. Über Kafka erhielten wir erste Mitteilungen. Bei den reichen Verwandten Doderers, die mir viele Freundlichkeiten erwiesen, durfte ich nicht einmal eine Frage nach dem nachmals berühmten Dichter stellen.

Auch in den Wirtschaftswissenschaften war Österreich führend. Auf meiner Hochschule lehrte der damals junge Dozent Hayek, später der bekannteste Repräsentant der großen »Austrians« in der Nationalökonomie Englands und der USA. Der liebenswürdige Altschüler meines Gymnasiums, Professor Ferdinand Degenfeld, lud mich einmal zu einem gemeinsamen Mitagessen mit dem großen Neo-Konservativen Othmar Spann ein. (Ich dissertierte bei seinem Schüler Walter Heinrich über die italienische Industriepolitik.) Ich fragte Spann etwas frech, ob er bei den Prüfungen sozialistische Studenten ebenso gut behandle wie die Anhänger seiner Lehre. Er war mir nicht böse, erzählte harmlose Erlebnisse mit Studenten, die sich ihm als Marxisten deklarierten, und eröffnete mir schließlich die folgende Ausgangsidee seines Systems: Die ständische Ordnung der Zünfte und Innungen, die jahrhundertelang die Wirtschaft in Ordnung und Blüte gehalten hatte, muß doch das richtige Grundgesetz in sich gehabt haben. Und dieses müsse nun in einer neuen, dem Industriezeitalter angepaßten Form wieder zum Leben erweckt werden.

Am stärksten ergriffen hat mich das Erlebnis des jungen Dozenten Viktor Frankl. Ich hörte einen exklusiven Privatvortrag von ihm, einige Tage vor oder nach dem Anschluß. Das bevorstehende Schicksal der Juden war schon sichtbar geworden. Er hatte gerade seine eigene Lehre von der »unterbewußten Motivation des Menschen« entwickelt, die Lehre von der »Sinnfindung des Lebens«, die sich sehr von den Thesen seiner Lehrer Sigmund Freud und Alfred Adler unterschied. Er sprach seherisch von dem furchtbaren Leid, das nun über seine Glaubens- und Rassengenossen kommen werde, und erklärte, er sehe »den Sinn« seines Daseins darin, nun nicht zu fliehen, sondern das große Leid mitzutragen und den Menschen um ihn Trost zu spenden, ob sie nun sterben müßten oder überleben dürften. Er selbst hat wie durch ein Wunder alle Schrecken der Konzentrationslager überlebt und wirklich tausendfachen Trost gespendet. 30 Jahre später hörte ich wieder einen Vortrag von ihm, in dem er diese seine persönliche »Auftragserfüllung« nur ganz bescheiden andeutete.

3. Kapitel

Die nationalsozialistische Sturzflut

Den meisten nachgeborenen Österreichern erscheint die Hitlerzeit als ein schwerer Sturm, der über ganz Europa hinweggebraust ist und dabei auch Österreich übel mitgespielt hat.

Der Augenzeuge hat es anders empfunden: Österreich hatte mit Anlaß zum Ausbruch des Ersten Weltkrieges gegeben, und nun verknüpfte sich noch die zweite europäische Katastrophe, der Hitlerismus, in ganz besonderer Weise mit Österreich: Hitler stammte aus Österreich, der »Anschluß« war die erste territoriale Vergrößerung seiner Macht, und in Wien waren die meisten Juden auf einem Fleck beisammen – eine Viertelmillion –, die alle flüchten oder sterben mußten.

Österreich hat eine größere historische Last als andere Länder zu tragen. Es hat mehr abzuarbeiten, das heißt einzusehen und zu verstehen, um sich von Vergangenheitskomplexen zu befreien. Einsicht und Verständnis kommen oft spät. Sie können aber auch in später Zeit die immer noch wuchernden Fehlentwicklungen beseitigen und auch die vorherrschenden Fehlurteile korrigieren. Die Opfer, die Nachgeborenen der Mittäter und die pauschal Belasteten, sie alle sind befangen. Es ist verständlich, daß sie über diese Zeit nur mit Emotion oder überhaupt nicht reden können.

Als die »National-Sozialistische Deutsche Arbeiter-Partei, Hitlerbewegung«, kurz NSDAP genannt, Anfang 1930 in Österreich hervortrat, wunderte man sich, daß eine reichsdeutsche Partei in Österreich mitspielen wollte. Doch – angesichts der großdeutschen Einstellung aller Parteien – ist zunächst kein grundsätzlicher Einwand erhoben worden. Anfänglich hielt die NSDAP Versammlungen ab und verteilte Flugzettel wie die anderen Parteien auch. Sehr bald jedoch zeigte sich ihr ganz anderer Charakter.

In »gezielten Aktionen« erschienen in kleineren Städten und Marktflecken auffallend uniformierte Werbetrupps, die Lieder sangen und auf offener Straße Reden hielten, an der Aussprache als Deutsche von jenseits der Grenze erkennbar. Sie gewannen Anhänger, kleideten diese in die gleiche Uniform, nicht nur in das braune Hemd, auch in die hohen Stiefel und all das andere, das die ganze Person bindet und deren Haltung prägt. Die meisten der Geworbenen waren Arbeitslose, nicht klassenbewußte Proletarier, sondern Leute, die aufsteigen wollten. Sie hatten Zeit, sich ausbilden zu lassen.

Da wurden sie nun auf eine Glaubensüberzeugung ausgerichtet, die keine einfache Parteimeinung, sondern eine Heilslehre, ja mehr noch, eine Art Religion gewesen ist. Diese Religion nährte den Glauben, die Deutschen seien ein auserwähltes Volk und daher »zu Ungewöhnlichem ermächtigt«. Sie hatte einen Katalog spezieller Tugenden und Sünden, in Liedern verherrlichte Märtyrer und eine reiche Auswahl von Riten, angefangen von der Grußform bis zum Verhalten bei der Julfeier. Die endgültig Überzeugten deklarierten sich auch konfessionell: Sie ließen sich im Meldezettel als »gottgläubig« registrieren.

Die erste Tugend hieß Gefolgschaftstreue – in Anlehnung an die bedeutsame Vasallentreue, die das Reich in alten Zeiten zusammengehalten hatte – die zweite »national-sozialistische Einsatzbereitschaft«. Mit diesen beiden »Tugenden« mußten die Anhänger auch über ihr Gewissen und ihre Vernunft hinwegkommen und zu Taten des Fanatismus bereit sein, ganz wie die islamischen Fundamentalisten Khomeinis 50 Jahre danach.

So entstand die Kerntruppe, jenes blind ergebene Organ, das Hitlers Absichten gegen alle vorherrschenden Stimmungen und Meinungen zu verwirklichen imstande war. Es war eine winzige Minderheit, keine zwei Prozent der Parteimitglieder, sehr zu unterscheiden von den gewöhnlichen deutschnational gesinnten Menschen, die nicht daran dachten, ihr Gewissen zu belasten, von den aus der Not dem Nationalsozialismus Zugetriebenen, aber dann doch Zweifelnden, von der politisch primitiv reagierenden und Schlagworten hörigen breiten Masse und schließlich von den Opportunisten verschiedenster Grade.

Dieser – schon in der ersten Zeit – zu bedenkenlosem Gehorsam erzogene »harte Kern« wurde nach 1938 an den Schlüsselstellungen des diktatorisch organisierten Staates eingesetzt und hat auf diese Weise Unvorstellbares zustande gebracht: Er konnte die vorherrschende Kriegsmüdigkeit überwinden, die höchste soldatische Gesinnung hervorrufen und über das ganze Land hin niedrigste Verbrechen organisieren.

Damals, als ich in Windischgarsten den ersten uniformierten Werbetrupp der NSDAP erlebte, hätte ich mir nicht träumen lassen, daß aus einer so bizarren Organisation eine weltumstürzende Bewegung entstehen könnte.

Am Anfang sah alles noch harmlos, zum Teil sogar komisch aus. Ich wurde an die faschistische Vorliebe für das Theatralische, die ich in Italien kennengelernt hatte, erinnert. Auch der Antisemitismus, den die Leute propagierten, war noch nicht so alarmierend; damit hatten auch andere Parteien operiert.

Auf das, was dann wirklich kam, war niemand gefaßt.

1934 reiste ich wegen der Gründung meines chemischen Betriebes nach Bochum in das nationalsozialistische Deutsche Reich, unvoreingenommen und voller Neugier. Da reichsdeutsche Zeitungen zu jener Zeit in Österreich verboten waren, kaufte ich in Passau gleich zwei, drei der bekanntesten Blätter. Was da über die neuen sozialen und wirtschaftlichen Maßnahmen stand, war so einseitig, liebedienerisch abgeschmackt, daß ich nicht gewonnen, sondern abgestoßen wurde. Kein sachlicher Bericht, nur Weihrauch, verknüpft mit hämischen Bemerkungen über die vorangegangene Zeit, die ausländischen Verhältnisse oder das Judentum.

Ich sah gelangweilt durch das Fenster und sah drei-, viermal hintereinander Fabriksgebäude mit riesigen Transparenten: »Dieser Betrieb befindet sich zu 100 Prozent in der Deutschen Arbeitsfront« oder »Unsere Belegschaft steht geschlossen hinter dem Führer«. Ich fragte einen verständig aussehenden Mitreisenden nach der Ursache dieser ungewöhnlichen Demonstration. Er lächelte, äußerte sich sehr zurückhaltend, und als ich weiter insistierte, sagte er schließlich: »Wer dies hier verstehen will, muß sich das Zauberwort zu eigen machen, das wir schon vorher, beim preußischen Militär, hatten lernen müssen. Es heißt: Subordination! Mit Ihren österreichischen Kritteleien werden Sie dieses Land weder verstehen noch ertragen.« Bei meinem Geschäftsfreund in Bochum sah ich, daß es noch genug kritische Einstellung gab. Aber sie drang nicht nach außen, weder in die Zeitungen noch in einen größeren geselligen Kreis. Kritik – auch die maßvollste – fing bereits an, gefährlich zu werden.

Eines Abends ging ich in die Bochumer Oper. Der Weg dorthin wurde mir plötzlich abgeschnitten durch eine Menge Menschen, die – in Achterreihen marschierend – zur Oper zog. In der ersten Reihe trugen zwei Männer ein Transparent: »Die Gefolgschaft der Firma Lorenz geht in die Oper ›Der Waffenschmied‹.« Darunter stand klein der Name der Organisation, die diese »Kulturaktion« veranstaltet hatte: »Kraft durch Freude«, abgekürzt »K. d. F.«. Es war die nationalsozialistische Freizeitorganisation, die der Masse Kultur- und Sporterlebnisse zu verschaffen hatte.

Meine Rückreise unterbrach ich in Nürnberg, gerade als sich der erste deutsche Judenboykott abspielte: An den Schaufenstern einiger Geschäfte klebte groß die Aufschrift »Jude«, und vor den Eingängen standen je zwei SA-Männer. Ich ging auf ein so gekennzeichnetes Textilgeschäft zu. Die zwei Uniformierten traten mir in den Weg. Ich sagte: »Ich bin Ausländer und möchte sehen, wie es hier zugeht.« Die beiden schauten einander unentschlossen an und ließen mich hinein. Drinnen standen zwei verstörte jüdische Angestellte. Sie verzogen ihr Gesicht zu einem Lächeln und baten mich, wieder zu gehen, damit es keinen Konflikt gebe.

Das war der Anfang.

Das autoritäre Regime Österreichs nahm in den viereinhalb Jahren, in denen die beiden diktatorischen Systeme in Österreich und im Deutschen Reich nebeneinander existierten, eine ganz andere Entwicklung: Österreich war in allem und jedem defensiv und zögernd, das Deutsche Reich dagegen offensiv und draufgängerisch. Das Gesetz des Handelns wurde der österreichischen Regierung von eigenen Demonstranten und fremden Staaten aufgezwungen. Das hitlerische Reich zwang den anderen seinen Willen auf.

So war es auch in der Wirtschaftspolitik: Österreich brachte mit Mühe einige Straßenbauten – wie die Großglockner-Hochalpenstraße und die »Höhenstraße« auf den Kahlenberg – als Arbeitsbeschaffungsprojekte zustande. Hitler versorgte die deutsche Industrie mit einer Flut von Staatsaufträgen, und zwar nicht nur die Bauwirtschaft, sondern auch die Maschinen- und Autoindustrie. Die hier neu beschäftigten Arbeiter konnten sich wieder verschiedenes anschaffen und belebten damit die Konsumgüterindustrie, so daß auch diese wieder Leute einstellen konnte. Es war eine Spirale des gegenseitigen Ankurbelns, die sich langsam, aber beständig nach oben drehte, bis zur Vollbeschäftigung.

Das Geld für diese Staatsaufträge besorgte sich Hitler vor allem durch Reichsbank-Kredite, das heißt durch eine Vermehrung des Geldumlaufs. Zu diesem heiklen Thema erzählten mir später Wirtschaftsjournalisten folgende Anekdote:

Als Hitlers großer Finanzexperte, Hjalmar Schacht – er war damals noch nicht Parteimitglied –, der Reichsregierung seinen Finanzplan vortrug, bemerkte Göring, daß Hitler und die meisten anderen so gut wie nichts verstanden hatten. Er bat um Unterbrechung der Sitzung und forderte Schacht in einem Nebenzimmer auf, ihm die Sache etwas populärer zu erklären. Schacht holte eine Handvoll Münzen aus der Tasche, schichtete sie übereinander und baute daneben ein gleich großes Häufchen von Bleistiften und Radiergummis auf. Dann sagte er:

»Stellen Sie sich eine große Pyramide von Münzen, das heißt von Geld, vor und daneben eine ebenso hohe Pyramide von tausenderlei Waren, die die Menschen brauchen. Zwischen diesen beiden Pyramiden geht jeden Tag ein millionenfacher Austausch vor sich. Wäre nun die Geldpyramide doppelt so groß wie die Warenpyramide, dann würde jede Ware, die man kaufen will, durch das verdoppelte Geldangebot doppelt so teuer werden. Es gäbe eine Inflation. Solange aber nur so viel Geld neu gedruckt wird, wie neue, allgemein begehrte Güter auf den Markt kommen, bleiben Währung und Preise stabil. Dabei muß aber der Staat alles, was er für Rüstung und Autobahnen ausgeben will, durch neue Steuern der Geldpyramide des Volkes wegnehmen. Nur unter diesen Voraussetzungen können wir anfangen, zusätzliche Banknoten zu drucken.«

So sei Göring und die ganze Reichsregierung gewonnen worden. Die flankierenden Maßnahmen, das heißt die Devisenbewirtschaftung, die neuen Steuern und eine eiserne Lohnpolitik, wurden mit der ganzen Macht und Härte eines faschistischen Zwangsstaates durchgezogen und begannen dann auch tatsächlich zu wirken.

Die erwähnte Spirale hatte sich schon 1935 so weit nach oben gedreht, daß man anfing, von einem Wirtschaftswunder zu sprechen. Dieses Schachtsche Modell ist dann von fast allen Industriestaaten der westlichen Welt – allerdings in wesentlich milderer und humanerer Form – übernommen worden und hat zur Wirtschaftsblüte der zweiten Hälfte dieses Jahrhunderts geführt.

»Im Hitler-Reich rauchen die Schlote, und in Österreich findet man keine Arbeit«, war die Parole, mit der die verbotene, im Untergrund aber weiterarbeitende NSDAP zahllose neue Anhänger gewann.

Es waren mehrere, sehr unterschiedliche Motive, aus denen heraus ganze Scharen dem Nationalsozialismus zuströmten.

Das erste Motiv war die Hoffnung auf Arbeit. Menschen, die 100 fehlgeschlagene Versuche gemacht hatten, aus der psychisch unerträglichen Situation der Arbeitslosigkeit herauszukommen, erblickten jenseits der Grenze den »Lichtschimmer einer glücklicheren Welt«, in der alle Menschen Arbeit haben. Viele wollten gar nicht abwarten, bis diese »glücklichere Welt« durch den Anschluß nach Österreich komme, sondern wanderten gleich aus. Einige von ihnen wurden in Bayern in die »österreichische Legion« gesteckt, dort geschult und dann wieder nach Österreich geschleust.

Die tiefe Enttäuschung über die Konzeptlosigkeit und Schwäche der österreichischen Politiker war ein anderes Motiv. Man sah keine realistischen Chancen für Österreichs Zukunft und sagte: »Bei uns wird geredet, in Deutschland gehandelt.« Vor allem Unternehmer, die kraft ihrer eigenen Situation auf Entschlossenheit und Stärke ausgerichtet sind, erklärten sich in zunehmendem Maße – offen oder geheim – für Hitler.

Die Aussicht auf den größeren deutschen Wirtschaftsraum tat ein übriges.

Dazu kam die Sehnsucht nach Disziplin und Ordnung, wie man sie von der Monarchie her noch in den Knochen hatte. Viele ernst und nüchtern erscheinende Leute erklärten damals, die Demokratie habe doch ganz offensichtlich versagt und sei »einfach nicht die richtige Gesellschaftsform für Österreich«. Der Begriff »Faschismus« war damals keineswegs verpönt. In Südeuropa entstand ja gerade ein faschistisches System nach dem anderen. Viele sagten, es käme nur darauf an, den richtigen Faschismus zu bekommen: Die Heimwehr sei hoffnungslos zerstritten, Dollfuß und Schuschnigg hätten keine Ordnung zustande gebracht, aber in Hitlerdeutschland scheine doch das Wichtigste zu funktionieren – sicherlich mit einigen Schönheitsfehlern, aber das werde sich allmählich planieren lassen, wie sich so vieles auch in Italien und Portugal habe planieren lassen.

Einen wesentlichen Antrieb gab der Antisemitismus, der sich gerade damals gefährlich verdichtete. Dieser Antisemitismus war nicht mehr die christliche Verurteilung der »verstockten Juden« oder die überall auftretende Ablehnung dieses »Fremdkörpers«, der sich fast immer durch Sitte, Jargon und Auftreten allzu deutlich von seinem Gastvolk abhebt, es war vielmehr die – schon seit Jahrzehnten zunehmende – Angst vor einer Art Fremdherrschaft.

Die Juden Wiens wurden damals nicht – so wie 50 Jahre zuvor oder 50 Jahre danach – als anregendes »Salz der Erde«, als willkommene Katalysatoren für neue Ideen und Initiativen empfunden. Sie wurden vielfach als Bedrohung, als Vorboten einer jüdischen Weltherrschaft hingestellt, und viele Österreicher glaubten das. Seit der Jahrhundertwende ergoß sich aus den unwirtlichen (und nachher auch kriegsverwüsteten) Ostgebieten ein jüdischer Massenzustrom nach Wien: 1870 gab es hier erst 52 000 Juden; 1910 waren es schon 175 000 und 1930 mehr als 250 000. Ihr Prozentsatz an der Gesamtbevölkerung stieg also von den sogenannten erträglichen zweieinhalb auf besorgniserregende zwölf Prozent. Aber noch mehr Besorgnis rief ihr Anteil in den Intelligenzberufen hervor. So waren von den Journalisten 80 Prozent, den Bankiers 75, den Rechtsanwälten 62 und den Ärzten 51 Prozent Juden.[13] Sie waren eine geschlossene »organisierte Gruppe«, in der nicht allein die Tüchtigkeit, sondern auch die Zugehörigkeit zur Gruppe entschied. Jüdische

Zeitungsbesitzer stellten nur jüdische Journalisten an, jüdische Universitätsprofessoren fast nur jüdische Assistenten. Nichtjuden erblickten darin das Entstehen einer neuen privilegierten Kaste und ihre eigene Benachteiligung im freien Spiel der Kräfte.

In den Hauptstädten der Bundesländer wurde zum mindesten je ein jüdisches Großkaufhaus errichtet, das die eingesessene Kaufmannschaft in Schrecken und Konkurrenzangst versetzte.

So breitete sich die Judenfeindlichkeit immer weiter aus. Es war keine einheitlich programmierte, sondern eine sehr unterschiedliche Gegnerschaft.

Von den »Lösungsvorschlägen zur Judenfrage«, die im 20. Jahrhundert zur Sprache gekommen sind, habe ich eine Stufenleiter zusammengestellt. Sie gibt ein – auch sonst sehr lehrreiches – Bild vom kurzen Weg, der von einer unterschwelligen Voreingenommenheit bis zur Vernichtung einer ganzen Minderheit führen kann:

– Die nur vorübergehende Aufnahme des fremden Zustroms, bis die Juden in anderen, aufnahmefähigen Ländern untergebracht werden

– Visumzwang und Einreisestopp

– die »zum guten Ton gehörende« Distanzierung von den nicht assimilierungswilligen Juden

– Erwiderung des jüdischen gegenseitigen Protektionierens durch ähnliche Gegenmaßnahmen, zum Beispiel durch die Parole »Nicht beim Juden einkaufen!«

– die offiziöse Diffamierung der Minderheit, so daß der engere Kontakt mit ihr als Verrat am eigenen Volk erscheint

- verschiedentliche staatliche Benachteiligungen der Juden, damit sie von sich aus das Land verlassen

- die gewaltsame Vertreibung der Minderheit

- die leichtfertige, meist noch nicht ernst genommene Rhetorik über die physische Vernichtung der Minderheit

- deren grausame Verwirklichung, das heißt Verhinderung der Flucht und millionenfache Massenhinrichtung aller noch auffindbaren Juden

Die ersten Sprossen dieser »Leiter der Unbarmherzigkeit« sind von vielen Völkern – auch von demokratisch organisierten – bestiegen worden und werden bestiegen – nicht nur in Südafrika im Hinblick auf die Schwarzen, sondern auch in Schwarzafrika im Hinblick auf die Weißen und die Inder! Doch die größten Exzesse waren und sind den »Fundamentalisten« vorbehalten, den wahnsinnigen Heilsverkündern wie Hitler, Stalin und Khomeini sowie ihrem engsten Anhang.

Die meisten Untaten der Weltgeschichte sind von aufgestauten Emotionen ausgelöst worden. Aber so groß sind die Emotionen gegen das Judentum weder damals noch sonst jemals gewesen, daß sie als auslösendes Moment für die nationalsozialistischen Ungeheuerlichkeiten betrachtet werden könnten. Die Massenmorde entstammten dem Fanatismus einiger weniger Machthaber, die glaubten, den Rassenwahn des ausgehenden 19. Jahrhunderts barbarisch exekutieren zu müssen. Sie mußten auch ganz im geheimen von jener kleinen, blind fanatisierten Kerntruppe ausgeführt werden, die damit das dämonische Blutopfer ihrer Pseudoreligion darzubringen glaubte.

Gewisse antisemitische Emotionen hat es in Österreich schon seit Jahrzehnten gegeben. Sie reichten jedoch auch auf ihrem Höhepunkt – in den dreißiger Jahren – nicht weiter, als daß sie die »Partei mit dem prononciertesten Antisemitismus« begünstigten. Daß diese Partei bis zur tiefsten der angeführten Stufen hinuntersteigen würde, hatte sich kein Mitläufer und kein Jude vorgestellt.

Ein anderes Motiv – auch ein emotionelles – war das österreichische Deutschbewußtsein. Bei den meisten war es eine stille, von der Monarchie übernommene Grundstimmung, eine schwache Hoffnung auf ein großes Reich, auf das man wieder stolz sein konnte, bei Intellektuellen auch die leise Erinnerung an das Heilige Römische Reich vor 1806.

Für eine Minderheit, die sogenannten »Nationalen«, war das Deutschbewußtsein aber um vieles mehr: der höchste Inhalt ihrer Gefühlswelt, ein unantastbares Heiligtum. Für diese Österreicher war der starke, erfolgreiche Hitler, der sich anschickte, alle Deutschen in einem Reich zu vereinen, ein unwiderstehlicher Magnet, die Erfüllung ihrer Träume.

Bei den intellektuellen Vorkämpfern des Deutschbewußtseins, den Burschenschaftern, hat der Nationalsozialismus allerdings einen inneren Konflikt ausgelöst. Sie waren nicht bloß die Traditionsträger der deutschen Einigung, sondern ebensosehr die Verfechter der vom Nationalsozialismus verhöhnten Grund- und Freiheitsrechte gewesen. Im übrigen konnten sie als gebildete Akademiker der primitiven und plebejischen Diktion Hitlers auch nicht so ohne weiteres folgen.

Trotz alledem war sowohl das stille wie das laute, in allen Parteien vorhandene Deutschbewußtsein eine so starke

Motivation, daß letztlich von dieser Seite eine nachhaltige Neigung zum Nationalsozialismus herkam.

Das war es, was so viele Österreicher vor 1938, also während ihres ersten stärkeren Hervortretens (zwischen 1930 und 1934) und in der »illegalen Zeit« (1934 bis 1938), zum Eintritt in die NSDAP bewogen hat. Die damaligen Mitglieder bildeten nach der Machtübernahme von 1938 das eigentliche Kader der Partei; zum Teil begeisterungsfähige junge Leute, für die die Illegalität auch noch den Reiz des Verbotenen hatte, zum Teil orientierungslose, aus der Bahn geworfene Opfer des Nachkriegs-Chaos, die hier eine geistige und materielle Heimat zu finden hofften.

Nur ein ganz kleiner Teil von ihnen ist der oben beschriebenen, blind fanatischen Kerntruppe zuzurechnen, die dann die großen Verbrechen ausführte. Die meisten der Aktivisten hatten vielfältige andere Aufgaben. Viele sind auch gleich zum Militär eingezogen worden. Freilich diejenigen, die gegen Ende des Krieges von Massenmorden wußten – es waren nur wenige –, haben diesen entweder mit belastetem Gewissen zugestimmt oder suchten, der Mitwirkung auszuweichen und trotzdem nicht mit der Partei in Konflikt zu kommen.

Der triumphale Einzug Hitlers in Österreich und die »vieltausendköpfige Menge auf dem Heldenplatz« bei der Verkündigung des Anschlusses haben viele Journalisten und Politiker zu falschen Schlußfolgerungen verführt.

Ich habe diese Szenen selbst miterlebt, ich stand unter der Menge: auf der einen Seite echte Begeisterung und leuchtende Augen und auf der anderen reine Neugier oder Genuß am großartigen Schauspiel, denn solche Schaustücke zu inszenieren haben die Hitler-Leute immer wieder verstanden; daneben auch angstvolles Umherblicken, ob man sich nicht verdächtig mache, wenn man bei den Begeisterungsstürmen die Hand nicht miterhob. Hinter mir hörte ich einen sagen: »Da kannst du ja gar nicht anders als mittun. Die führen dich ja nieder.« Das war auch das höchste Ziel dieser gutinszenierten Schauspiele.

Es war nur ein kleiner Prozentsatz der zwei Millionen Wiener, der damals die Straßen und den Heldenplatz füllte. Die einen befanden sich im Siegestaumel, die anderen in einer ungewöhnlichen seelischen Situation: in Erregung, Angst und Verwirrung. Die spannungsgeladene Atmosphäre der vorangegangenen Tage, die dramatischen Appelle Schuschniggs mit seinem letzten Aufbäumen des österreichischen Patriotismus, die sich steigernden Drohungen Hitlers und dann schließlich die Nachricht vom Einmarsch deutscher Truppen, das alles hat die richtige Urteilskraft der Menschen außer Funktion gesetzt. Auch die Distanzierten, zum Teil sogar Gegner, fühlten sich von einem unerträglichen Druck befreit. Jetzt wußte man wenigstens, wie man dran war, und ließ die wilde Begrüßung halb eingeschüchtert, halb mitgerissen tatenlos an sich vorbeirollen.

Wie kam es aber, daß sich 1945 mehr als 25 Prozent der Österreicher als eingeschriebene Mitglieder der NSDAP erwiesen?

Wenige Tage nach dem Einmarsch der deutschen Truppen sah ich vor den rasch eröffneten Sprengelbüros der NSDAP lange Menschenschlangen stehen, alles Leute, die sich als Parteimitglieder anmelden wollten. Unter ihnen entdeckte ich diesen oder jenen Bekannten, von dem ich genau wußte, daß er niemals nationalsozialistisch gesinnt war. Die meisten Bewerber gaben sich als »Illegale« aus und brachten die fadenscheinigsten Beweise dafür vor, in den ersten Tagen mit wenig Erfolg; aber dann kam die Weisung, möglichst viele als »alte Kämpfer« einzustufen, damit die Öffentlichkeit glaube, die große Masse sei schon längst für Hitler gewesen.

Nach 1945, als ich mich um eine humane und gerechte Lösung des »Naziproblems« sowie um die notwendige Umerziehung bemühte, ist mir die folgende Einteilung der Neumitglieder Grundlage für mein späteres politisches Vorgehen gewesen:

Die große Masse der Parteigenossen waren diese »Spätlinge«, die erst nach dem Anschluß dazugestoßen sind. Sie trugen zum größten Teil nicht viel Verantwortung für die Ausbreitung und Festigung des Nationalsozialismus in Österreich. Die meisten von ihnen waren einfach eine etwas besser gestellte Kategorie von Staatsbürgern, die nur wenige Pflichten und noch weniger Einfluß hatten. Sie traten der Partei aus ganz anderen Beweggründen bei als die Aktivisten der Frühzeit, die sich 1938 als Altmitglieder oder echte »Illegale« ausgewiesen haben.

Der erste Beweggrund war die Sicherung ihrer Berufschance. Nicht nur im Staatsdienst, auch in der Privatwirtschaft konnte man ohne die Empfehlung der Partei unmöglich vorwärtskommen, oft nicht einmal den bisherigen Posten behalten; denn in jeder größeren Firma gab es einen Aufpasser, den »nationalsozialistischen Vertrauensmann«, der der Partei über die politische Einstellung, ja sogar über einzelne politische Äußerungen der Angestellten zu berichten hatte. Dieser Aufpasser hatte bei jeder wichtigeren Beförderung mitzureden; denn auch der Firmenchef war von ihm abhängig – wegen der öffentlichen Aufträge, wegen der »Deutschen Arbeitsfront« (der Nachfolgeorganisation der Gewerkschaften) und wegen der hundert anderen Abhängigkeiten vom totalen Zwangsstaat.

Es waren viele Tausende, die nach Fähigkeit und Ausbildung Anspruch auf eine ordentliche Karriere hatten und diese nicht hätten fortsetzen können, wenn sie nicht der Partei beigetreten wären. Sollten sie nun darauf verzichten, ihr Leben zu verwirklichen?

Daneben sind freilich auch eine ganze Menge Leute nur deshalb Parteimitglieder geworden, um eine neue Karriere einzuschlagen, die ihnen sonst niemals zugekommen wäre, Opportunisten, ähnlich jenen, die jüdische Firmen »arisierten« oder sich jüdische Mieterschutzwohnungen zuteilen ließen.

Anders war es mit manchen verantwortungsbeladenen Funktionären, die von früher – zum Teil schon von der Monarchie her – gewohnt waren, einfach staatstreu zu sein, die nicht lange fragten, ob die staatliche Macht legal zustande gekommen war und moralische Grundsätze beachtete, und die nun ihre Loyalität durch den Parteibeitritt beweisen wollten. Diese Haltung war oft nicht zu weit von jener »Subordination« entfernt, die mir mein Reisegefährte von 1934 als Voraussetzung für den Nationalsozialismus geschildert hatte und die wohl auch im Habsburgerreich ein unausgesprochener Grundsatz gewesen war.

Am schwersten aber wog das Motiv der Angst: Bespitzelt wurde man nicht nur in der Firma, sondern auch zu Hause. Der Blockwart und seine unsichtbaren Vertrauensmänner – in fast jedem Mietshaus – hatten hier die politische Überwachung. Über jeden Bürger, der nicht ganz unbedeutend war, wurde ein politisches Karteiblatt geführt.

Wie viele Menschen in die Konzentrationslager deportiert wurden, wie viele in die gewöhnlichen Gefängnisse kamen und wie viele verhört und dann vorläufig wieder freigelassen wurden, hat man aus den Zeitungen nicht erfahren können. Aber die Mundpropaganda brachte immer wieder neue Schreckensnachrichten darüber.

Die Unterdrückung regimefeindlicher Demonstrationen war nicht mehr so harmlos wie unter Schuschnigg. Hochbezahlte Spione und Agents provocateurs, die in verdächtige Gruppen eingeschleust wurden, sorgten für die rasche Aufdeckung jeder gegnerischen Regung. Dieses raffiniert ausgebaute System war der Hauptgrund für die Schwäche der österreichischen Widerstandsbewegung!

Unter diesen Umständen wollten sich natürlich viele eine ungefährliche Karteikarte sichern und sind einfach aus Angst »Parteigenossen« geworden. Das waren nicht nur die Charakterschwachen. Ich kannte eine Reihe mutiger Regimegegner, die sich aus Tarnungsgründen in die Partei einschreiben ließen, anfänglich auch deren Veranstaltungen besuchten und damit dann tatsächlich der genaueren Überwachung entgingen.

Es gab, zum Vorteil vieler Menschen, im übrigen auch wohltuende Schlampereien, persönliche Freundschaften und nur halbherziges Mitwirken an diesem Polizeistaat, so daß manches gemildert wurde. Aber die allgemeine Einschüchterung, die Angst, war immer da.

Selbstverständlich existierte innerhalb dieses neuen Massenzustroms auch eine Minorität von echten Idealisten. Besonders von der nachwachsenden Jugend konnten noch etliche mit nationalsozialistischem Geist erfüllt und »spezifischen Parteiaufgaben« zugeführt werden. Die »strenggläubigen Nazi«, die allen Untaten innerlich zustimmten, machten aber – nach meiner Schätzung – nie mehr als zwei bis drei Prozent der Bevölkerung aus. Dann kamen vielleicht doppelt so viele, die sich weigerten, die großen, geheimgehaltenen, aber doch ab und zu durchsickernden Verbrechen für wahr zu halten, und auch das tägliche, mit Händen greifbare Unrecht einfach aus ihrem Bewußtsein verdrängten – alles nur, um ihre Gefolgschaftstreue nicht aufgeben zu müssen. Eine weitere Gruppe waren diejenigen, die als Helfer der »N. S. Volkswohlfahrt«, als Lehrer, Sozialarbeiter und Ärzte aufopferungsvoll für ihre Mitmenschen – allerdings nur für deutsche – gearbeitet haben. Der große Rest waren die oben beschriebenen Gruppen.

Schuld und Unschuld dieser Periode nur nach Äußerlichkeiten wie der Parteimitgliedschaft zu beurteilen, ist nicht möglich.

Oft sind die übelsten Helfer des Nationalsozialismus, die Denunzianten, gar keine Parteigenossen gewesen und nach dem Krieg ganz ungeschoren davongekommen.

Wenn sich oben in der Staatsführung der Geist des Bösen zeigt, wird auch unten im Volk manch niedriger Instinkt geweckt. So trat mit der Naziherrschaft auch ein Menschentyp hervor, der viel schlimmer war als Qualtingers charakterschwacher »Herr Karl«. Ich meine den eilfertigen »Helfer«, der den brutalen Parteimaßnahmen vorauseilte, den Typ, der von sich aus Regime-Gegner anzeigte, auf eigene Faust Juden aufstöberte, belastendes Material über Aktivisten der früheren Parteien sammelte und sich öffentlich in großen nationalsozialistischen Sprüchen erging.

Auch bei den Arisierungen kamen solche Typen zum Vorschein, nicht nur bei der parteiamtlichen Festsetzung des lächerlichen Kaufpreises, sondern auch dann – nach dem Krieg –, als man die Ängstlichkeit und die verlorene »Platzkenntnis« der zurückkehrenden Juden ausnutzte, um das unrechte Gut endgültig zu behalten – diesmal unter der Rückendeckung der demokratischen Parteien der Zweiten Republik.

Mancher bedrängte Jude bat Nachbarn und Bekannte, sie möchten ihm doch ein Möbelstück abkaufen – »für das Reisegeld nach Amerika«. Wie oft wurde er abgewiesen, und wie oft holten dann diese Nachbarn, nachdem jener weg war, solche Möbelstücke gratis aus seiner Wohnung!

Zielführend ist vielleicht die Frage: Welche Kategorien von Menschen sind nicht veranlaßt gewesen, der NSDAP beizutreten?

Es waren die ärmeren und einfachen Staatsbürger, die für die Partei uninteressant waren und daher in Ruhe gelassen wurden. Es waren die von vornherein Verfemten, wie die Aktivisten der früheren Parteien, die Juden, Halbjuden und Fremdnationalen. Dann waren es die unentbehrlichen Spezialisten, die man weder einschüchtern noch zwingen konnte, weil man sie – besonders in den späteren Kriegsjahren – dringend gebraucht hat, also bestimmte Ingenieure, Facharbeiter und Wissenschaftler. Und schließlich waren es diejenigen, die Lükken im totalen Überwachungssystem ausfindig gemacht hatten, das heißt sich ihre berufliche Existenz bei Dienststellen und Firmen gesichert hatten, deren Chefs sich die Einstellung von distanzierten Mitarbeitern leisten konnten.

Diese letztere Gruppe ist es, zu der ich mich selber zähle. Es gehörte nicht nur Umsicht und Spürsinn, sondern auch Glück dazu, solche Lücken zu finden. Daß ich diese Jahre ein halbwegs erträgliches – wenn auch etwas gefährliches – Leben führen konnte, ohne Parteimitglied zu werden, war nicht so sehr Verdienst wie Schicksal.

Meinen armseligen Beruf als Chemie-Handwerker hatte ich schon 1936 aufgegeben. Danach hatte ich mich als Sekretär eines pensionierten Nationalbankpräsidenten, als

Hofmeister auf osteuropäischen Schlössern und als Übersetzer durchgeschlagen.

Im März 1938 befanden wir uns von einem Tag auf den anderen in einer neuen Welt:
Es war schon spät am Abend, als Schuschniggs Kapitulation und der Einmarsch der deutschen Truppen im Radio bekanntgegeben wurden. Ich eilte auf die Straße, man sah nur hastende Menschen, keine Polizisten und keinen üblichen Abendverkehr. Gegen zehn Uhr kam ich in die Nähe der Oper, auf dem leergefegten Ring bewegte sich plötzlich eine geheimnisvolle, in Achterreihen still marschierende Truppe heran: Polizei? Militär? Nein, eine Schar von Nationalsozialisten, nur zum Teil in Braunhemden und Stiefeln, aber ihre Gesichter von Begeisterung und Entschlossenheit gezeichnet. Sie stimmten gerade das Horst-Wessel-Lied an, als sich die Tore der Oper öffneten, die ahnungslosen Besucher auf den Ring strömten und diesem Aufmarsch begegneten.
Ich hatte unter den Marschierenden den mir bekannten Sohn eines berühmten kaiserlichen Feldmarschalleutnants[10b] erkannt. Seine jahrelange Arbeitslosigkeit hatte ihn zum überzeugten Nationalsozialisten gemacht. Wie es der Zufall wollte, war seine Schwester, die noch in besseren »alten Verhältnissen« lebte, unter den Besuchern der Oper. Ich sah, wie sie sich bei diesem Anblick unter den Arkaden an eine Säule lehnte, auf die Stufen sank und bitterlich weinte.
Am nächsten Morgen war kein Jubel auf den Straßen. Die Leute kamen zögernd aus den Häusern und hielten Ausschau, was vor sich ginge. Ich begegnete der Neugier, der Angst und – eher selten – übermütiger Freude. Die Uniformen der einmarschierenden deutschen Truppen tauchten erst am Nachmittag auf. In den Vorstädten

versuchten deutsche Feldküchen, Gratisverpflegung an die Zivilbevölkerung zu verteilen, hatten aber wenig Zuspruch; denn bei allen Unzulänglichkeiten des bisherigen Regimes – Hunger hat es keinen gegeben.

Nach ein paar Tagen rollten die spektakulären »Siegesfeiern« ab. Erst als sie vorbei waren, offenbarte sich der eigentliche Szenenwechsel: Die Straßenbahn wurde von Linksverkehr auf Rechtsverkehr umgestellt; junge Burschen in schwarzen oder braunen Uniformen rasten in beschlagnahmten Autos disziplinlos durch die Straßen; die jüdischen Geschäfte waren gesperrt; vor den Konsulaten, die an die Stelle der Gesandtschaften ausländischer Staaten getreten waren, standen Schlangen um ein Visum an; immer mehr Menschen tauchten mit dem amtlichen, emaillierten Partei-Abzeichen auf, aber bald stellte sich heraus, daß die wenigsten wirklich Parteimitglieder waren. Die meisten hatten sich die Abzeichen privat beschafft; daraufhin boten findige Händler aus Blech gestanzte kleine Hakenkreuze an, die sich dann auch die Nichtparteimitglieder anstecken durften, um sich vor dem Verdacht der Regimefeindlichkeit zu schützen. Ein paar Wochen lang hatte fast jeder ein solches »Amulett« angesteckt. Viele grüßten nicht nur in den Ämtern, sondern auch auf den Straßen mit der erhobenen Hand und mit »Heil Hitler«.

Wohin man schaute, in der Nachbarschaft oder bei Bekannten, gingen Leute nicht mehr ihrer gewohnten Beschäftigung nach. Sie suchten neue Posten, besonders wenn sie am bisherigen Arbeitsplatz als Antinazi bekannt waren. Zu ihrer großen Überraschung gab es auch plötzlich eine Menge freier Stellungen. Der Grund war, daß fast alle Juden sofort fristlos entlassen worden waren, daß reichsdeutsche Firmen Vertreter für den österreichischen Markt suchten und heimische Firmen aufgrund kräftiger Bestellungen aus dem »Altreich« neue Leute einstellten. So fand man sich auch auf seinem Arbeitsplatz unter anderen Menschen, in einer neuen Welt.

Es verging nicht viel Zeit, bis das Gewaltsame des Regimes zum Vorschein kam: Juden mit einem gelben Stern auf dem Rock mußten, auf dem Trottoir kniend, die vor dem Anschluß hingemalten »vaterländischen« Embleme wegwaschen. Ich kam mit einer 24jährigen Verwandten zu einer solchen Szene. Sie konnte das nicht mitansehen und schrie die zwei dabeistehenden verantwortlichen SS-Männer entrüstet an. Von den Umstehenden, die zunächst unschlüssig zusahen, nickten ihr einige zu, andere schlossen sich ihrer Entrüstung allmählich an, bis fast alle auf die Uniformierten losschimpften. Einer von diesen verschwand, offenbar um Verstärkung zu holen. Ich riß meine Begleiterin weg und brachte sie eiligst in Sicherheit. Die Wiener Parteileitung sah bald ein, daß sie mit solchen Szenen weder den Antisemitismus anheizen noch Sympathien gewinnen konnte, und stellte diese Art von Auftritten dann doch ein.

Dann sickerten auch die ersten Nachrichten durch, daß es eine Gestapo (Geheime Staats-Polizei) gebe und daß sie jede Nacht Leute aus ihren Betten hole, um sie in das Konzentrationslager Dachau zu bringen.

Eine weitere Offenbarung des neuen Geistes brachte uns die Volksabstimmung über den Anschluß am 10. April 1938. So umsichtig die Nationalsozialisten sonst politische Schauspiele zu inszenieren verstanden, diesen öffentlichen Akt zogen sie ungewöhnlich dumm auf: In meinem Wahllokal in Wien und, wie ich hörte, auch in den meisten anderen sagte der Vorsitzende: »Sie werden wohl auch nicht in die Wahlzelle gehen wollen! Machen Sie doch gleich hier vor mir das Kreuz, natürlich in den

größeren Kreis! Der kleinere ist für die Staatsfeinde.«
Der Beisitzer, unser Greißler, der genau wußte, wie ich
dachte, warf mir verzweifelte Blicke zu, ich sollte mich
nicht widersetzen. Auch sieben andere verabredete
Freunde stimmten in der Wahlzelle mit »Nein«. Später
wurde bekanntgegeben, daß es in diesem Wahlsprengel
nur zwei Nein-Stimmen gegeben habe.

Die Österreicher wußten alle, daß diese Abstimmung
eine Täuschung war. Die Weltöffentlichkeit schien aber
darauf hereinzufallen. Ausländische Zeitungskommen-
tare, die uns damals serviert wurden, gingen darauf hinaus: Die Österreicher haben es so gewollt – sie haben
Hitler stürmisch begrüßt und nun auch für ihn gestimmt –, jetzt sollen sie sich selber helfen. Der britische
Star-Journalist Ward Price gratulierte vom Balkon des
Linzer Rathauses aus – nach Hitlers Rede – den Österreichern in schlechtem Deutsch zum vollzogenen Anschluß. Eine jugoslawische Ehrenkompanie begrüßte
die erste an die Grenze gekommene deutsche Militäreinheit mit großer Feierlichkeit. Die sowjetische »Prawda«
verhöhnte die Österreicher. Und alle zogen sie ihre Gesandtschaften aus Wien ab.

Den christlich-konservativen Österreichern hatte schon
vorher Kardinal Innitzer und den sozialistischen Österreichern Karl Renner öffentlich empfohlen, mit »Ja« zu
stimmen.

Wer Österreich im Herzen trug, fühlte sich von Gott und
der Welt verlassen.

Das Wort Österreich wurde bald aus dem öffentlichen
Sprachgebrauch entfernt. Man durfte nur mehr »Ost-
mark« sagen – und »Oberdonau« statt Oberösterreich.
Wer noch die alten Worte gebrauchte, machte sich verdächtig. Mir waren die vorhergegangenen Österreich-Ti-
raden der Schuschnigg-Ära recht gekünstelt vorgekom-

men. Aber jetzt erlebte ich, wie das »stille Deutschbewußtsein« der großen Mehrheit in ein trotziges Öster-
reichbewußtsein umschlug und selbst »gestandene Nationale« diese Sprachregelung als plumpe Vergewalti-
gung ihres historischen Weltbildes empfanden.

Der nationalsozialistische Alltag begann, als wäre uns
ein fremdes Leben übergestülpt worden, das Leben des
eingeengt mitmarschierenden Soldaten. Auf großen
Transparenten stand: »Du bist nichts, Dein Volk ist
alles.«

»Dein Volk« waren aber nicht deine Mitmenschen, sondern der Moloch Staat. Er überwachte dich durch die
Partei und durch ein Netz von Denunzianten, er wies dir
deine Arbeit zu, er schrieb dir vor, wie du wohnen soll-
test, welche Kunst und welche Vergnügungen du haben
durftest, und zog dich zum Arbeitsdienst und zur Wehrmacht ein.

Ich sollte nicht mehr Grüß Gott oder Adieu, sondern
»Heil Hitler« sagen. Ich mußte scharf aufpassen, ob
mein Gesprächspartner nicht einer war, der mich an-
schwärzen oder denunzieren würde. Vor jedem freimütigen Wort drehte man sich ängstlich nach rechts und links
um, ob nicht einer mithöre. Es begann ein Leben wie das
der Tiere auf freier Wildbahn: ein Sich-Ducken, Verkriechen und Wittern, ob die Gefahr vorüber und eine ruhige
Existenz möglich sei.

In Berlin sei es am ungefährlichsten, ruhig wie im Zentrum des Wirbelsturms, hörte ich. Und daß einem in den
Redaktionsstuben weniger aufgelauert werde als in manchen Fabriksbüros, war der zweite Geheimtip, den ich
bekam.

Da faßte ich den Entschluß, mich nicht zu verkriechen,
sondern der neuen Entwicklung als »befugter Journa-

list« nachzuspüren, allerdings nur im sachlichen Bereich der Wirtschaft. Die Zeit war arg und ungeheuerlich. Ich wollte den historischen Augenblick festhalten.

Im »Neuen Wiener Journal« war der Posten des Wirtschaftsredakteurs frei. Aber man wollte nur einen Parteigenossen. Ich sagte, daß ich statt dessen das neu geschaffene Doktorat der Hochschule für Welthandel und besondere Sprachkenntnisse mitbringe. Der kommissarische Leiter, ein Berliner, zeigte sich verhandlungsbereit und trug mir Übersetzungen aus einer französischen und einer tschechischen Zeitung auf. Die letztere war zwar recht mangelhaft, aber er stellte mich an. Von der alten Redaktion waren nur mehr der einzige Nichtjude, Herr Krejci, und der bisherige Wirtschaftsredakteur Rosenbaum, den ich ablösen sollte, anwesend. Rosenbaum weihte mich in die Geheimnisse seines Metiers ein, führte mich auf die Produktenbörse und zeigte mir in aufrichtiger Freundschaft, wie man aus Agentur-Meldungen und eigenen Recherchen einen Wirtschaftsteil zusammenstellt – nur zwei Wochen lang. Dann war er plötzlich nicht mehr da. Wir hörten später, daß er sich nach Prag hatte durchschlagen können.

Ich konnte verhältnismäßig freimütig über die harte, aber erfolgreiche Eingliederung unserer Industrie in den großdeutschen Markt und andere schwierige »Angleichungen« schreiben. Ich scheute mich auch nicht, über den großen Gold- und Devisenschatz zu berichten, den die Erste Republik – jetzt für das großdeutsche Reich – angesammelt hatte.

Der wirtschaftliche Aufschwung war unverkennbar. Die Probleme, die mit der Enteignung der jüdischen Industriellen entstanden waren, wurden daher weniger beachtet. Die rein parteipolitische »Säuberung« der Industrie lief oft unerwartet leicht ab: In vielen Betrieben waren unter den Inhabern und Geschäftsführern die Rollen politisch verteilt. Einer war der »Schwarze«, ein anderer der »Braune« und manchmal auch ein Dritter, der Mann mit den guten »roten« Beziehungen. Jetzt trat der »Braune« hervor, und die anderen zurück. Später war es umgekehrt.

Das »Neue Wiener Journal« wurde bald eingestellt. Zuvor hatte ich noch zwei wertvolle Kontakte geknüpft: mit einem privaten Berliner Wirtschafts-Pressedienst (dem NWD) und einer Gruppe, die das »Südost-Echo«, eine Zeitschrift des Reichswirtschaftsministeriums für den europäischen Osten, in Wien herausgeben sollte. Beide boten mir eine Stellung in Berlin an. Im »Südost-Echo« sollte Rudolf Fischer (früher »Prager Tagblatt«) Chefredakteur, Ernst Molden (von der »Neuen Freien Presse«), Vater von Otto und Fritz Molden, Stellvertreter, Josef Bös (später »Berichte und Informationen«) Prager Korrespondent und ich Berliner Korrespondent sowie Kontaktmann zu den zentralen Reichsstellen werden. Später kam dann noch Otto Schulmeister als Wiener Hilfsredakteur dazu. Ich nahm beide Stellungen an.

Das Leben in Wien war immer unerfreulicher geworden. Man merkte die Absicht, aus dieser Stadt, die noch 25 Jahre zuvor ein Weltzentrum gewesen war, die finsterste Provinz, eine Industriestadt wie Bochum oder Bielefeld, zu machen. Die Parteidienststellen waren hier fanatischer als anderswo, die Geheime Staatspolizei schnüffelte hier besonders intensiv – ein Freund von mir war schon verschwunden –, und das geistige Leben sank allmählich auf KdF[14]-Niveau herab. Die einst so geistreichen Wiener Kabaretts übten nur mehr Kritik am vergangenen Regime: Sie verhöhnten näselnde Hofräte und einfältige Aristokraten.

Das alles erleichterte mir den Abschied von Wien. Im

Frühjahr 1939 fuhr ich nach Berlin. Einer meiner Brüder war schon dort. Nachdem ich im schönen Tiergarten-Viertel eine Wohnung gefunden hatte, ließ ich Mutter und Schwester nachkommen und konnte ein noch nicht gefährdetes, neues Leben beginnen.

4. Kapitel

Weltpolitik in Berlin

1938 und 1939 wurde der Welt bewußt, daß Hitlerdeutschland zur militärischen Großmacht herangewachsen war. Sosehr der künstlerische Ruf Berlins verloren gegangen war, sosehr war sein politischer gewachsen. Staatsmänner aus aller Welt – mitsamt ihrem journalistischen und geschäftlichen Gefolge – waren gezwungen, sich um dieses neue Machtzentrum zu kümmern.

So gab es noch internationales Leben in Berlin. Auch Inländer zeigten wieder gerne ihren neugefestigten Wohlstand. Auf dem Kurfürstendamm sah man Eleganz, Nobelrestaurants und reich ausgestattete Geschäfte. Alle Volksschichten hatten ihr gutes Auskommen. Die Stadt erweckte den Eindruck solider Bürgerlichkeit.

Ich hatte mir nicht gerade die angenehmste Atmosphäre erwartet. Die Preußen, schon politisch als rücksichtslos verschrien, galten bei uns als präpotente, schroffe Menschen. Als ich jedoch anfing, mich in ihre Lebensart einzufühlen, gingen mir ihre sympathischen Seiten auf: ihre erfrischende Originalität, ihre Herzlichkeit in rauher Schale und ihr Verantwortungsgefühl. Einmal zahlte ich dem Taxichauffeur mit einer Dollarnote, er gab mir Reichsmark heraus, sah mich lächelnd an und sagte: »Entschuldigen schon, daß ich nur mit Bolschewiken herausgeben kann!« – eine Verständigung, die klarer war als manche volkswirtschaftliche Abhandlung.

Als Österreicher war man beliebt in Berlin. »Ach, ich fühle mich wie im Urlaub, wenn ich Ihre Aussprache höre«, war die erste Freundlichkeit, die man mir sagte. Mit Hilfe der nachgekommenen Familie und der besonders günstigen Wohnung gelang es mir, einen angenehmen Freundeskreis zu sammeln, Österreicher und Einheimische. Es waren junge Menschen zwischen 25 und 30, die aus geistig tonangebenden Familien (wie den Brentanos und den Gebsattels) und aus gebildeten Industriellenkreisen (wie den Wehrhans und den Johstens) stammten. Das ist das Alter, in dem man – allein oder mit Freunden – um den rechten Lebensstil ringt und seine wahre Lebensaufgabe erkennen will. Es gab schöne, anregende Abende, aber wie sehr haben wir den Druck unseres politischen Schicksals empfunden!

Wir suchten uns ein Gegengewicht gegen die Militärmärsche und die dröhnenden Goebbels-Reden zu schaffen. So spielten wir Theaterszenen, die Moldens Gattin, Paula von Preradovich, für uns geschrieben hatte, und führten ein Mozartballett auf, das der Ballettmeister der Berliner Oper mit uns einstudierte.

Als Korrespondent des »Südost-Echo« lernte ich manche geheime Tendenz der deutschen Außenpolitik kennen. Ein Publizist, der für das Ausland schrieb, durfte viel mehr erfahren als ein Inlandsjournalist. Jede Woche mußte ich ins »Kronprinzessinnen-Palais« Unter den Linden gehen, wo sich das Büro des Reichswirtschaftsministers Funk befand. Der 28jährige mächtige Chef des Ministerbüros, Regierungsrat Rechenberg, gab mir da nicht nur seine persönlichen Informationen, er empfahl mich auch den Pressegewaltigen des Auswärtigen Amtes und dem »Sonderbeauftragten des Reichsmarschalls Hermann Göring«, Staatsrat Wohlthat.

Diesen interviewte ich gerade, als er aus Bukarest von der Unterzeichnung seines legendären »Wohlthat-Vertrags« zurückkam. Der Vertrag sah das vor, was man 40 Jahre später als Technologie-Transfer bezeichnete. Deutschland sollte Industrie-Anlagen liefern, Lizenzen geben, technische Ausbilder stellen und den Absatz der dort hergestellten Produkte garantieren. In den wenigen Jahren, in denen der Vertrag wirksam war, stellte sich bereits heraus, daß diesem zukunfsträchtigen Konzept ein wichtiges Element fehlte: die länger dauernde Mitverantwortung des Geberlandes. Die Rumänen waren – nicht nur technisch, sondern auch in der Betriebsorganisation und im Marketing – einfach nicht fähig, die neuen Betriebe erfolgreich zu führen. Man hatte übersehen, daß für jedes neue Unternehmen hunderterlei vorgelagerte und nachgelagerte Zulieferungs-, Hilfs- und abnehmende Betriebe notwendig sind. Die Deutschen hätten dafür selber sorgen, verantwortlich mitarbeiten und die Rumänen langsam, langsam heranbilden müssen, bis diese selbständig weitermachen konnten. Aus diesem Beispiel gewann ich die ersten Anregungen für meine Entwicklungshilfe-Initiativen der Jahre 1985 und 1986.

Deutschland hatte ein besonderes Interesse an den wenig entwickelten Ländern unmittelbar vor seiner Haustüre. Es hatte seine Kolonien verloren, es war politisch isoliert und durch seine Devisenbewirtschaftung beengt. So entstand die Idee, das deutsche Wirtschaftspotential durch eine neue Art von Zusammenarbeit mit den Südost-Staaten, durch eine Art »stille Wirtschaftsunion«, auszuweiten und zu stärken. Die Erinnerungen an den homogenen Wirtschaftsraum der Donau-Monarchie waren dort noch lebendig, viele Menschen verstanden noch Deutsch, und die »soeben eingemeindeten Österreicher« konnten da mit ihren Beziehungen und Platzkenntnissen eine wertvolle Aufgabe erfüllen.

Die Reichsregierung nahm den Wohlthat-Vertrag jedoch keineswegs zum Anlaß, dieses Konzept als ihr politisches Ziel für den ganzen Südosten zu verkünden. Sie gestattete aber dem »Südost-Echo«, eigene Schlußfolgerungen daraus zu ziehen. So wurden manche Unternehmer – darunter vor allem Österreicher – ermutigt, sich in diesen Ländern umzusehen und wieder Kontakte zu knüpfen.

Die Reaktion der südöstlichen Wirtschaftskreise war überwiegend positiv, die der Regierungen jedoch recht unterschiedlich; denn schon drängten sich andere, viel mächtigere Tendenzen vor …

Den Gedanken der »stillen Wirtschaftsunion« propagierte ich mit Eifer in meinen Berichten und Artikeln. In unserer Redaktion meinten wir, daß damit ein erstes brauchbares »Absatzgebiet für die überschüssigen Energien der Deutschen« geschaffen würde. Das nationalsozialistische Schlagwort, daß dem deutschen Volk der natürliche Lebensraum fehlte, könnte damit etwas von seiner Zugkraft verlieren. Das österreichische Erbe könnte aufgewertet werden und etwas Internationalität in die graue Weltabgeschlossenheit des Hitler-Reiches kommen.

Die Regierungen des Südostens erkannten jedoch allmählich, daß es nicht mehr um wirtschaftliche Verflechtung, sondern um reine Bündnispolitik ging. Ungarn schlug sich immer deutlicher auf die deutsche Seite. Der ungarische Außenminister stellte dem deutschen Botschafter von Erdmannsdorff fast alle Geheimberichte der ungarischen Diplomaten zur Verfügung. Durch Rechenbergs Vermittlung kamen sie in die Hände unseres

Chefredakteurs und zuweilen auch in meine. So konnte ich verfolgen, wie sich der ganze Südosten angesichts des drohenden Weltkonflikts neu zu orientieren suchte, zum Teil nach dem Westen hin, zum Teil nach Deutschland hin, und wie er zuweilen auch wieder ein gemeinsames Vorgehen zustande zu bringen suchte, aber damit schließlich doch – wegen seiner unzähligen gegenseitigen Nationalkonflikte – nicht weiterkam.

Jugoslawien, Albanien und Griechenland distanzierten sich zusehends, Rumänien schwankte, Bulgarien und die Türkei erklärten beiden Seiten ihre Sympathie. In Berlin kam es zu einer entsprechenden neuen Kriegsplanung: Das frankreichhörige Rumänien galt als potentieller Feind, Ungarn wurde als militärischer Bundesgenosse vorgesehen, Griechenland und Albanien wollte man der italienischen Politik überlassen. Für Jugoslawien wurde die Revolution von innen vorgesehen.

Die kroatische Auflehnung gegen Belgrad wurde schon damals, im Frühjahr 1939, eingefädelt. Im Hause des späteren kroatischen Marschalls Kvaternik, eines Regimentskameraden meines Vaters, hatten hohe SS-Funktionäre aus Österreich die ganze militärische Revolte von langer Hand vorbereitet und dirigiert. Bei einem Besuch in Agram verschaffte mir die alte Familienfreundschaft erste Einblicke in die nationalsozialistische Aufstandsplanung in fremden Ländern.

Nicht nur im Südosten, rundum waren die Fronten geklärt. Die aufregende Diskussion, ob es Krieg geben werde oder nicht, erfuhr im Juli 1939 eine Unterbrechung. Von Hitler war eine Zeitlang fast nichts zu hören, und Göring absolvierte – in Admiralsuniform – eine Schiffsrundfahrt auf den deutschen Kanälen und Wasserstraßen. Zu dieser Zeit fand in England die letzte internationale Konferenz statt, an der Hitler-Deutschland teilnahm, mit einem harmlosen Thema: wie viele Walfische von den einzelnen Nationen erlegt werden dürfen. Staatsrat Wohlthat vertrat Deutschland. Wenige Stunden, nachdem er zurückgekehrt war, sagte mir Rechenberg, es bereite sich eine ungeheure Sensation vor, ich solle, da unser Chefredakteur Rudolf Fischer auf Urlaub war, sofort zu Wohlthats Sekretär gehen. Dieser teilte mir als »geheime Reichssache« mit, daß Wohlthat aus England ein halboffizielles, phänomenales Friedensangebot, das heißt Kriegsverhinderungsangebot, mitgebracht habe – ein unglaubliches Zugeständnis nach dem anderen:

Deutschland bekäme seine Kolonien zurück, könnte den »polnischen Korridor« (den akuten Anlaß des befürchteten Krieges) zum größten Teil wiedererhalten, wichtige Teile der Welt würden in deutsche und englische »Interessensphären« aufgeteilt werden (wobei der ganze Südosten in die deutsche Sphäre fiele), für Schwarzafrika könnte ein gemeinsames englisch-französisch-deutsches »Erschließungsprogramm« vereinbart werden (damals hat man das Wort »Entwicklung« noch nicht gebraucht; man hat unter »Erschließung« auch etwas anderes verstanden), auf den wichtigsten Exportmärkten würde die englische und die deutsche Vorzugsstellung einvernehmlich geregelt werden, ein umfassendes Abkommen würde die englische Rüstung bei Heer, Flotte und Luftwaffe auf die deutsche Stärke begrenzen, eine gegenseitige Unterstützung der Industrien sollte dafür sorgen, daß beim Übergang von der Rüstungs- zur Friedensproduktion keine Arbeitslosigkeit entstünde, eine ungewöhnlich hohe Pfund-Sterling-Anleihe sollte Deutschland über die aktuellen Devisenschwierigkeiten hinweghelfen, und verschiedene weitere Vorschläge sollten die

Machtaufteilung zwischen London und Berlin konstruktiv abrunden.

Die Grundlinien dieses Programmes und die von seinen drei englischen Gesprächspartnern dargestellten Zukunftsperspektiven hat Wohlthat in einem 260 Zeilen langen Aktenvermerk festgehalten. Es war die offizielle Information für die Reichsregierung und befindet sich in der Dokumentensammlung des Auswärtigen Amtes.[15] Wohlthats Sekretär las mir bei meinem Besuch noch aus einem weiteren Papier vor. Es war eine Liste von 18 Besprechungspunkten für die vorgeschlagenen Gespräche auf höchster Ebene. Sie enthielt detaillierte Lösungsvorschläge für die heikelsten Fragen (wie zum Beispiel eine »denkbare territoriale Vereinbarung mit Polen« oder eine »bessere verfassungsmäßige Regelung für die tschechischen Gebiete«) – Lösungen, die ihm in London angedeutet worden waren. Dieses Dokument ist nicht mehr aufgefunden worden. Wahrscheinlich hat es Wohlthat selbst vernichtet.

Ich berichtete sowohl Rechenberg als auch dem eiligst zurückberufenen Chefredakteur Rudolf Fischer. Dieser eröffnete im »Südost-Echo« – ohne Bezug auf die Walfischkonferenz – seinerseits eine Friedensoffensive unter dem Titel »Jenseits der Einkreisung«.

Wohlthat fuhr zu seinem Vorgesetzten Hermann Göring. Göring unterbrach seine Kanalrundfahrt und eilte zu Hitler auf den Obersalzberg. Und da geschah das Unfaßbare: Hitler wies jeden Gedanken an Verhandlungen mit Entrüstung von sich. Göring mußte der Idee abschwören. Jede Diskussion über dieses Thema wurde verfemt, in Acht und Bann getan.[16]

Rechenberg, der dies alles aus erster Hand erfuhr, war erschüttert – und mit ihm der ganze Kreis der Eingeweihten. Uns wurde größte Verschwiegenheit aufgetragen:

Wenn man erführe, daß Deutschland ohne Krieg zur zweiten Weltmacht hätte aufsteigen können, dann sänke die ohnedies schon so geringe Kriegsbereitschaft noch weiter, dann schwände jedes Vertrauen zu Hitler. Wer – so wie der echte Nationalsozialist – Deutschland und nur Deutschland im Herzen trage, sei bei einer solchen Mitteilung in Gefahr zu verzweifeln.

Man darf nicht vergessen, daß die USA damals noch nicht aufgerüstet hatten, keine Kolonien besaßen und keineswegs als die führende Weltmacht galten – die Sowjetunion noch viel weniger; denn sie war mit ihrer Rüstung – schon bezüglich ihres technischen Standards – weit im Rückstand. Die erste Weltmacht war nach wie vor Großbritannien.

Es war sich der neuen deutschen Rüstungsüberlegenheit zu spät bewußt geworden, hatte weder die Russen noch die Amerikaner als Bundesgenossen gewinnen können und sah sich nun in der Gefahr, wegen eines polnischen Landstreifens ums Überleben kämpfen zu müssen. Hitler-Deutschland war zu dieser Zeit noch nicht so gebrandmarkt wie nach den Juden-Massakern. Da verfielen die englischen Politiker auf die bewährte Methode des großen »General-Arrangements« – so wie sie sich im 19. Jahrhundert mit Frankreich über die afrikanischen Kolonien »arrangiert« hatten. In der internationalen Politik ging es damals noch nicht um Wirtschaftsgemeinschaften gleichberechtigter großer und kleiner Staaten, sondern nur um Machtblöcke und Hegemonien. Und so wurde auch dieser Handel verstanden.

Unklare »Bruchstücke aus einem politischen Gespräch mit Wohlthat« sind damals wohl in der englischen Presse aufgetaucht, aber daß es einen Weltaufteilungsplan dieser Dimension gegeben hat, ist nirgendwo aufgedeckt worden. Auch nach dem Krieg hatten beide Seiten das

größte Interesse, von dieser geplanten Wende der Weltpolitik zu schweigen – die Engländer aus Nationalstolz
und die Deutschen, um die hitlerische Kriegsschuld
nicht noch weiter aufzutürmen.

Wenige Tage danach sagte Fischer auf unserer Redak-
tionskonferenz: »Da die Engländer sogar bei Polen kon-
zessionsbereit waren, haben sie die polnische Regierung
vielleicht schon zu Gebietsabtretungen überredet, so
daß England aus seiner fatalen Garantie-Erklärung für
Polens territoriale Integrität ohne Gesichtsverlust her-
auskäme ... Jetzt müßten wir einen Korrespondenten in
Warschau haben, der uns über die wahre Haltung der
dortigen Regierung informiert. Vielleicht könnten wir im
›Südost-Echo‹ etwas über ›Hoffnungen auf eine friedliche Einigung mit Polen‹ selber schreiben.«
Da sagte ich, daß ich vor vier Jahren Hofmeister auf
einem polnischen Schloß war und damals mit dem Bruder der Schloßherrin[17], dem Prinzen André Lubomirski,
einem maßgeblichen Berater der polnischen Regierung,
ein aufschlußreiches politisches Gespräch hatte führen
können. Ich sei bereit, ihn aufzusuchen und mich um vertrauliche Informationen zu bemühen.
Mein Vorschlag wurde angenommen. Man schickte mich
zunächst in das »Amt Ribbentrop« – eine Art Geheim-
büro für heikle außenpolitische Probleme –, zum Refe-
renten für den Osten, Herrn von Kleist. Er fand es
zweckmäßig, nun, wo alle offiziellen Kontakte eingefro-
ren waren, einmal in der »dritten Garnitur« (zwischen
dem Journalisten und dem inoffiziellen Regierungsbera-
ter) vorzufühlen.
Wir besprachen, welche Zugeständnisse Polen machen
müsse, um Hitler zufriedenzustellen.
Schließlich fragte ich: »Ist der Krieg unvermeidlich?« Er,

aufgestachelt, antwortete: »Er ist unvermeidlich, und wir werden ihn verlieren. Was auf uns zukommt, ist die Götterdämmerung; doch zuvor: ein letztes Aufbäumen, ein großes, machtvolles Deutschland!«

Das hatte ich nicht erwartet. Ich verließ ihn mit dem Gefühl: Jetzt wird das Nibelungen-Lied tatsächlich zu Ende gesungen.

Das Palais Lubomirski in Warschau war bereits verlassen, die ganze Großfamilie war über Rumänien nach Spanien geflüchtet. Dem zurückgebliebenen Sekretär verriet ich mein Anliegen. Er empfahl mir, mit jemandem in der päpstlichen Nuntiatur zu sprechen; denn die katholische Kirche habe den größten Einfluß auf die polnische Politik. Er nannte mir einen mit André Lubomirski befreundeten Monsignore.

Es war ein sehr pessimistischer Ausblick, den mir dieser bot: »Freilich könnte die polnische Regierung in ihrer bedrohten Lage gewissen Gebietsabtretungen zustimmen. Doch wozu? Hitler ist durch nichts mehr aufzuhalten, Polen zu unterwerfen. Ein kleines Volk, das ohne natürliche Grenzen zwischen zwei riesigen, expansionslüsternen Machtblöcken eingezwängt lebt, kann nichts anderes tun, als den Schutz ferner Großmächte zu suchen. Wenn sich Hitler jetzt von der englisch-französischen Garantie nicht abschrecken läßt, ist nicht nur Polen verloren.«

Es war Mitte August. Die Polen sahen den drohenden deutschen Überfall klar vor sich. Ich erlebte keine Panik, aber es lag so etwas wie eine lähmende Schicksalsergebenheit über Warschau. Manchmal brach ein todesmutiger Patriotismus hervor:

Ich saß auf einer Kaffeehaus-Terrasse, als man das Rasseln vorbeifahrender Panzerwagen hörte. Die Gäste eilten zur Brüstung, einige riefen: »Unsere Armee, unsere

Armee!« Aus den polnischen Worten, die ältere Herren am Nachbartisch sprachen, entnahm ich:»Die ältesten französischen Tanks aus dem Ersten Weltkrieg! Und was haben die Deutschen!«

Ins Hotel zurückgekehrt, erfuhr ich, daß meine Redaktion aus Berlin angerufen hatte. Das war das verabredete Signal, daß in Berlin alles zum Kriegsausbruch bereit sei und ich sofort abreisen müsse.

Im Eisenbahn-Coupé gab es eine lebhafte Debatte über die bevorstehenden Ereignisse. Man sprach auch mich an, natürlich auf polnisch, ich antwortete französisch und log, daß ich über Berlin nach Paris heimkehre. Das öffnete die Herzen. Ich fragte:»Was werdet ihr tun, wenn die Deutschen kommen?« Da antwortete ein junger Mann:»Hitler bringt zehn Millionen Soldaten auf, wir nur fünf. So stehen gegen jeden Polen zwei Deutsche. Ich werde, wie jeder Pole, gegen zwei Deutsche standhalten.«

Am 23. August traf ich wieder in Berlin ein. Es war der Tag, an dem der Hitler-Stalin-Pakt, der die Welt erschütterte, bekanntgegeben wurde.

An diesem Tag fing alles an. Es ging Schlag auf Schlag. Ich wollte die großen Ereignisse mit ihren Begleitumständen festhalten und begann, Tagebuch zu führen, aus dem ich (nicht wörtlich) zitiere:

24. August. Es werden bereits Lebensmittelmarken ausgegeben, zum Entsetzen derer, die das vom Ersten Weltkrieg her kennen.

Freitag, den 25. August, wird die erste Teilmobilmachung angeordnet.

Das Wochenende vom 26. und 27. August bringt uns eine Atempause. Jedermann sucht seine Freunde auf, um sich mit ihnen auf das neue Leben, auf den Krieg, einzustimmen. Die Berliner, mit denen ich rede, werden sich plötzlich ihrer vertrauenden Nachlässigkeit bewußt, mit der sie die bisherigen politischen Geschehnisse über sich hatten ergehen lassen. Es hatte ihnen geschmeichelt, daß die Rheinlandbesetzung, der Anschluß, der Sudeteneinmarsch und alles so klaglos verlaufen war. Sie hatten sich wieder als mächtiges, gefürchtetes Volk gefühlt. Jetzt kommt Nervosität auf. Man fragt wieder nach politischen Einzelheiten und stellt eigene Überlegungen über die bevorstehende Entwicklung an, nachdem man sich allzulange in allem Denken von der gleichgeschalteten Presse hatte gängeln lassen. Die Resultate dieses eigenen Denkens sind nun überwiegend kleinmütig und gedrückt.

Montag, den 28. August, kommt Fischer von der Wilhelmstraße[18] mit der Nachricht, daß Hitler am Abend nach Danzig fahren und dort den Anschluß der Freistadt an das Reich verkünden werde. Kurz darauf wird das Vorhaben abgesagt.

Am 29. August kommt eine sowjetische Militärdelegation nach Berlin, um die gemeinsame Strategie gegen Polen festzulegen.

(Ein Jahr später wird mir bei meinem Moskaubesuch in der deutschen Botschaft angedeutet, wie sehr es damals auf des Messers Schneide gestanden hatte, ob sich die Sowjets mit den Engländern, die schon wochenlang in Moskau antichambriert hatten, oder mit den Deutschen verbündeten. Den Ausschlag hatten Hitlers saftige territoriale Zugeständnisse gegeben: ein breiter Gebietsstreifen von der Ostsee bis zum Schwarzen Meer – die baltischen Staaten, die polnische Ukraine, die Bukowina und das rumänische Bessarabien.)

30. August. Mussolini teilt mit, er könne am Krieg nicht teilnehmen, aber er werde eine Million italienische Ar-

beitskräfte für die deutsche Rüstungsindustrie schicken und allen Druck auf Frankreich ausüben, daß es neutral bleibe.

31. August. Der englische Botschafter wird zu Außenminister Ribbentrop gebeten und von diesem in eine lange Debatte über die »Einkreisungspolitik und Kriegshetze« Englands verwickelt – dies alles noch in englischer Sprache. Dann liest ihm Ribbentrop neben anderen verwirrenden Dingen ganz hastig in deutscher Sprache ein 16-Punkte-Protokoll über eine mögliche »deutsch-englische Resolution zur polnischen Frage« vor, ohne ihm den Text zu übergeben. Dieses Protokoll war keineswegs ernst gemeint, es sollte lediglich eine Art deutscher Friedensbereitschaft dokumentieren. Das alles teilt der Pressechef des Auswärtigen Amtes, Gesandter Schmidt, am nächsten Tag unverblümt unserem Dr. Fischer mit, als wir unsere Verwunderung über das unerwartete, in allen deutschen Zeitungen abgedruckte Protokoll aussprechen. Die englische Presse nimmt erst nach Tagen, als es längst zu spät war, zu diesem Protokoll Stellung.

Am 1. September ist es soweit. Auf meinem Büroweg begegne ich am Brandenburger Tor der SA-Kolonne, die zur Reichstagssitzung aufmarschiert: unbewegte, fast gleichgültige Gesichter, keine Furcht, keine Begeisterung. Anders im Ministerbüro: feierlicher, der Bedeutung des Augenblicks angemessener Ernst. Als kleiner Journalist werde ich nicht in das Ministerzimmer eingelassen, in dem das Radio Hitlers Reichstagsrede überträgt. Fischer sagt mir nachher, Hitler war erschöpft und hat noch nie so unausgeglichen gesprochen – vor allem nach den Worten: »… seit 5.45 wird jetzt zurückgeschossen, und von jetzt ab wird Bombe mit Bombe vergolten!« Das war es nun, das Losungswort für den Beginn des großen Krieges!

Ich rief mir ins Gedächtnis, wie es beim Ausbruch des Ersten Weltkriegs auf dem Wiener Stefansplatz zugegangen war. Ich war begierig, die erste, spontane Reaktion des Volkes im jetzigen Epizentrum des Weltgeschehens zu erleben; ich wollte sehen, was sich auf dem Wilhelmsplatz vor Hitlers »Staats-Balkon« abspielte. Ich bot mich daher als Briefträger an, um angekündigte Geheimberichte des Auswärtigen Amtes für Reichswirtschaftsminister Funk, die man nicht durchtelefonieren wollte, abzuholen:

In der Nähe des Reichstagsgebäudes stehen noch einige Schaulustige herum, kein Jubel, auch keine Aufregung, eher ein eisiges Staunen. Die Partei hatte überhaupt nichts vorbereitet. Die prunkhafte »Kriegseröffnungs-Parade« Unter den Linden wurde erst Tage später inszeniert. Ich besuche kurz das Hotel Kaiserhof[19]: in der Halle eine Anzahl Reichstagsabgeordneter; diesen sieht man ihre erregte Besorgnis an; in der Wilhelmstraße ein paar Beamte, die ins Auswärtige Amt und ins Reichspropagandaministerium eilen; und dann auf dem weiträumigen Wilhelmsplatz vielleicht 100 oder 200 Neugierige. Keine spontane Ansammlung, keine außergewöhnliche Bewegung! Von der Friedrichstraße her kommt eine Schulklasse 13jähriger Mädchen. Sie rufen nach dem »Führer«. Von den Schaulustigen schließen sich kaum 50 diesem Ruf an. Trotz dieses schütteren Stimmenaufwands erscheint Hitler auf seinem Balkon, erhebt die Hand, versucht zu lächeln und verschwindet wieder.

(Weder in Berlin noch sonstwo in Deutschland gab es eine Hurra-Stimmung für diesen Krieg, … nichts als gehorsame Nachfolge, allerdings nachher, in der Stunde der Not, auch sehr viel Opferbereitschaft!)

Die Meldungen, die ich abholte, handelten von den Luftangriffen auf Warschau. Die deutsche Presse mußte diese vorläufig verschweigen. Ausländische Agenturen beschrieben die furchtbaren Schrecken der tief herabstürzenden »Stukas« (Sturzkampfflugzeuge).

Samstag, 2. September. Der englische und der französische Botschafter befinden sich noch in Berlin. London und Paris zögern. Ich gehe wieder ins Kronprinzessinnenpalais, um von Fischer und Rechenberg etwas Neues zu erfahren. Sie telefonieren mit verschiedenen Dienststellen und berichten, wie viele sich noch der Hoffnung hingeben, daß die Westmächte stillhalten und auch diese – die erste blutige – Annexion hinnehmen.

3. September. Ein herrlicher Spätsommer-Sonntag! Wir sitzen im Garten des Blau-Weiß-Klubs und lassen den ganzen Tag das Radio laufen. Während des Mittagessens wird die Meldung vom englischen Ultimatum, von der deutschen Ablehnung und schließlich von der englischen Kriegserklärung im Rundfunk wiederholt. Am Nebentisch sagt einer: »Wenigstens noch die traditionelle Form, auf daß man weiß, daß Krieg ist.« Es wird eine gewisse Nervosität spürbar, aber nach außen, wohin man auch blickt, wird Gleichmut zur Schau getragen – als ob man sagen wollte: »Das ist nicht unser Krieg, das ist der Krieg Hitlers und seiner Abenteurer-Clique. Wir werden uns nun aber irgendwie zurechtfinden müssen.«

4. September. Reichswirtschaftsminister Funk berät mit seinem engsten Stab die neue Außenhandelssituation. Rechenberg informiert mich nachher vertraulich, der Minister habe wörtlich erklärt: »Weder die neutralen Staaten noch unsere Dienststellen ... ahnen, daß es nun wirklich ernst ist – der ganz große Ernstfall. Ich rechne mit zwei bis vier Jahren Krieg. Einige Monate halten wir allein durch. Dann aber muß uns Rußland verproviantieren ...« Er sei dann auf die unvorstellbare sowjetische Mißwirtschaft und auf die Notwendigkeit eingegangen,

die russische Wirtschaft mit deutscher Hilfe hochzubringen. Die Russen werden sich zunächst dagegen wehren. Aber wenn die Westmächte auch ihnen den Krieg erklärt haben, werden die Deutschen sagen können: »Mitgehangen, mitgefangen. Wenn ihr nicht mit uns zugrunde gehen wollt, müßt ihr so mittun, wie wir es euch sagen.«

5. September. Ich lese das erste Mal in »Mein Kampf« Hitlers außenpolitisches Konzept: Mit Rußland gegen England oder mit England gegen Rußland, aber in letzterem Fall die fruchtbare Ukraine als der erste Erwerb neuen deutschen Lebensraums!

6. September. Es droht der Luftkrieg. Die Reichsregierung ordnet die »Verdunkelung« an. Das heißt, keine Straßenbeleuchtung mehr; abends darf man nur mit besonders abgeblendeten Taschenlampen ausgehen; die Fenster der Wohnungen, in denen Licht brennt, müssen mit schwarzem Papier verhängt werden.

8. September. Der Chef der Außenhandelsabteilung des Reichswirtschaftsministeriums, Ministerialdirigent Bergemann, lädt mich (als Korrespondenten des »Südost-Echos«) zum Mittagessen ein. Er nimmt sich kein Blatt vor den Mund und schildert mir die äußerst heikle Versorgungslage Deutschlands: »70 Prozent der bisherigen Lebensmittel- und Rohstoffeinfuhren sind abgeschnitten. Wir sollten auf neue Lieferanten umschalten können, aber die einzigen Partner, die ins Gewicht fallen, sind Schweden, Rumänien und Rußland. Die Hebung ihrer Lieferfähigkeit durch deutsche Initiativen ist sehr problematisch.«

9. September. Um vier Uhr früh heulen die Sirenen. Der erste Fliegeralarm! Ich nehme ihn nicht ernst. Daß einige englische Bomber durch die noch nicht eingespielte deutsche Luftabwehr durchgekommen sind, ist eine Demonstration englischer Kriegsbereitschaft, aber

nicht mehr. Ich ärgere mich, daß ich überhaupt aufgestanden und in den Keller gegangen bin. Aber dort bekomme ich ein eindrucksvolles Bild von preußischer Disziplin und Umsicht, mit der das kleinste Detail eines Luftschutzes vorbereitet worden ist.

10. September. Bei Herrn von Poll, baltischem Baron und Pressechef der Reichsgruppe Handel, zum Tee eingeladen. Einer seiner Verwandten, der vor kurzem aus dem Baltikum eingereist ist, sagt: »Die Reichsdeutschen hier sind doch tolle Kerle. Hitler sagt ihnen: Erfindet einen künstlichen Gummi und macht Kleider aus Holz. Und die erfinden tatsächlich den Gummi und verwandeln Holz zu Zellwolle. Die werden noch die ganze Welt einstecken!« Der gescheite Gastgeber erwidert: »Das ist weder eine Zauberei des Staatschefs noch eine ungewöhnliche Genialität der Techniker hier. Das ist einfach die neue Methode, daß der Staat, der fast als einziger genug Geld dazu hat, die Grundlagenforschung, die zweckgerichtete Detailforschung und die Fertigentwicklung bis zur Produktionsreife voll ausfinanziert und damit auch bestimmt, was erfunden werden soll. Angefangen hat dieses System in der Sowjetunion, aber die Sowjets sind nicht weit damit gekommen, weil dort die Erfinder zuwenig Sonderentlohnungen[20] bekommen und sich daher zuwenig anstrengen, und vor allem, weil es kein privates Unternehmertum gibt, das dann aus den Erfindungen etwas macht. Unsere Methode ist es, weder dem Staat noch dem privaten Gewinnstreben das gesamte Wirtschaften zu übertragen, sondern den Staat nur mit dem zu befassen, was keine Firma, sondern nur das große Potential der öffentlichen Hand zustande bringt, aber die unendliche Vielfalt privater Initiativen dem Gewinnstreben der einzelnen zu überlassen – eine gut ausgesuchte Mitte zwischen Manchestertum und Marxismus!«

11. September: Vertraulich wird uns mitgeteilt, die Russen werden ihren Angriff auf Polen am 13. September beginnen.

15. September: Die Russen haben noch immer nicht angegriffen. Berlin wird nervös. Es gibt auch keine Kriegserklärung der Westmächte an die Sowjetunion. War der neue Pakt mit Deutschland nur ein Täuschungsmanöver? Die Sowjetunion ist ein unheimlicher, unberechenbarer Partner!

Der russische Einmarsch kam – aber erst nachdem über die Hälfte Polens in deutscher Hand war. Die Besetzung war ebenso grausam wie die deutsche. Das Massaker an den polnischen Offizieren in Katyn und an der ukrainischen Elite in Lemberg sind erst viel später bekannt geworden.

Das Schlimmste aber waren die Greuel, die die Nationalsozialisten nachher – lange nach Beendigung der Kriegshandlungen – begangen haben.

Als ich 1942 in einem »Urlauberzug« durch Polen zurück zur Ostfront fuhr, sprach man in meinem Abteil vom Polenfeldzug und der gegenwärtigen Zivilverwaltung. Einer sagte, es scheine in diesem Land keinen einzigen kooperationswilligen Menschen (später nannte man einen solchen »Kollaborateur«) zu geben. Dazu erklärte ein SS-Mann in prahlerischem Ton: »Ja, in Polen haben wir nach dem Feldzug noch 200 000 Polen – die Juden nicht miteingerechnet – liquidiert. Es sind also schon weniger geworden, die uns schaden können.« Einen Augenblick herrschte Stille. Einer der Soldaten lachte unsicher. Ein anderer räusperte sich, als ob er etwas sagen wollte. Die übrigen sahen zu Boden oder stellten sich schlafend. Ich stand auf und ging auf den Korridor.

Es war eine jener seltenen Gelegenheiten, in denen dem

einfachen Staatsbürger etwas von den geheimen Massenmorden offenbar wurde, einer jener Augenblicke, in denen ich mir sagte: Wie soll das werden, wenn wir nach dem Krieg mit Menschen dieser Art leben müssen, auch wenn sie nicht mehr das Sagen haben, das heißt wenn der Krieg verloren ist und wir eine humanere Welt aufbauen können. Es geht ja nicht nur um die Henker, sondern vor allem um jene willige Gefolgschaft, die an die Nützlichkeit solchen Gemetzels und an das Recht der überlegenen Rasse glaubt. Wer soll diese scheinbare Mehrheit innerlich umstimmen, zu rechtlich denkenden Mitmenschen machen!

Wenige Monate nach dem Polenfeldzug, im Frühjahr 1940, wurden Frankreich, Holland und Belgien – innerhalb von sechs Wochen – erobert. Die Versorgung Deutschlands besserte sich, aber nicht das tägliche Leben. Dann kam der Angriff auf Dänemark und Norwegen. Im Sommer verschärfte sich die Lage im Südosten. Jeder erfolgreiche Feldzug löste einen anderen aus. Es war kein Ende abzusehen.

Mein Jahrgang (1911) war nun für den Wehrdienst an der Reihe. Ich wurde vorläufig »u. k. gestellt«, als »unabkömmlich« erklärt. Unsere Redaktion in Wien überhäufte mich mit dringenden Aufgaben. Einmal die Woche mußte jede südosteuropäische Botschaft aufgesucht werden.

Rumänien war als erstes Opfer der deutschen Balkanpolitik ausersehen. Die Umstände schienen es zu erlauben, diesen Nachfolgestaat der Donau-Monarchie ebenso unblutig wie Österreich und die Tschechoslowakei zu »erledigen«.

Ich erlebte, wie der letzte Ministerpräsident des selbständigen Großrumänien, Gigurtu, nach Berlin kam und um Schonung und Freundschaft bat. Ich interviewte ihn, als er unverrichteter Dinge von der Wilhelmstraße in sein Hotel zurückkehrte. Ich durfte im »Südost-Echo« nur schreiben, daß sich dieses ehemals so frankreichhörige Land nunmehr nach Deutschland orientieren werde. Seine Klage über die bevorstehenden Nöte des seit jeher geplagten rumänischen Volkes durfte ich nicht einmal andeuten:

Zwischen Juni und September 1940 verlor Rumänien die Bukowina und Bessarabien an die Sowjetunion, ganz Siebenbürgen an Ungarn und die Dobrudscha an Bulgarien. Restrumänien kam unter die hitlerhörige Diktatur Antonescus, die über 100 000 rumänische Soldaten im deutschen Rußland-Feldzug hinopferte und dann – nach der gemeinsamen Niederlage – sehr rasch von der kommunistischen Diktatur abgelöst wurde.

Eine ähnliche Tragödie erlebte ich, als es mir im selben Sommer nach vielen Mühen gelang, in Prag den tschechischen Staatspräsidenten Hacha zu interviewen. Er hatte die »autonome Selbstverwaltung« des an Deutschland angegliederten »Protektorats Böhmen und Mähren« auszuüben, unterstand aber in allem und jedem den Weisungen des »Reichsprotektors« und seiner Gehilfen, darunter auch denen des deutschen Pressechefs, der mich nun in Hachas Amtszimmer – im mittelalterlichen Teil der Prager Burg – brachte.

Der Tscheche Hacha, ehemals Beamter der Habsburger-Monarchie, sprach ein schönes Deutsch, das von Österreichern so sehr geschätzte Prager Deutsch. Mit sachlicher Zurückhaltung und dennoch mutiger Kritik schilderte er die Schwierigkeiten einer fremdkontrollierten Staatsverwaltung. Er beklagte, wieviel die tschechische Industrie für die deutsche Rüstung zu leisten hatte und wie wenig da für den Lebensstandard der Tschechen

übrig blieb. Er scheute sich auch nicht, die vielen täglichen Benachteiligungen der tschechischsprechenden
Menschen gegenüber ihren deutschen Mitbürgern anzuprangern. Der Pressechef mischte sich ein und widersprach einigem. Nachdem er mir eingeschärft hatte,
nichts zu veröffentlichen, was er nicht zensuriert habe,
ließ er uns endlich allein.

Da sprach mir Hacha mit banger Sorge vom nationalsozialistischen Projekt, die »wertvollere Hälfte des tschechischen Volkes« zu germanisieren und den Rest irgend-
wohin in den Osten umzusiedeln. Heydrichs SS-Überwa-
chung für den »weltfremden Reichsprotektor von Neu-
rath« hätte ihm das ungeschminkt erklärt. Nur mit Mühe
habe er Heydrich überzeugen können, daß jeder Schritt
in diese Richtung die ganze – sehr bedeutende – tschechische Kriegsproduktion lahmlegen würde. Er habe auch
keinen Zweifel daran gelassen, daß er sich selber mit
allen Mitteln gegen ein solches Vorhaben stellen würde.
Schließlich sagte er: »Ich bin mir voll bewußt, daß ich
mein Amt mit dem Leben werde bezahlen müssen, ob
die Deutschen siegen oder verlieren, ob sie oder die
Tschechen mich umbringen. Es gibt keine Alternative.
Hätte ich mich entziehen sollen? Es muß doch einen
geben, der in einer solchen Zeit für sein Volk eintritt, das
Schlimmste zu verhindern sucht und rettet, was zu retten
ist.«

In mein Hotel zurückgekehrt, verfaßte ich den Artikel
über dieses Interview – zwölf Schreibmaschinenseiten,
in denen auch etwas von diesem Opfermut durchklang.
Der Pressechef strich mir acht Seiten heraus. Doch auch
die verbliebenen vier Seiten enthielten noch so viel von
den mutig vorgebrachten tschechischen Anliegen, daß
sie vom tschechischen Rundfunk und von allen tschechischen Zeitungen an erster Stelle wiedergegeben wurden.

Als ich am nächsten Tag nach Ingrowitz kam, wo ich bei den Grafen Belcredi sechs Jahre zuvor Hauslehrer gewesen war, wurde ich wie ein großer Fürsprecher des tschechischen Volkes empfangen. Einmal schon hatte dieses Dorf tschechische Auflehnung gegen deutsche Vormundschaft – allerdings in viel milderer Form – erlebt, als Kaiser Franz Joseph 1867 den Vorkämpfer der slawischen Gleichberechtigung und Großvater des dortigen Schloßherrn, Ministerpräsident Richard Belcredi, zugunsten des einseitigen »Ausgleichs mit Ungarn« entließ und ihm verbot, weiterhin in einem slawischen Gebiet zu wohnen, damit ihm dort »keine staatsgefährlichen Sympathiekundgebungen bereitet werden und Unruhe entstehe«.

Es war Hacha, der das tschechische Volk durch das Chaos der Hitlerzeit steuerte und erreichte, daß es hier die geringsten Zerstörungen und die geringsten Menschenopfer Europas gab – trotz des hemmungslosen Wütens Heydrichs und der Racheaktion von Lidice kaum ein halbes Prozent der Bevölkerung! Ich nahm mir damals schon vor, Hacha ein publizistisches Denkmal zu setzen. Ich glaube, daß später einmal, wenn es eine gerechtere Geschichtsschreibung über diese Zeit geben wird, der eine als Kollaborateur und der andere als Hacha bezeichnet werden wird.

Wir erlebten damals noch manch einen, der selbstlos auf das rasende Vehikel der Diktatoren aufgesprungen war, um zu bremsen und zu helfen, aber nachher ebenso diffamiert wurde wie die wirklich Schuldigen.

Die deutsche Kriegsplanung weitete sich aus. Japan trat auf die Bühne.

Ein Zufall verschaffte mir die Aufgabe, den ersten offiziellen Sendboten Japans, den Ministerpräsidenten von

Mandschukuo, zu interviewen. Der Randstaat zu China Mandschukuo war 1932 von den Japanern gegründet worden und diente ihnen nun als strategische Basis für ihren schon drei Jahre währenden Chinafeldzug.

Der Ministerpräsident war offiziell zu Wirtschaftsgesprächen, in Wirklichkeit zu Vorbesprechungen des Dreimächtepaktes Deutschland-Japan-Italien (der dann am 27. September 1940 unterzeichnet wurde) nach Berlin gekommen. Von seinen Geheimaufträgen sagte er nichts, aber seine Schilderungen von der jüngsten technischen Entwicklung und dem kolossalen Kriegspotential Japans eröffneten mir ein neues politisches Weltbild. Ich hatte Japan für ein »nicht ganz unterentwickeltes« Land gehalten, in dem die Samurais noch mit Schwertern gegeneinander kämpften. Nun sah ich aber dort auf der anderen Seite der Erdkugel ein mächtiges Industriezentrum, ein zweites Amerika, emporwachsen.

»Japan ist daran, ganz Ostasien neu zu ordnen. Diese Neuordnung bedeutet auch die Entmachtung Englands. Und dazu brauchen wir die deutsche Bundesgenossenschaft. In wenigen Jahren werden nicht mehr England und Frankreich, sondern Deutschland und Japan die großen Ordnungsmächte der Welt sein«, sagte der Ministerpräsident.

Über diese Perspektiven durfte ich nichts schreiben, nur über die Wirtschaftsbeziehungen zu Mandschukuo. Das Auswärtige Amt wollte den japanischen Kriegseintritt nicht vorzeitig zur Diskussion stellen. Der Mandschure war aber beleidigt, daß ich allein – ohne Fotoreporter und Tageszeitungskollegen – zu ihm gekommen war.

Die damalige Öffentlichkeit, sowohl die deutsche wie die japanische, hat die längste Zeit nur England als die große gegnerische Weltmacht angesehen. Den meisten war entgangen, daß der schlafende Riese Nordamerika –

nach seinem kurzen Intermezzo im Ersten Weltkrieg – in diesen Jahren nun endgültig aus seinem »internen Pionierdasein« erwacht war, sich zur Nation geformt hatte und mit seinem gewaltigen Potential weltpolitisch aufzutreten begann. (Noch nach Kriegsende haben auch wir in Österreich in den ersten Tagen die amerikanischen Besatzungssoldaten als »die Engländer« bezeichnet.) In einem hat der Mandschure recht behalten: Die Vorherrschaft der Engländer und der Franzosen war nach 1945 – trotz ihres Sieges – zu Ende. Ihre Erben, die Amerikaner, brachten neue Ideen in die Weltmeinung ein – Ideen, unter denen die Kolonialreiche wie Schnee im Wasser zerrinnen mußten. Das Großmachtdenken hat in der freien Welt keine Fortsetzung mehr gefunden. Es wird nur in der Sowjetunion, und zwar mit ganz anderen Machtmitteln, weiter betrieben.

In den zwei Jahren meines Berliner Aufenthaltes befand sich unter meinen österreichischen Freunden auch Karl Gruber, der spätere Außenminister im Ersten Kabinett Figl. Für unsere extravaganten kulturellen Initiativen hatte er weniger übrig als für Politik, das heißt für die Neuigkeiten, die ich als besser informierter Journalist allabendlich nach Hause brachte. Auch er hatte oft interessante Nachrichten, sagte aber nicht, woher. Wir sprachen viel über die weitere Entwicklung des Krieges und über das, was nach der deutschen Niederlage – von der wir beide überzeugt waren – in Österreich geschehen sollte. Hier gingen unsere Meinungen allerdings oft auseinander. Aber wir halfen einander und hielten – wie mit den anderen nach Berlin verschlagenen Österreichern – freundschaftlich zusammen.
Nach dem Krieg vergaßen wir die alte Du-Freundschaft, bis wir einander im Parlament, als Vertreter gegnerischer

114

Parteien, wieder trafen. Wir hätten den alten Meinungsaustausch wieder aufnehmen sollen. Doch im österreichischen Demokratieverständnis ist es äußerst schwer, über Parteigrenzen hinweg Gedanken abzustimmen oder gemeinsame Konzepte zu entwickeln. Über ein kurzes Fachgespräch sind wir nicht mehr hinausgekommen.

Meine Freude am politischen Nachrichtenaustausch wäre mir damals fast zum Verhängnis geworden: Ich berichtete meinem Bruder, der bei Siemens beschäftigt war, per Telefon eine für Deutschland ungünstige, noch nicht veröffentlichte Neuigkeit aus dem Kriegsgeschehen. Eine Stunde später wurde ich in das berüchtigte Gestapo-Gebäude am Alexanderplatz zitiert. Der Abhördienst von Siemens hatte zugeschlagen.

Man begleitete mich bis zu einem riesigen, den breiten Korridor abriegelnden Eisengitter. Zwei SS-Männer musterten mich aufmerksam, schlossen mir lässig auf und ließen die Gittertüre zeremoniös ins Schloß fallen, nachdem sie mir das Vernehmungszimmer angegeben hatten. Ein Gefühl des hilflosen Ausgeliefertseins überkam mich.

Jetzt nur nicht verschreckt und aufgeregt sein! Retten kann dich nur natürliches, ruhiges Verhalten, sagte ich mir. Ich verteidigte mich nicht lange und gab meine Unbedachtsamkeit zu, »mit der ich woanders als bei Siemens vielleicht Defätismus hätte hervorrufen können«. Der Beamte fragte mich nach meiner Herkunft. Als er erfuhr, daß ich »Ostmärker« und Sohn eines im Krieg gefallenen Offiziers sei, stand er auf, brachte mich selber zum Gittertor und ließ mich gehen.

Ich eilte ins Ministerbüro und gestand diese Panne meinem Protektor Rechenberg. Er erklärte mir: »Daß Sie kein Nationalsozialist sind, wissen wir schon lange. Wir halten Sie, denn Sie arbeiten korrekt. Aber fangen Sie uns bloß keine Geschichten außerhalb unseres Ladens hier an!«

Zwölf Jahre später, 1952, als Rechenberg seine sogenannte »Entnazifizierung« hinter sich hatte, rief er mich aus einer fernen Stadt im Wiener Parlament an und sagte: »Mensch, Kraus, wie haben wir uns damals getäuscht. Sie sind ja gar kein Antinazi. Sie treten ja mächtig für die Nazis ein. Sie sind unser einziger Freund in Österreich.« Ich antwortete: »Sie haben sich damals keineswegs getäuscht. Sie täuschen sich jetzt. Ich spreche nur aus Humanität und politischer Räson für die 25 Prozent der Österreicher, die Parteimitglieder waren. Aber Sie, Rechenberg, Sie waren damals auch human und anständig zu mir und den anderen Nichtnazi im Südost-Echo.«

Der Chefredakteur des »Südost-Echo«, Rudolf Fischer, erklärte eines Tages: »Journalistisch ist der Hitler-Stalin-Pakt noch gar nicht genutzt. Vielleicht könnte das ›Südost-Echo‹ das Agrément für einen Moskau-Korrespondenten oder wenigstens für eine einmalige Journalistenreise bekommen. Kraus, Sie sind in slawischen Sprachen zu Hause. Sie könnten doch Russisch lernen. Klopfen Sie einmal bei der sowjetischen Botschaft an, ob man Sie nach Moskau läßt.«

Ich ging hin. Der zuständige Attaché, Herr Smirnoff, hatte noch keinen deutschen Journalisten erlebt – nur amerikanische und englische. So »eisig« war damals die deutsch-russische Freundschaft. Er war bereit, in Moskau anzufragen. Fünf Wochen danach kam die Bewilligung für eine mehrwöchige Journalistenreise.

Die Reisekosten bis zum letzten Frühstück und ein Handgeld für Taxis und ähnliches mußten in Berlin im

voraus eingezahlt werden. In der zweiten Oktoberhälfte
1940 reiste ich ab. Damals fuhr man noch mit der Eisen-
bahn – zwei Tage lang.

Bis Warschau war der Zug voll von deutschen »Beauftragten für die Neuordnung der polnischen Wirtschaft«.
Unter diesen traf ich den Syndikus der deutschen Textilindustrie. Er sagte: »Ja, Rußland! Das wäre der richtige
Absatzmarkt für uns; denn bei Vollbetrieb erzeugt die europäische Textilindustrie gerade das Dreifache dessen,
was Europa verbrauchen kann.« – In Moskau ist mir
dann wirklich vor Augen getreten, wie elend die gesamte
dortige Konsumgüterproduktion zurückgeblieben war.

Auch nach Warschau sah ich keinen einzigen Polen, nur
deutsche Bedienstete der Grenzregion und dicht ver-
hängte Coupés. Aus diesen kamen an der russischen
Grenze vier oder fünf jüdische Familien hervor, die über
Sibirien nach China wollten. Sie waren die einzigen, die
mit mir die Grenze überschritten.

Nach einer Stunde penibler Grenzkontrolle war für sie
die Zeit der großen Angst vorbei. Für mich begann die –
auch nicht ganz sorgenfreie – Entdeckungsfahrt in den
anderen totalen Zwangsstaat. Als erstes sah ich das rie-
sige Transparent in fünf Sprachen: »Proletarier aller Länder vereinigt euch!«

Wir stiegen in die russischen Breitspurwaggons um. In
der ersten Station wieder ein langer Aufenthalt. Das
große, ehemals polnische Bahnhofsrestaurant war von
Soldaten überfüllt. Jetzt kannst du die wilden Horden,
die unser Leben und unsere Zivilisation bedrohen, von
Angesicht zu Angesicht sehen, dachte ich mir. Nach all
dem Schrecklichen, das man uns von den »Bolschewiken« erzählt hatte, war ich über ihr einfaches, zivilisier-
tes Auftreten ganz erstaunt.

In der ganzen Grenzregion wimmelte es von Soldaten,

Panzern und anderem Kriegsgerät. Die Sowjets waren schon ein Jahr nach dem Hitler-Stalin-Pakt ganz auf einen deutschen Überfall gefaßt.

Von Minsk an gab es Speisewagen und Schlafwagen – anheimelnde, bequeme Relikte aus zaristischer Zeit! Der heiser-schrille Pfeifton der russischen Lokomotiven, der unseren Schlaf immer wieder unterbrach, blieb mir noch lange im Ohr.

Den Moskauer Bahnhof kann der ankommende Ausländer nicht einfach verlassen. Man wird unerbittlich »betreut«, muß warten, wird ins Hotel transportiert und muß dort wieder warten, bis man noch und noch registriert ist und endlich die »Talons« für das Essen und die Anweisung auf ein Zimmer – Nommjer, wie die Russen sagen – bekommt.

Ich meldete mich bei der deutschen Botschaft, die mir durch das Labyrinth der sowjetischen Bürokratie helfen sollte.

Eine meiner ersten Fragen war, ob ich ungehindert Privatpersonen – nämlich Verwandte befreundeter russischer Emigranten – besuchen könne. Die Botschaft warnte mich: Es wird nicht nur jedes Telefongespräch abgehört. Im Hotelzimmer befinden sich versteckt eingebaute Abhörgeräte. Und jeder Russe, der bei einem Gespräch mit Ausländern ertappt wird, verschwindet spurlos.

Als ich einmal in meiner westeuropäischen Aufmachung und in schlechtem Russisch nach dem Weg fragte, wich der Angesprochene mit erhobenen Armen zurück und verschwand.

Die Sowjetunion lebte seit ihrer Gründung in einer unvorstellbaren Isolation. Erst um 1930 hatten ausländische Ingenieure ein paar veraltete zaristische Fabriken modernisiert und einige neu errichtet. Als Stalin aber wenige Jahre danach anfing, die interne Opposition durch Schauprozesse und Massen-Deportationen niederzuschlagen, bremste er den ausländischen Wirtschaftsverkehr wieder ab – bis die Deutschen im Zuge des Hitler-Stalin-Paktes neue Impulse gaben und in größerem Umfang technisches Know-how gegen russische Rohstoffe tauschten. Private Auslandskontakte waren aufs strengste untersagt. Einige tausend Kilometer Stacheldrahtverhau von Finnland bis Rumänien verhinderten jeglichen nicht genehmigten Grenzübertritt.

Für die Pflege der staatlichen Auslandskontakte war die »Gesamtsowjetische Organisation für kulturelle Beziehungen« (russisch abgekürzt WOKS) eingerichtet worden. Über deren Vermittlung sollte ich nun meine »Eindrücke von Land und Leuten« gewinnen. Da ein Journalist aus dem Westen eine große Seltenheit war, wurde ich mit einer gewissen Feierlichkeit vom Vizepräsidenten – in der Sowjetunion hört man fast nur von Vizepräsidenten – und seinem Stab empfangen. Ich nannte über 20 Wünsche, was ich sehen und erleben wollte. Man sagte mir fast alles zu; nur die Besichtigung des Ljubljanka-Gefängnisses und einer Militärakademie wurde abgelehnt. Eine französischsprechende »Betreuerin« sollte mir überall die Türen öffnen und mich begleiten.

Was ich zu sehen bekam, waren Musterfabriken, palastartig ausgestattete Stationen der Untergrundbahn, moderne Brücken und Straßenzüge, die so großzügig angelegt waren, daß sie ein halbes Jahrhundert danach noch nicht voll genutzt waren, einige technische Ausbildungsstätten für das heranwachsende Millionenheer russischer »Spezialisten« – darunter eine eigene »Universität für Eisenbahnbedienstete« –, ein Museum mit den Züchtungsergebnissen der weltberühmten Schule Professor Pawlows und schließlich eine gigantische Bibliothek, in der alle technischen Publikationen der westlichen Welt – nicht nur Bücher und Artikel, sondern auch Dissertationen und Patentschriften – zusammengetragen waren und für jeden Bedarf des Sowjetreiches fotokopiert und verschickt werden konnten.

Seit Beginn der Fünfjahrespläne, zehn Jahre zuvor, hatte die Sowjetregierung auf dem Gebiet der Volksbildung Unglaubliches zustande gebracht: Nicht nur, daß die 70 Prozent (!) Analphabeten auf ein Minimum (auch bei den Erwachsenen) reduziert worden waren – wer die Prüfungen bestanden hatte, konnte nach der zehnjährigen (auf den Dörfern nur siebenjährigen) Einheitsschule auf die sogenannte Universität gehen. Diese war meist nicht viel mehr als das, was in Österreich »Höhere Technische Lehranstalt« heißt. Aber es gab jedenfalls genügend theoretisch vorgebildete Menschen für den beginnenden Industrieaufbau. 1940 waren 600 000 Hörer inskribiert. Die Vorlesungen, die ich mitanhören konnte, hatten Niveau. Und der Eifer der Schüler war vorbildlich.

Die Russen und die meisten anderen Völker der Sowjetunion sind lernfreudig und weisen viele besondere Begabungen auf. Sie standen den Westeuropäern damals nur wegen dieser ungewöhnlichen Isolation und des vorhergegangenen zaristischen Bildungsdefizits nach.

Die eigenen sowjetischen Leistungen, die ich damals zu sehen bekam, waren wohl einseitig und lückenhaft, aber sie kündigten bereits den möglichen Aufstieg an.

Die große Parade zur Oktoberrevolution konnte ich von der Diplomaten-Tribüne aus betrachten: Zuerst kamen Fabriksbelegschaften, denen Spruchbänder und Porträts von Marx und Lenin vorangetragen wurden – ähnlich den Fahnen unserer Fronleichnams-Prozessionen, nur viel größer und gröber; daran schlossen sich Sonderorganisationen der Partei, viele marschierende Frauen und schließlich das Militär; ein Aufmarsch, nicht anders als in faschistischen Ländern, nur etwas proletarischer eingefärbt. Echte Aufmerksamkeit erregten nur Stalin und die hohen Würdenträger auf dem Dach des Lenin-Mausoleums sowie die vorbeiziehende Kriegsmaschinerie.

Neben mir stand der deutsche Militärattaché. Ich fragte ihn nach dem technischen Standard der vorgeführten Panzer, Geschütze und sonstigen Geräte. Er bezeichnete das meiste als mittelmäßig, gab mir aber zu verstehen, daß die Sowjets im Zuge der im Vorjahr vereinbarten deutschen Rüstungshilfe daran seien, gewaltige Fortschritte zu machen. Auf manchen Gebieten, wie in der Ballistik, seien sie schon immer gut gewesen, aber jetzt, mit der technologischen Hilfe Deutschlands, gehe es rapid aufwärts. Nachdenklich fügte er hinzu: »Die Russen sind technisch begabt, und der neue Fünfjahresplan sieht einen gigantischen Ausbau der Rüstungsindustrie vor. Das alles wird die Sowjetunion zu einem militärischen Faktor allererster Ordnung machen ...«

Noch deutlicher trat mir der kommende Machtanstieg Rußlands vor Augen, als ich einige Tage danach beim deutschen Botschafter, Graf von der Schulenburg, zu Gast war. Zu Ehren einer hochrangigen deutschen Wirtschaftsdelegation gab er ein festliches Diner. Hier erfuhr ich, was alles von Deutschland in der Sowjetunion aufgebaut und eingerichtet wurde, um dringend benötigte russische Rohstoffe zu beschaffen. Das Tischgespräch ließ aber auch die Vorbehalte, die man dem ungeliebten Bundesgenossen entgegenbrachte, offenkundig werden. Der für den Außenhandel zuständige Ministerialdirektor Schlotterer erklärte schließlich: »Alle in unseren Verträgen getroffenen Vereinbarungen werden von sowjetischer Seite so minutiös genau und pünktlich eingehalten, daß wir nur mit bester deutscher Präzision und Vertragstreue schritthalten können.«

Die Isolierung des kommunistischen Riesenreiches, die Rußland 23 Jahre lang zu einem zweitklassigen »Randstaat der Zivilisation« gemacht hatte, ist zwischen 1939 und 1941 endgültig durchbrochen worden. Die Weltöffentlichkeit ist sich nie recht bewußt geworden, wieviel europäisches Know-how in diesen zwei Jahren in die Sowjetunion eingeströmt ist und wie sehr es dort den beginnenden Industrie-Aufbau befruchtet hat. Und dann, nach 1941, als Deutschland den Pakt gebrochen und die Sowjetunion überfallen hatte, öffnete sich die technologische Sperre von der anderen Seite her, von den USA und England, und zwar so kräftig und so viele Jahre hindurch, daß noch viel mehr hereinströmte.

Nur das hat das Sowjetreich zur zweiten Großmacht emporgehoben! Wenn Hitler keinen Pakt geschlossen und keinen Rußlandfeldzug begonnen hätte, wäre Stalin noch lange Zeit nicht imstande gewesen, seine Macht zu festigen und international mitzuspielen.

1937 und 1938 hatte es in der Roten Armee Unruhe und Putschversuche gegeben. Sie endeten mit den berühmten Schauprozessen und der Hinrichtung der Marschälle Tuchatschewski und Blücher. Gleichzeitig revoltierten die Bauern gegen ihre Enteignung und die neue »Kolchoswirtschaft«. Millionen Menschen wurden in die Konzentrationslager gebracht. Das Regime befand sich in einer Schwächeperiode. In dieser Situation kam Hitler mit seinem Pakt-Angebot.

Er verschaffte dem russischen Diktator unerhörte Erfolge durch den imposanten Gebietserwerb zwischen dem Baltikum und dem Schwarzen Meer und durch die wirkungsvolle deutsche Militär- und Wirtschaftshilfe. Stalin hatte nun alles, um die Zügel wieder fest in die

Hand zu nehmen, und – ohne es zu ahnen – auch die beste Ausgangsposition für seinen Nachkriegsaufstieg. Alle diese »Geschenke« Hitlers, auch die territorialen, hat die Sowjetunion nach 1945 behalten können!

Als ich nach Moskau kam, spürte man noch die Nachwehen der überwundenen Revolten. Die hohen Festungsmauern des Kreml durfte niemand passieren, der kein dreifach gesiebter Funktionär war. Der Besuch der Museen, Basiliken und sonstigen Sehenswürdigkeiten des Kreml, die große Attraktion der früheren und späteren Jahre, war untersagt. Hinter jeder der mittelalterlichen Schießscharten stand ein Milizionär mit Maschinenpistole. Im »Bolschoi Teatr« zeigte mir mein Begleiter den obersten Polizeichef und Herrn über Hunderte Konzentrationslager, Beria, in der Ministerloge. Er war nur für einen Augenblick zu sehen, dann wich er jedesmal, wenn der Vorhang fiel und Licht eingeschaltet wurde, hinter die Logenwand zurück. Die Angst vor Anschlägen und Attentaten beherrschte das ganze öffentliche Leben.

Ausländer schätzten die Zahl der Häftlinge in den Konzentrationslagern unterschiedlich auf drei oder fünf oder acht Millionen. Als ich später während des Rußlandfeldzuges frei mit den Russen sprechen konnte, erzählte mir jeder zweite oder dritte, daß es in seiner Familie einen KZ-Häftling gebe.

Unfreiheit und Zwang waren das Schicksal des russischen Menschen – unter Stalin noch viel unerbittlicher als unter dem Zaren. Ohne viel Federlesens ist fast jeder nur irgendwie Verdächtige ins Gefängnis, ins Konzentrationslager geschleppt worden. Er erlebte nur ein kurzes Verhör, höchst selten eine Gerichtsverhandlung, und wenn, dann nur zum Schein.

Auch wer in der Freiheit des Sowjet-Alltags zurückbleiben durfte, hatte einen harten Tribut an den totalen

Zwangsstaat zu zahlen: Auf meinen Spaziergängen durch die Straßen Moskaus sah ich Menschenschlangen vor den Lebensmittelgeschäften, fast nur armselig gekleidete Gestalten und – am Abend – das Elend der überfüllten Quartiere, das ich durch die erleuchteten Fenster der Parterre-Wohnungen wahrnehmen konnte: Quer durch das Zimmer, in zwei Meter Höhe, ein Strick, an dem zusammengeheftete Zeitungspapiere bis zum Boden hingen, rechts und links davon schlief, aß und arbeitete je eine ganze Familie.

Ich fragte den Korrespondenten der »Frankfurter Zeitung«, Herrn Pörzgen, der schon lange in Moskau akkreditiert war, nach der Ursache dieses unvorstellbar niedrigen Lebensstandards. Ich sagte: »Hier gibt es doch keine Arbeitslosigkeit; die Menschen sind ja anstellig und fleißig; Technik und Infrastruktur sind auch vorhanden; warum sind sie um so viel elender daran als unsere Arbeitslosen?« Seine Antwort lautete ungefähr so:

»Die Hälfte des Arbeitsaufwands wird von bürokratischem Leerlauf absorbiert: von der umständlichen Einholung planwirtschaftlicher Genehmigungen, von kontrolliertem Kontrollieren, von überflüssigem Registrieren, von Fehlproduktionen, von tausenderlei nutzlosen Scheinarbeiten und vor allem von der nicht funktionierenden Güterverteilung, bei der sehr vieles liegen bleibt und verdirbt. Die andere – die produktiv gestaltete – Hälfte des Arbeitsaufwands wird noch einmal geschmälert, und zwar durch die Rüstung, die einen ungewöhnlich hohen Anteil des Sozialprodukts verschlingt. Hier sind auch die fähigsten Direktoren und Ingenieure zusammengezogen. An brauchbaren Konsumgütern für das Volk verbleibt also wenig, pro Kopf der Bevölkerung vielleicht 20 bis 30 Prozent dessen, was in den westlichen Industriestaaten bei gleichem Arbeitsaufwand auf den

124

einzelnen entfiele. Gerade in den Sparten der Konsumgüterindustrie gibt es oft höchst qualifizierte Wissenschaftler, ›Generäle der Technik‹, aber kein praxisnahes
Unteroffizierskorps für die Betriebe. Die schwerfällige
Planwirtschaft braucht Monate und Jahre, bis sie sich ge-
änderten Verbrauchsanforderungen oder auch neuen
Verfahren und Erfindungen anpassen kann. Zeitgerech-
tes, selbständiges Reagieren wie in der Privatwirtschaft
ist hier ausgeschlossen.«

Ich empfand das politische Geschehen dieses Landes als
ein gigantisches Experiment, ein Experiment, bei dem
das russische Volk dazu verurteilt schien, den Kommunismus durch ein Übermaß an Leiden ad absurdum zu
führen oder in einem mühseligen, jahrzehntelangen Prozeß halbwegs erträglich zu machen.

Die industrialisierte westliche Welt ist durch das Absurde
der Stalin-Zeit vor dem roten Faschismus bewahrt worden, aber Rußland, Osteuropa und ein Teil der unterent-
wickelten Welt mußten den Weg der marxistischen Irrun-
gen noch ein sehr weites Stück mitgehen.

Osteuropa hätte sich seinen ganzen Kommunismus erspart und Österreich hätte sich viele Schrecken und Nöte
erspart, hätte nicht Hitler Anstoß zu diesem künstlichen
Machtanstieg der Sowjetunion gegeben und hätten die
Westalliierten nicht ihre heiligsten Moralgrundsätze verraten, indem sie nach dem Kriege Stalins Diktat angst-
voll und kraftlos hingenommen haben!

5. Kapitel

Im Rußlandfeldzug

Fürs erste ist die Sowjetunion allerdings furchtbar geschlagen worden. Das kommunistische Experiment schien von außen her gewaltsam abgebrochen zu werden. »Den Kommunismus auslöschen« hieß die deutsche Kriegsparole.

Drei Jahre lang hatte die deutsche Wehrmacht einen Sieg nach dem anderen errungen, bis sie vom unendlichen Raum, von den neuen, aus Amerika gelieferten Waffen und von Stalins unerschöpflicher Menschenreserve überwältigt wurde.

Erst der Rußlandfeldzug brachte die äußerste Kraftanstrengung des Hitler-Reiches und das echte Kriegsrisiko mit sich. Die Zeit der kurzen, vom deutschen Generalstab minutiös vorausberechneten Überfälle war vorbei.

Ich wurde am ersten Tag dieses Feldzuges, am 21. Juni 1941, einberufen. Mein erträgliches Journalistendasein war zu Ende. Von nun an ging es um andere Einblicke in die Hitlerzeit. Was es jetzt zu verstehen galt, waren die physischen und seelischen Belastungen meiner Generation, ihr Bemühen, die Qualen des Krieges gefaßt auf sich zu nehmen, den unmoralischen Weisungen und Tendenzen von oben auszuweichen und das Soldatendasein so anständig wie möglich zu meistern.

Von Moskau war ich noch vor Weihnachten 1940 nach Berlin zurückgekehrt. Ich verfaßte einen 105 Seiten langen, vertraulichen Bericht. Chefredakteur und Verlagsleiter forderten mich auf, daraus ein aktuelles Rußlandbuch zu machen. Es sei schon lange keines mehr auf dem deutschen Markt erschienen. Ich machte mich sofort, also noch vor Ausbruch des Rußlandkrieges, an diese Arbeit und studierte auch eifrig Russisch.

Meine erste, ziemlich kurze Kriegsverwendung war harmlos. Ich wurde wegen meiner Orts- und Sprachkenntnisse in der zentralen Auswertungsstelle aller aus der Sowjetunion einlaufenden Wirtschaftsnachrichten[21] eingesetzt. Es hat damals nur ganz wenige deutsche Staatsbürger gegeben, die Russisch konnten. Das Hauptkontingent an Russisch-Dolmetschern kam erst später aus den baltischen Staaten.

Unser General nahm mich schon zu seiner ersten Erkundungsreise in die besetzten »Ostgebiete« als Dolmetscher und Fachreferent mit. Hier sammelte ich noch wertvolle weitere Erfahrungen für mein Rußlandbuch.

Da ich noch nicht kaserniert war und jeden Abend nach Hause gehen konnte, vollendete ich mein Buch in kurzer Zeit. Es erschien im September 1941 unter dem Titel »Rußland 1941 – Volk, Kultur und Wirtschaft« in einer Auflage von 10 000 Stück.

Mit meinen 29 Jahren beurteilte ich darin manches etwas voreilig, jedenfalls nicht so, wie ich es heute beurteilen würde. Wichtig war, daß ich mich nicht enthalten konnte, die übelsten Erscheinungen des Nationalsozialismus wie die falsche Liebedienerei der Presse, die Präpotenz der Parteifunktionäre und die ständige Verhaftungsangst der Bürger als verwerfliche Kennzeichen eines totalen Zwangsstaates, hier am Beispiel der Sowjetunion, herauszustellen. Die Buchhandlungen bestellten 120 000

Exemplare. Diese durften aber nicht mehr gedruckt werden; denn das Reichspropaganda-Ministerium durchschaute meine Umweg-Kritik, schrieb dem »Südost-Echo«-Verlag, er habe keine Konzession für die Verlegung von Büchern, hielt aber in einem internen Aktenvermerk[22] fest, daß dieses Buch »wegen untragbarer Objektivität nicht mehr weiter verlegt werden« dürfe. Durch die zuvor verkauften 10 000 Stück hatte ich mir aber doch viel Sympathie – vor allem im deutschen Offizierskorps – erworben.

Wehrmachtsangehörige meines Alters durften nicht lange in der Heimat Dienst tun. So wurde ich schon zu Beginn des Winters nach Poltawa zur »Wirtschaftsinspektion Süd« versetzt.

Es war eine Militärdienststelle, welche die Wirtschaft der bis dahin eroberten Ukraine zu verwalten und auf die deutschen Bedürfnisse hin auszurichten hatte. »Wenn diese Kornkammer nicht richtig funktioniert, verlieren wir den Krieg«, war die Parole, mit der die Wehrmacht die von Polen her »vordringende« Zivilverwaltung des Gauleiters Koch fernhalten konnte. Dessen Funktionäre hatten nämlich – im angezüchteten »Herrenrasse-Bewußtsein« – die Einheimischen so überheblich und so unmenschlich behandelt, daß das Partisanentum gewaltig anwuchs. Bei der Wehrmacht waren diese Gehilfen des Gauleiters verhaßt. Sie wurden wegen ihrer feinen Uniformen verächtlich als »Goldfasane« bezeichnet.

Die Wirtschaftsinspektion beschäftigte in den Städten zahlreiche – militärisch uniformierte – deutsche Geschäftsführer von Industriebetrieben und auf dem Lande mehrere hundert sogenannte »Landwirtschaftsführer«, die – bis in die entlegensten Dörfer aufgeteilt und ganz

auf sich gestellt – für Anbau, Ernte und Ablieferung zu
sorgen hatten.

Die von ganz oben gegebenen Richtlinien waren auch
hier brutal und kurzsichtig: Einheimische sollten nichts
anderes als das auf dem Arbeitsplatz ausgegebene Essen
erhalten. Alles übrige sollte an die Truppe und ins Reich
abgeliefert werden. Deshalb auch die Beibehaltung der
kommunistischen Staatswirtschaft durch deutsche Funktionäre! Aber die Wehrmachtsbediensteten fühlten sich
dem praktischen Erfolg und nicht dem Rassenwahn verpflichtet: Sie entlohnten die Einheimischen mit Mehl
und Fleisch, auch mit Nähnadeln, Streichhölzern und
Salz (den begehrtesten Mangelwaren). Sie unternahmen
nichts gegen den offiziell verbotenen Schwarzmarkt und
widersetzten sich still und eisern dem Führerbefehl, die
Stadt Kiew abzuriegeln und die Bevölkerung dem
Hungertod preiszugeben. Ich las diesen Befehl selbst
und erlebte die Reaktion menschlicher Anständigkeit
darauf.

Dem unmenschlichen Befehl auszuweichen war ja die
große Aktualität dieser unmenschlichen Zeit. Ihre spärli-
chen Möglichkeiten diskutierten wir oft im Freundeskreis. Wir fanden einige Wege: Man konnte sich dumm
stellen, man konnte entgegenstehende Schwierigkeiten
und Gefahren eindrucksvoller als nötig herausstellen,
oder man schloß sich einer sich still bildenden, passiven
Resistenz an. Manch einem gelang es auch, sich frühzeitig zu Einheiten zu melden, wo es keine Gefahr unmora-
lischer Befehle gab. Wer ruhig und ordentlich seine
Pflicht tat und nicht darauf aus war, sich »weltanschau-
lich hervorzutun« und damit Karriere zu machen,
konnte zuweilen auch im Hitler-Reich Achtung und Autorität gewinnen und damit Unmenschlichkeit verhindern. Dieses militärische »Seine-Pflicht-Tun« betrachte-

ten viele nicht als einen Dienst für Hitler, sondern als Dienst an den Kameraden und fürs gemeinsame Überleben.

Ich war dem Stab der Wirtschaftsinspektion zugeteilt als »Sonderführer« im Hauptmannsrang und hatte regelmäßig Berichte über die örtlichen Voraussetzungen, insbesondere über das Verhalten und die Stimmung der Bevölkerung zusammenzustellen sowie eine Monatsschrift für die – über das weite Land verstreuten – Funktionäre der Wirtschaftsinspektion herauszugeben. Später wurde ich noch dazu ausersehen, russische Wissenschaftler aufzuspüren und womöglich für die deutsche Wirtschaft zu gewinnen – alles Aufgaben, die mich nicht in Gewissenskonflikte brachten.

Es war eine ungewöhnliche Wirtschaftswelt, die ich hier kennenlernte: eine trostlose Verkehrssituation, das heißt auf dem dürftigen Schienennetz nur ganz wenige einsatzfähige Lokomotiven; fast alle Straßen fünf Wochen im Frühjahr – nach der Schneeschmelze – und fünf Wochen während der herbstlichen Regenfälle unpassierbar, von zähem Schlamm bedeckt, die Fabriken zum Teil zerstört, zum Teil ohne Rohstoffe, aber meist mit hervorragenden jungen Facharbeitern versehen, Absolventen der beachtenswerten sowjetischen Fachschulen; die Landwirtschaft der traditionellen Geräte beraubt, in Abhängigkeit von den nicht funktionierenden »Maschinen-Traktoren-Stationen«, den berühmten »MTS« der ersten Fünfjahrespläne, und die Bauern in ungeduldiger Erwartung, ihren Grundbesitz zurückzubekommen.

Ich fuhr weit im Land herum, suchte Wissenschaftler in ihren Wohnungen auf, lernte ihre Familien kennen, übernachtete auf meinen Reisen in Bauernhäusern, verbrachte manchen langen Abend einträchtig mit den Wirtsleuten, ihren Verwandten und den Nachbarn und erlebte so die russische Seele in ganz anderer Weise als vorher in Moskau.

Die Russen und Ukrainer sind eigenwillige, stolze, aber warmherzige Menschen. Man mußte sie zuerst innerlich gewinnen. Das war damals schon der deutschen Fronttruppe, die sich ziemlich korrekt verhielt, gelungen. Aus Angst oder Unterwürfigkeit arbeiteten die wenigsten mit den Deutschen zusammen. Wenn man sie mit dem Erschießen bedrohte, begegnete man stolzer Todesverachtung. Wer sie einschüchtern wollte, erlebte passive Resistenz. Materielle Vorteile machten ihnen wenig Eindruck. Als Entlohnung für eine persönliche Dienstleistung nahmen sie ein paar Reichsmark genauso gleichmütig hin wie ein paar Pfennige. Ich konnte einem halbverhungerten Wissenschaftler nicht meine Marschverpflegung anbieten, ohne ein Gegengeschenk – ein Buch oder ein selbstgemaltes Bild – dafür entgegenzunehmen. Bei den Frauen gab es kein leeres Gerede, nur echte Äußerungen von Zuneigung, Kummer oder Freude. Ihre Gastfreundschaft war übergroß und voller Feingefühl.

Ich hatte ursprünglich – wie die meisten deutschen Intellektuellen – auf die slawische Welt herabgesehen. Zu sehr hatte uns Hegel mit seiner Verachtung der »geschichtslosen Völker des europäischen Ostens« und seinem Lob der christlich-germanischen Welt als dem Gipfel der Weltgeschichte beeinflußt. Erst durch die Lektüre der russischen Dichter erwachte dann meine Wertschätzung des Slawentums. Und nun das eigene Erleben dieser offenen, interessanten Menschen, die uns schon bei Dostojewski und Gogol so fasziniert hatten!

Einige Male erlebte ich die Wiedereröffnung von Kirchen – 25 Jahre nach ihrer Schließung während der Revolution. Zu den ersten Gottesdiensten strömten die Menschen so zahlreich, daß viele vor der Türe stehen mußten. Der altrussische, mächtige Kirchenchoral ging den Leuten ins Gemüt, aber die vielen Kreuzzeichen, das Kniebeugen und die unverständlichen Zeremonien befremdeten die jüngere Generation. Es zeigte sich auch keine zeitgemäße religiöse Strömung. Die wiedererstandene, unorganisierte Geistlichkeit haftete an den alten Formen. Der große Zustrom versickerte wieder. Moralisches Leitbild blieb der von den Sowjets erfundene »zivilisierte Mensch« (kulturni tschilawjék). Das alte, ritual gebundene und bibelbewußte Christentum blieb im Hintergrund.

Die Heeresgruppe Süd hatte ihr Hauptquartier in Poltawa, im unbeschädigten ehemaligen Gouvernementsgebäude. An der Wand der hohen Eingangshalle stand in altdeutschen Buchstaben hingemalt: »Gepriesen sei, was hart macht. (Friedrich Nietzsche)«
Hier fand eine Beratung statt, wie man dem zunehmenden Partisanentum begegnen könnte. Es läge an der wachsenden politischen Unzufriedenheit der Ukrainer, wurde erklärt. Ich sollte mit der Abwehr II.[23] über eine neue, bessere Behandlung der Bevölkerung sprechen und dann der Wirtschaftsinspektion Vorschläge machen. Ein älterer österreichischer Hauptmann, der aus Galizien stammte, engsten Kontakt zu den Anführern der ukrainischen Unabhängigkeitsbewegung unterhielt und vor der Eroberung Lembergs einen ukrainischen Volksaufstand gegen die Rote Armee inszeniert hatte, erzählte mir: Der deutsche Geheimpakt mit den Ukrainern war einfach gebrochen worden, und Himmlers SD[24] verhaftete – gegen den heftigen Protest der Abwehroffiziere – die treuesten Helfer des deutschen Vormarsches. Dazu kam noch die These des Gauleiters Koch, »die wei-

che Tour« der Wehrmacht tauge nichts; dieses Volk könne nur mit der »harten Tour« im Zaum gehalten werden.

Daraufhin veröffentlichte ich in Nr. 3 unserer Zeitschrift »Der Wirtschaftssoldat an der Südfront« – mit der Billigung meiner Vorgesetzten – einen unverhohlen kritischen Artikel, »Die harte und die weiche Tour«, mit den vereinbarten Richtlinien für eine gerechtere Behandlung der Bevölkerung.

Die Kritisierten versuchten zurückzuschlagen: Der SD fing meine Feldpostbriefe ab und fand da noch schärfere Darstellungen darüber, wie sich die Deutschen das Partisanentum selber züchteten. Ich wurde bei unserer vorgesetzten Dienststelle in Berlin wegen »Wehrkraftzersetzung« angezeigt. Die Wirtschaftsinspektion und die Heeresgruppe taten alles, um mich zu schützen: Man verlangte drei Monate Frist zur Stellungnahme, versetzte mich inzwischen zur Wirtschaftsinspektion Kaukasus, verlieh mir Auszeichnungen, die ich nie verdient hatte, riet mir, mich sofort freiwillig zur Fronttruppe zu melden; die Abwehr II., die mich dann anfordern werde, galt als Fronttruppe und unterstand in solchen Fällen der Militärgerichtsbarkeit, deren Organe – lauter Militärs – genau derselben Meinung waren wie ich.

Die Hilfsaktion gelang: Ich wurde nach kurzem, erlebnisreichem Aufenthalt im Kaukasus zur Abwehr II. versetzt und hatte meine große Kriegsgerichtsverhandlung – nach absichtlich verzögertem Aktenlauf – erst im Oktober 1944. Das Urteil, der Freispruch, wurde mir gerade am 8. Mai 1945, also am letzten Tag des Krieges, zugestellt.

Gegenstand der Anklage waren einige meiner sogenannten »vertraulichen Informationen« gewesen, die ich nach Hause schickte, dort vervielfältigen und an meine Vertragszeitungen weiterversenden ließ. Ich hatte schon von

Berlin aus sieben bis 15 Zeitungen mit solchen Informationen bedient und berichtete nun über die Probleme der »ukrainischen Kornkammer«, über die sogenannte »Pantoffelpost«, die zwischen dem deutsch besetzten und dem sowjetischen Gebiet hin und her verkehrte, sowie über sowjetische Erfindungen und Züchtungserfolge – wie zum Beispiel über den wunderbaren Erbsenstrauch, der mit seinem riesigen Wurzelwerk jede Sandböschung befestigen und jede Trockenheit der Steppe überdauern konnte.

Bis zu meinem Abschied von der Wirtschaftsinspektion Kaukasus im Januar 1943 hatte ich 59 »vertrauliche Informationen« nach Berlin geschickt. Ein Dutzend davon behandelte meine erlebnisreiche Reise zu den Bergvölkern des Kaukasus und zu dem hervorragenden bayrischen Regiment, das die ganze Hochgebirgsfront des Kaukasus ein Jahr lang fast ohne Verluste gehalten hatte.

Solche Berichte zu versenden, war mir gestattet worden. Vieles andere fiel jedoch unter die militärische Geheimhaltungspflicht, zum Beispiel, daß wir gemeinsam mit den mir anvertrauten russischen Wissenschaftlern in Charkow eine (nur halb ausgeräumte) Atomforschungsstätte – mit einem kleinen Zyklotron der ersten Generation – entdeckten. Die Sowjets waren damals in der Atomforschung noch lange nicht so weit wie die Deutschen oder die Amerikaner. Aber alles, was sie aus der veröffentlichten Fachliteratur hatten entnehmen können, haben sie mit eiserner Konsequenz in mehreren Forschungsstätten ausprobiert und weiterzuentwickeln gesucht.

Die Initiativen zur menschlichen Behandlung der Ukrainer kamen reichlich spät. Das Partisanentum war nicht mehr aufzuhalten.

Wie anders war die Lage im Kaukasus, in dem riesigen, 1942 schlagartig eroberten und fast völlig unzerstörten Gebiet zwischen dem Asowschen Meer und dem Kamm des Kaukasusgebirges! Der Oberbefehlshaber dieser Heeresgruppe, von Kleist, erklärte:»Wenn in dem engen Zugang zu unserem Gebiet oder im bewaldeten Nordabhang des Kaukasus Partisanen auftauchen, ist unsere Armee verloren. Wir müssen die Bevölkerung zu unserem Bundesgenossen machen.« Er hatte die kritische Nachschubsituation – mehr als 2000 Kilometer von der Heimat entfernt – schon während des Vormarsches zur Genüge kennengelernt.

Übergriffe gegen Einheimische wurden standrechtlich bestraft. Soweit die Lebensmittelvorräte in den staatlichen Lagern nicht ausreichten, mußte die Truppe für die Ernährung der Bevölkerung sorgen. Die zahlreichen Überläufer der Roten Armee – vor allem Angehörige der kaukasischen Bergvölker – kamen nicht in Kriegsgefangenenlager, sie durften als freie Menschen in ihre Dörfer zurückkehren. Die deutsche Propaganda hatte allen 23 russenfeindlichen, freiheitsliebenden kleinen Nationen die staatliche Unabhängigkeit versprochen! Es gab wohl nirgendwo in Europa eine solche Begeisterung über den deutschen Vormarsch wie hier.

Als ich hier ankam, bedrückten mich noch die Schreckensbilder der Kriegsgefangenenlager in der Ukraine, des Galgens im Zentrum von Charkow und der gefrorenen Leichen am Straßenrand. Und nun sah ich, wie in einer herrlichen, sommerlichen Landschaft alles nur Frieden und neue Hoffnung atmete.

In den vielen bekannten Kurorten zwischen Kislowodsk und Tiberdá gab es sogar noch offene Restaurants und Geschäfte. Auf den Straßen herrschte ein fröhliches Treiben, fast wie in einer europäischen Sommerfrische in

Friedenszeiten. Ich erlebte öffentliche Feiern, Reiter-
festspiele vor den Spitzen der deutschen Militärverwaltung und Veranstaltungen, die mir wie Verbrüderungsfe-
ste vorkamen.

Hier konnte ich Freundschaften schließen, die mich bereicherten – wie jene mit dem einzigen Historiker des
Tscherkessen-Volkes, der mich auf einer meiner Erkun-
dungsreisen begleitete, oder mit der intelligenten und gebildeten Tochter eines Mitkämpfers und Freundes von
Lenin. Sie führte mich in die Denkungsart der damaligen
Revolutionsführer ein und charakterisierte auch die
neue Führungsschicht mit emotionsfreier, aber kritischer
Distanz.

Eine der damaligen menschlichen Beziehungen hielt
sogar fürs Leben. Ich stellte einen elternlosen, 14jähri-
gen Tatarenbuben als »Hiwi« (so nannte man die einheimischen »Hilfswilligen«) bei meiner Dienststelle ein; er
kam aus einer jener berüchtigten Kinder-Räuberban-
den, »Bjesprisorni« genannt. Diese hausten in Güterzü-
gen, überfielen einsame Bahnhöfe und Vorratslager und
waren dann wieder, wie der Rauch auf der Steppe, verschwunden, bis sie die Polizei dann doch einmal faßte
und in Umerziehungsstätten brachte. Ich nahm ihn zu
meinen weiteren Einheiten mit – wo er mir zweimal in
Partisanengebieten das Leben rettete –, bis ich ihn als
»volksdeutschen Flüchtling« zu meiner Familie schicken
konnte. Er blieb noch zwei Jahre nach Kriegsende bei
uns und ging dann mit einer wohlbetreuten Auswande-
rergruppe nach Kanada. Dort brachte er es zum erfolgreichen Bauunternehmer und besuchte mich 30 Jahre
später in Wien.

Die Schlacht um Stalingrad, im August 1942 begonnen,
ging während des folgenden Winters ihrem schrecklichen

Ende entgegen. Die amerikanische Rüstungshilfe wurde nun voll wirksam und verwandelte den unaufhaltsamen deutschen Vormarsch in einen Defensivkrieg; Hitlers Rüstungsvorsprung – sein wichtigstes Erfolgsgeheimnis – war aufgeholt! Die Kaukasus-Armee wurde eiligst zurückbeordert.

Was für ein Szenenwechsel wartete da auf uns! Die Einheimischen standen noch so unter dem Eindruck der deutschen Befreiungsparole und der freundlichen Behandlung, daß sie an einen Abzug der Deutschen einfach nicht glauben wollten. Erst als man anfing, Fabriken und öffentliche Gebäude zu sprengen, wurde das Unfaßbare zur Gewißheit. Der deutsche Rückzug, den ich noch zwei Jahre lang erleben mußte, war etwas Grauenhaftes: Was nur halbwegs brennen konnte, wurde angezündet, der Rest gesprengt, vernichtet: die Politik der verbrannten Erde! Die wenigsten der Kaukasier waren eines Entschlusses fähig. Nur ein paar zehntausend, die sich besonders exponiert hatten, wurden in unseren Lastkraftwagen und in Eisenbahnwaggons – trotz der einbrechenden Winterkälte in offenen Loris und auf Dächern – mitgenommen. Und die Zurückgebliebenen verfluchten uns und die trügerische Hochstimmung der vergangenen Monate …

Unsere Wirtschaftsinspektion mußte auf ihrem Rückzug in frontnahen Fabriken der Ukraine Maschinen, die aus dem Kaukasus evakuiert waren, wieder in Gang setzen und manche örtliche Produktion umstellen. Zuletzt waren wir in Dnjepropetrowsk. Dort trafen wir mit dem »Abwehrtrupp« zusammen, zu dem ich versetzt werden sollte. Ich übergab dem österreichischen Hauptmann meinen tatarischen Schützling und fuhr aus der bereits brennenden Stadt Richtung Heimat – zuerst auf Urlaub und dann zur »Neueinkleidung« als gewöhnlicher Soldat und zur militärischen Grundausbildung.

Im Sommer 1943 benutzte ich den Urlaub, um meine Familie wieder nach Wien zu bringen. Es gab keinen Grund mehr, in Berlin zu bleiben. Ihre Rolle als Weltzentrum hatte diese Stadt bereits endgültig ausgespielt. Mutter und Schwester sollten in Österreich für die ganze, inzwischen weit zerstreute Familie eine heimatliche Zufluchtsstätte bereit halten.

1943 war auch das zivile Leben unter den Druck des militärischen Schicksals geraten: Goebbels hatte unmittelbar nach Stalingrad den »totalen Krieg« verkündet. Es gab kaum mehr Kleider und Gebrauchsgegenstände zu kaufen; Theater, Konzerte sowie Feiern mit Alkohol waren verboten. Die amerikanischen Bombenangriffe mehrten sich. Eisenbahnzüge verkehrten unregelmäßig und waren überfüllt. Man hielt Ausschau, wie man da werde überleben können.

Ich überzeugte meine Familie, daß der Krieg verloren sei und daß man übersiedeln müsse, solange das Speditionsgewerbe noch funktioniere.

Aber wie viele von den anderen – auch von den Nicht-Nazi – glaubten noch an den Sieg! Sie glaubten bis zum Frühjahr 1945 und sagten, es sei doch alles immer so präzise und so umsichtig geplant und vorgesorgt worden. Da könne doch nicht noch einmal ein Weltkrieg verlorengehen. Jetzt komme ja die Wunderwaffe! (Das Wort Atombombe war im Hitler-Reich nie gebraucht worden, man sprach nur von einer Wunderwaffe und zum Schluß von der »Vergeltungswaffe Nr. 2«, abgekürzt »V2«.)

Ich fuhr nach Wien zur Redaktion des »Südost-Echo«. Dr. Ernst Molden verschaffte mir eine Wohnung in der Bäckerstraße. Wir sprachen ganz offen vom wiederzuerrichtenden Österreich und von der Idee, mit einem gemeinsam ausgesuchten Team gleich nach Kriegsende die »Neue Freie Presse« wieder herauszubringen.

Zunächst war aber mein – um zwei Jahre verzögerter – Einrückungstermin da. Ich mußte zur Ersatzabteilung der Abwehr, zum bekannten Regiment Brandenburg. Hierher kamen vornehmlich Leute, die die Welt gesehen hatten und Sprachen beherrschten. Deshalb ging die Grundausbildung auch nicht so demütigend und ordinär vor sich, wie ich gefürchtet hatte.

Obwohl ich als »Soldatenkind« dazu erzogen worden war, mutig zu sein, hatte ich meiner Mutter und meiner Schwester versprochen: Für Hitler werde ich nicht sterben. Ich werde mich zu keinem Bravourstück freiwillig melden. Kameraden, die sich – ohne an Hitler oder an die Unmoral dieses Staates zu denken – freiwillig zu großen Mutproben meldeten, versagte ich niemals meine Bewunderung. Aber mir selbst mußte ich dieses faszinierende »Ein-Held-Sein«, wie es jeder lebensvolle Jüngling einmal möchte, versagen. Gerade bei der Abwehr II. hätte ich die besten Gelegenheiten dazu gehabt: Ich hätte mich im Rücken des Feindes in sowjetischer Uniform per Fallschirm abwerfen lassen, Brücken sprengen oder auf feindlichem Territorium Widerstandsgruppen organisieren können.

Ich hatte damals schon meine Zukunftsideen und wollte meine Lebenskraft für die Zeit nach dem Kriege aufsparen.

Nachdem ich aus der Nähe miterlebt hatte, wie das englische Weltaufteilungsangebot zurückgewiesen worden war, mußte ich Hitlers Kriegspolitik schon von Anfang an nicht nur als Wahnsinn, sondern auch als eklatanten »Verrat an Deutschland« betrachten.

Unter den Kameraden des Regiments Brandenburg sprach man wohl nur vorsichtig von Politik, aber doch nie so, wie die Zeitungen schrieben. Der freiere Geist der Abwehr, der bis zu seinem obersten Chef Admiral

Canaris[25] hinaufreichte, tat mir wohl. Einer der Offiziere sagte: »Das einzige freie Land Europas ist die deutsche Wehrmacht. Da kann man noch zuweilen seine Meinung sagen.«

Ein Kamerad erzählte mir von einem österreichischen Rekruten, der den Fahneneid auf Adolf Hitler verweigert hatte und nun hier in Brandenburg hingerichtet worden sei. Er nannte mir auch den Militärgeistlichen, der jenen auf den Tod vorbereitet hatte: Pfarrer Jochmann, Brandenburg-Neustadt, in der Heidestraße. Ich suchte diesen auf und erfuhr, wie der einfache Bauernsohn vor der allgemeinen Eidleistung aus der Reihe getreten war und seine Weigerung ohne viel Aufhebens militärisch meldete, wie dann sein Hauptmann, der Major und schließlich sogar der General alles taten, um ihn umzustimmen, und wie letztendlich ein politisches Gericht das Todesurteil aussprach, wenn er nicht doch noch vor der Exekution den Eid leisten würde. In der Urteilsbegründung sei davon die Rede gewesen, daß alles, was nicht zum Nationalsozialismus umerzogen werden könne, als »unwertes Leben« zu betrachten sei. Und unwertes Leben sei auszulöschen. Pfarrer Jochmann sagte, auch er habe den jungen Mann darauf hingewiesen, daß sein Tod verschwiegen werde und keine Änderung herbeiführen könne. Aber der Österreicher habe geantwortet, die Erfüllung dieser Soldatenpflicht bringe zuviel unmoralisches Handeln mit sich, da sei es besser, vor dem Eid für die Moral als nachher für Hitler zu sterben.

Nicht jeder ist zu solchem Heldentum berufen! Wenn ich nach dem Krieg den Vorwurf hörte, die Österreicher hätten zuwenig Widerstand geleistet, erzählte ich diesen Fall und fragte: Meint ihr, daß die unbewaffneten Gegner des Nationalsozialismus verpflichtet gewesen wären, sich alle von den bewaffneten Anhängern dieses Regimes hinrichten zu lassen? Es hätte nichts genützt, wo immer man angefangen hätte. Hitler war ja auf Massenmord eingestellt.

Nach der Grundausbildung fuhr ich zu dem Abwehrtrupp, der mich angefordert hatte, in die Ukraine. Dort wurde gerade eine Gruppe nationalistischer Ukrainer für den Partisaneneinsatz im sowjetischen Hinterland geschult. Ich hatte beim Taktik-Unterricht zu dolmetschen und die Leute freundschaftlich zu betreuen.

Wie nie zuvor ging mir da die rätselhafte Macht des Partisanentums auf. Ich erfuhr, welcher persönliche Kampfgeist, welche verschworene Gemeinschaft mit den Ortsansässigen und welche Gunst des Geländes nötig sind, um im Guerilla Erfolg zu haben. Das Partisanentum ist die Streitmacht der Schwachen, die unterdrückt werden, eine Streitmacht, die erst in diesem Krieg groß in Erscheinung trat, nicht nur gegen die Deutschen! Sie sollte im Rußlandfeldzug auch zugunsten der Deutschen gegen die Sowjetmacht eingesetzt werden:

Man wußte von Stalins grausamer Unterdrückungspolitik, von den Millionen KZ-Häftlingen und hoffte, daß sich nach den ersten militärischen Schlägen ein innerer Widerstand regen würde. Wie aber an die Regime-Gegner herankommen, wie sie organisieren und ausrüsten? Da kamen in den großen Kesselschlachten des ersten Vormarschs Hunderttausende Kriegsgefangene in deutsche Hand. Zögernd zuerst, dann entschlossener wurden verläßliche Antikommunisten ausgewählt, die einen für den Partisanenkrieg, die anderen für eine national-russische Anti-Stalin-Armee. Die letztere wurde unter der Führung des berühmtesten sowjetischen Kriegsgefangenen, des Generals Wlassow, aufgestellt. Bei der Partisanenausbildung fing man mit den Angehörigen der russenfeindlichen nationalen Minderheiten an. Alles war bereit, eine großflächige Aufstandsbewegung anzufachen, die von außen her unterstützt und mit dem Vormarsch der Wehrmacht effektvoll koordiniert werden sollte – ein gewaltiges Konzept, das die deutsche Abwehr mit höchster Präzision ausgearbeitet hatte und zunächst auch bei der obersten Führung durchzusetzen schien.

Nach der britischen Weltaufteilungsidee wäre das nun die zweite Variante einer weit ausgreifenden, deutschen »Vormacht-Politik« gewesen: eine mit Deutschland verbündete, starke Ukraine, selbständige baltische, kaukasische und mittelasiatische Staaten und ein nationales, von Deutschland gestütztes Rest-Rußland – alles Länder, die ihre Existenz dieser »gemeinsamen, inneren und äußeren Befreiungsaktion vom Bolschewismus« verdanken sollten.

Das Konzept der Abwehr wurde verworfen: Hitler wollte – von Himmler und Ribbentrop gestützt – keine Bundesgenossen, sondern unterworfene Völker haben, Völker, über die er eine deutsche Herren-Schicht setzen könnte und bei denen er freie Hand hätte, nach Belieben umzusiedeln und auszurotten. Es war die Idee, nach englischem Kolonial-Vorbild im ganzen Osten nur mehr Protektorate, Generalgouvernements und ähnliches zu errichten.

Die ganze Sowjetunion erkannte das. Jenseits der Front schwand alle innere Opposition, und dem Aufruf Stalins zum »Vaterländischen Krieg« wurde echte Gefolgschaft geleistet. Und diesseits der Front war die Wlassow-Armee bald nur mehr eine Chimäre. Sie wurde so gut wie nie eingesetzt. Die »nationalen Partisanenlager« wurden aufgelöst und die Abwehrtrupps angewiesen, die ihnen unterstellten Partisanengruppen nur mehr für örtlich begrenzte Armee-Interessen in Anspruch zu nehmen.

Der große Plan war also nichts mehr als ein militärwissenschaftliches Modell. Zurückgeblieben sind die verschiedenen Exposés über ein »Rußland ohne Bolschewismus« – ich besitze heute noch etwas davon – und ein paar persönliche Freundschaften mit Führern der innersowjetischen Widerstandsbewegung NTS (Nazionalnoi Trudowoi Sojus = Nationaler Verband der Werktätigen): Diese Männer waren bemerkenswerte Persönlichkeiten, die ihren Revolutionsgeist, auch nach dem Versagen der Deutschen, aufrechterhielten. Aus eigener Kraft zündeten sie in diesem und jenem sowjetischen Gebiet das Feuer eines lokalen Aufstands an, bis sie schließlich nach vielen Enttäuschungen den Amerikanern auffielen und mit deren Unterstützung dann irgendein Eisen ins Feuer der amerikanischen Rußland-Politik legten. Ich half ihnen 1945 in Salzburg und Wien, und sie halfen mir 1953 auf meiner Amerikareise in Washington, wo sie mich mit dem obersten Chef der amerikanischen »Abwehr«, Allan Dulles, und dem konsequentesten Gegner des Kommunismus, dem Gewerkschaftspräsidenten Meany, zusammenbrachten. Beide Politiker hörten unsere Erfahrungen und unsere Rußlandperspektiven mit großem Ernst an …

Als ich von einem kurzen Urlaub zu meiner Militäreinheit zurückgekehrt war, wurde eine zweite ukrainische Gruppe bei uns eingestellt. »Sobald der Vormarsch wieder beginnt, soll wieder etwas für den Partisaneneinsatz und die psychologische Kriegführung zur Verfügung stehen«, lautete die offizielle Instruktion. Die Ukrainer waren beritten. Ich hatte nun für alles zu sorgen, auch für die Gerste und den Hafer ihrer Pferde.
Es war die Zeit des anhaltenden deutschen Rückmarsches. Die Rote Armee jagte die Deutschen vor sich her,

so wie die Deutschen sie vor zwei Jahren gejagt hatten. Es ging drunter und drüber. Aber wir waren bald eine so gut eingespielte Gemeinschaft, daß wir auf dem mehrere hundert Kilometer weiten Ritt vom Dnjepr bis zum Dnjestr über alle Wechselfälle gut hinwegkamen. Bald glaubten wir vom Feind umzingelt zu sein, bald hatten wir friedliche Mußestunden in stillen Dörfern – nicht nur in ukrainischen, sondern auch in wohlgebauten volksdeutschen Siedlungen und in den baumbestandenen moldowanischen Weilern. Schließlich kamen wir zu den ersten Ausläufern der Karpaten, in die Bukowina – endlich auf das Territorium der ehemaligen österreichisch-ungarischen Monarchie.

Dort festigte sich die Front. Wir lagen nördlich von Dorna-Vatra, in einer reizvollen Berglandschaft, deren Schönheit jener Tirols um nichts nachsteht. Nach dem Erlebnis der russischen Einöde – auch nach dem Erlebnis so mancher norddeutschen Industrielandschaft – ging mir die einzigartige Schönheit der menschlich gestalteten habsburgischen Landstriche auf!

Das Armee-Oberkommando meldete uns das Auftauchen einer neuen Art von Partisanen, antikommunistischen ukrainischen Nationalisten, die – als Antwort auf die »Kolonialpolitik« des Gauleiters Koch – gegen die deutsche Verwaltung aufstanden, gleichzeitig aber auch der vordringenden Roten Armee und den »roten Partisanen« den Kampf ansagten. Es seien schon Überfälle auf allein fahrende Wehrmachtsfahrzeuge gemeldet worden. Wir sollten Näheres auskundschaften und der Armee Vorschläge machen …

Mir kam die Idee eines Waffenstillstandes besonderer Art. Aber wie an eine im Wald verborgene, bewaffnete Streitmacht herankommen?

Ich suchte den orthodoxen Dorfpfarrer auf und fragte

144

ihn, ob er bereit sei, uns mit dem Führer der Partisanen zusammenzubringen; es gehe um einen Waffenstillstand und um das Unterpfand von 200 Gewehren – zunächst allerdings ohne Schlösser und Munition. Er werde alles bekommen, sobald wir diese Gegend endgültig räumen würden. Der Pfarrer wollte sich zuerst auf nichts einlassen, meinte jedoch am Ende, man wäre der kommenden sowjetischen Besetzung doch nicht so hilflos ausgeliefert, wenn die »eigene, unsichtbare Streitmacht« gerüstet wäre. Er brachte mich zum ehemaligen Bürgermeister, der zu vermitteln versprach.

Drei Tage später meldete dieser, »Chmara« (das heißt »Wolke«), der Anführer der Partisanen, sei in der übernächsten Nacht auf einer unweit gelegenen Waldstraße zu sprechen; aber ich dürfte nur allein mit meinem Kompaniechef kommen. Das Armee-Oberkommando stimmte unserem »Handel« zu. So führte uns der Bürgermeister zu einem malerischen, mondbeschienenen Hohlweg, wo drei Männer auf uns warteten. Die Verhandlung war gut vorbereitet und dauerte kurz. Mein Hauptmann übergab dem Chmara ein Muster der zugesagten Gewehre, und zwar mit Schloß und Munition. Dann besiegelte er den Pakt, indem er eine Wodka-Flasche von Mund zu Mund gehen ließ.

Noch abenteuerlicher war es, als wir in der darauffolgenden Nacht die 200 Gewehre brachten, auf zwei Ochsenkarren verluden und den steilen Aufstieg zum Partisanenlager mitmachten: Es war eine gutgetarnte, hohe Felsenhöhle, auf der einen Seite eine ordentlich gefaßte Quelle, auf der anderen acht Stockbetten, dahinter ein freier Raum und ganz oben ein Spalt, durch den das Mondlicht fiel.

Es gab keine Überfälle mehr. Auch die Auslieferung der Gewehrschlösser und der Munition einige Wochen danach ging vertragstreu vor sich: Als die letzte deutsche Fronteinheit den wilden Bergbach unseres Tals überschritten hatte, sprengten Pioniere die hohe Brücke. Wir hatten in der Nähe geparkt und stellten die Kisten und Körbe mit der versprochenen restlichen Ausrüstung auf die Bergstraße. Da erschien – wie aus dem Boden gewachsen – Chmara mit einem Dutzend Burschen, die alles übernahmen und im Wald verschwanden. Im Herbst 1945, als wir schon lange Frieden hatten, brachte eine Presse-Agentur Nachrichten von der »friedlichen Lösung einer langwierigen antisowjetischen Aufstandsbewegung« in der Bukowina.

Von der Bukowina kamen wir zuerst nach Inner-Rumänien, wo wir nur zwei, drei Wochen blieben, und dann wieder in ein Gebiet des ehemaligen Habsburger-Reiches, in das blühende Siebenbürgen. Was für ein Kulturgefälle zwischen dem Balkankönigreich und dem gefestigten altösterreichischen Land! Im alten Rumänien demütige, armselig gekleidete Menschen – statt Schuhen Stofflappen! In Siebenbürgen stolze Bauern in kostbaren und schmucken Trachten! Von jenem Landstrich hatte sich die lähmende Hand des Osmanischen Reiches erst vor 32 Jahren zurückgezogen, und hier waren seit 200 Jahren – seit Prinz Eugen – alle lebendigen Kräfte Europas eingeströmt!

Das bunte Völkergemisch des Südostens hatte ich nun lebendig vor Augen – allein in Siebenbürgen drei selbstbewußte Nationen: die magyarischen Szekler, die deutschen »Sachsen« und die rumänischen Wallachen, ein typisches Beispiel für das Zwölf-Sprachen-Gewirr der Balkanhalbinsel! Im »Südost-Echo« hatte ich mehrfach über die nationalen Rivalitäten und über die durcheinandergemengten nationalen Siedlungsgebiete geschrieben. Nun konnte ich selber an Ort und Stelle mit Vertretern dieser südöstlichen Völker sprechen und ihre nationalen Anliegen hören. Meine slawischen und ungarischen Sprachkenntnisse leisteten mir unschätzbare Dienste.

Es waren vor allem Ungarn, Volksdeutsche und Slowaken, mit denen wir redeten.

Die Volksdeutschen schilderten mir das Schicksal der existenzbedrohten Minderheiten: Wer unter der Oberhoheit der Ungarn stand, lief sogar Gefahr, seinen deutschen Familiennamen zu verlieren. Jemand, der »Bischof« hieß, mußte sich »Püspök« nennen, und aus jedem »Schneider« wollte man einen »Szabó« machen – von Schul- und Verwaltungsproblemen gar nicht zu reden.

Die Slowaken beklagten sich über die »Vormacht« der Tschechen, genauso wie die Kroaten über die der Serben.

Die politischen Erschütterungen der jüngsten Zeit hatten jedoch manche Einsicht bewirkt und die Sinnlosigkeit mancher alten Rivalität bewußt gemacht: Eines Tages war ich mit mehreren Ungarn zusammen. Da schwärmte einer noch vom heiligen Groß-Ungarn, dessen »Grenzen Gott selbst durch den weiten Karpaten-Bogen gezogen hat«, worauf sich die anderen von diesem »überlebten Vormacht-Denken« distanzierten und nur mehr eine demokratische Gemeinschaft gleichberechtigter Nationen vor sich sehen wollten.

Woher kam dieser unerwartete geistige Umschwung? Die Menschen Südosteuropas hörten täglich den Londoner Rundfunk und konnten gar nicht anders, als sich mit allen ihren Hoffnungen auf die hier verkündeten politischen Grundsätze einstellen. Wo immer wir hinkamen und wo wir offen mit den Einheimischen reden konnten, wurde uns nur die eine bange Frage gestellt: »Werden uns die Engländer oder die Russen befreien? Wird der braune Faschismus von der Demokratie oder vom roten Faschismus abgelöst werden?« – In Ungarn hatte man ja schon vor 25 Jahren eine kurze kommunistische Herrschaft erlebt![26]

Wer sich politisch auskannte, erinnerte sich daran, wie sehr sich England und Frankreich in ganz Südosteuropa – nicht nur politisch, sondern auch wirtschaftlich – engagiert hatten. Da sei es doch undenkbar, daß die »eigentlichen Sieger« dieses Krieges – wie sie immer noch dachten –, die Westmächte, die Hälfte Europas dem Bolschewismus auslieferten! Sie würden wohl noch über die Adria und Jugoslawien nach Ungarn vordringen und ihre demokratische Ordnung in Südosteuropa etablieren. Das alles hörte ich, als die Russen nur 200 bis 300 Kilometer entfernt vormarschierten! Ich fragte manche, ob sie nicht nach dem Westen flüchten wollten. Nein! Englands Prestige war hier – trotz aller vordergründigen Angst – so tief verwurzelt, daß diese Millionen Menschen nur den westlich-demokratischen Frieden vor sich sahen.

Und in Deutschland blickten ebenso Millionen noch immer wie gebannt auf die versprochene Wunderwaffe. Diese zwei trügerischen Hoffnungen hielten die Völker in einer Art seelischem Gleichgewicht – und zumindest vorläufig noch in äußerlicher Ruhe und Ordnung.

Im Herbst 1944 hatte ich ein Abenteuer mit slowakischen Partisanen. Unser Abwehrtrupp – acht Wehrmachtsangehörige und die zehn von mir betreuten unbewaffneten Ukrainer – bezog in einem einsamen slowakischen Dorf Quartier. Mein tatarischer Schützling suchte mit zwei Ukrainern umliegende Bauernhäuser auf, um Verpflegung einzukaufen. Er blieb die ganze Nacht verschwunden. Bei Sonnenaufgang schlich er ängstlich in mein

Zimmer. Die drei waren in die Hände der Partisanen gefallen. Diese hatten die Absicht, die Deutschen im Dorf zu liquidieren und die Ukrainer zu sich zu locken. Er selbst sei eingehend über uns befragt worden. Der schlaue Bursche nutzte das Kreuzverhör und schilderte unsere Waffenhilfe für Chmara und seine Partisanen in der Bukowina. Er stellte uns als besondere Freunde der slawischen Völker hin und deutete an, daß wir vielleicht auch mit den slowakischen Partisanen einen solchen Handel abschließen könnten. Die beiden Ukrainer bestätigten seine Worte, und einer von ihnen blieb sogar bei den Partisanen. Der Überfall auf unser Dorf fand nicht statt.

Wir machten uns jedenfalls auf und fuhren in den nächstgelegenen Ort mit starker deutscher Besatzung. Die slowakischen Partisanen standen damals bereits unter der indirekten Führung der Roten Armee, die jenseits des Duklapasses[27] wartete und schon lange vergeblich versucht hatte, durchzubrechen.

Bevor der Krieg zu Ende ging, tat sich mir zum erstenmal blitzartig ein ungeahnter Abgrund auf. Wir waren in einer Fabrik an der Reichsstraße Budapest-Wien einquartiert, als die Todeskarawane ungarischer Juden an uns vorbeizog: eine endlose Kolonne verstaubter und mühselig daherwankender Menschen, Frauen in Stöckelschuhen, die Stöckel zum Teil abgebrochen, alte Männer im Hausrock, so, wie sie aus ihren Wohnungen gejagt worden waren, ohne Tasche, ohne Vorrat. Die SS-Bewachung ließ meinen wagemutigen Tatarenjungen durch, als er zwei Feldflaschen mit Wasser und ein Kommisbrot in verzweifelt ausgestreckte Hände legte.

Ich hatte als Journalist viel mehr hören und erfahren können als gewöhnliche Reichsbürger, aber daß die überall verhafteten, abtransportierten Juden ermordet wurden, hatte mir niemand angedeutet und hatte ich mir auch nicht vorstellen können. Vom Abtransport dieser Juden hieß es, daß sie als Zwangsarbeiter zum Bau des großen »Limes« an der Reichsgrenze eingesetzt werden sollten. Um so tiefer prägte sich mir diese Erinnerung ein, als wir nach dem Krieg vom allgemeinen Juden-Massaker erfuhren.

Der Elendszug hier glich einer Szene aus dem Inferno. Das also ist der Geist unseres Jahrhunderts, sagte ich mir: Hier die Entrechteten, denen auch die letzte Menschenwürde genommen wird, dort ihre Peiniger, die gefühlsroh Befehle ausführen, rundherum abgestumpfte Menschen, die durch ihre eigene Existenzangst abgehalten werden, entrüstet aufzuschreien.

Mir fiel die kommende Nachkriegszeit ein, die Rache der anderen Seite. Es waren ja schon die ersten Nachrichten von Titos Grausamkeiten gegen die Volksdeutschen, von der Lynchjustiz im befreiten Frankreich und von den Massenexekutionen in der Sowjetunion bis zu uns gelangt. Auge um Auge, Zahn um Zahn! Wer würde die moralische Verwirrung beenden, welche politische Kraft eine humanere Gesinnung herbeiführen können?

Ich schrieb den ganzen letzten Kriegswinter hindurch vier oder fünf Notizbücher voll, für die Nachkriegszeit; für die Zeitung, die wir mit Molden gleich nach Kriegsende herausgeben wollten.

Aber dann, Ende Februar 1945, kam der harte Schlag. Der Londoner Rundfunk verkündete das Ergebnis der Konferenz von Jalta: Die Russen besetzen und verwalten bis auf weiteres ganz Osteuropa, auch die Hälfte Deutschlands und Österreichs. Nur Wien und Berlin werden später einmal von allen vier Siegermächten übernommen werden. Die westlichen Demokratien werden also in keinem dieser östlichen Gebiete aufscheinen oder etwas mitzureden haben.

Wir verbrachten die nächsten Tage in Ungarn und in der Slowakei. Ein lähmendes Entsetzen legte sich auf die Menschen. Man hatte geglaubt, man befände sich in einem deutsch-englischen Krieg und England werde siegen. Und nun hatte dieses England kapituliert, nicht vor Deutschland, sondern vor dem Kommunismus, der nun ganz Osteuropa beherrschen sollte. So ist die Politik der Westalliierten in Südosteuropa empfunden worden, und so wird sie vordergründig auch noch 1987 empfunden!

In deutscher Hand war nur mehr ein kleines Stück Ungarn und ein Rest der Slowakei. Aber von hier brach alles auf, in wilder Flucht, mit Pferdewagen, Holzgas-Autos und sogar mit Handkarren, um die Demarkationslinie zur englischen oder amerikanischen Zone zu erreichen.

In der Nähe von Preßburg kam ich an dem prächtigen Besitz der Grafen Pálffy vorbei. Ich ging ins Schloß und fragte, ob ich helfen könnte. Die Schloßherren waren gerade im Aufbruch nach dem Westen. Sie bewahrten Würde und Ruhe.

Der Osten war nach diesem Krieg die einzige Gegend, in der die alte »Vormachtspolitik« am Leben geblieben ist – nicht mehr kleinflächig von den Ungarn oder Tschechen, sondern großflächig und ausschließlich von den Sowjets betrieben.

Ihre Vormacht reichte von den baltischen Staaten bis schließlich sogar nach Afghanistan und von der Mongolei bis zum »Eisernen Vorhang«, der in der Mitte Europas aufgehängt wurde. Die erhoffte neue Gemeinschaft gleichberechtigter Staaten mit Minderheitenschutz und Menschenrechten hat es dann nur im Westen gegeben. England und Frankreich haben sich gleichberechtigt mit den Besiegten zusammengetan, nachdem sie jede »Vormacht«, auch die in Übersee, aufgegeben hatten und nur mehr leistungsbedingte Vorteile zu behalten suchten.

Meine Vorgesetzten beschlossen, unseren Trupp nach Mondsee in Oberösterreich zu verlegen. Keiner sprach ein Wort von Jalta, vom bevorstehenden Sieg der Alliierten und ihrer Gebietsaufteilung. Wer denunziert wurde, daß er ausländische Sender gehört oder Zweifel am deutschen Endsieg geäußert habe, wurde auch in jenen letzten Tagen noch eingesperrt oder hingerichtet. Für mich war es nun wichtig, daß unsere Ukrainer nicht in sowjetische Gefangenschaft gerieten.

Auch ich wollte nicht von der Roten Armee überrollt werden, schon wegen meines Rußlandbesuches und meines Dienstes bei der Abwehr. Auch der Traum von der Zeitungsherausgabe in Wien war zu Ende.

Als unsere Einheit im März 1945 durch das Waldviertel an Wien vorbei nach Mondsee zog, bekam ich noch einen kurzen Heimaturlaub nach Wien. Ich wollte mit Molden eine Abänderung unseres Plans besprechen. Molden befand sich aber in Untersuchungshaft, wo man ihn unter psychischer Folter zu Aussagen über seinen in die Schweiz geflüchteten Sohn bringen wollte.

Freunde zeigten mir das geheime Zeichen der Widerstandsbewegung »05« – mit Kreide an die Stirnwand des Stefansdoms gemalt.

Am Abend war wieder Fliegeralarm. Ich stand am Eingang zur Kellerstiege, als das gegenüberliegende Haus in der Bäckerstraße von Bomben getroffen wurde. Es gab keine Feuerwehr. Ein ganz primitiver Luftschutz verhinderte das Übergreifen des Feuers auf die Nachbarhäuser.

Die Rote Armee näherte sich Wien vom Süden her. Ich verließ die Stadt auf einem Motorrad über Neuwaldegg und Tulln.

Vom neuen Standort Mondsee aus verschaffte ich meinen Ukrainern gleich Bescheinigungen des Salzburger Landesarbeitsamtes, daß sie als Kriegsgefangene Industrie-Hilfsdienste geleistet hätten. So hatten sie die Möglichkeit, sich vom Vorwurf der »Kollaboration« zu befreien.

Am 30. April kam die deutsche Rundfunkmeldung von Hitlers Tod – kein Wort von Selbstmord; er sei im Kampf um Berlin vor dem Feinde gefallen.

Eifriger noch hörten wir den verbotenen amerikanischen Militärsender, der uns über die neuesten Frontbewegungen orientierte. Von diesem wurde die Zivilbevölkerung in den letzten Apriltagen immer wieder aufgefordert, keinen sinnlosen Widerstand zu begünstigen. Besonnene Bürger sollten sich zusammentun, um Zerstörungen zu verhindern und für ein vernünftiges Zusammenwirken mit der einmarschierenden Besatzungstruppe zu sorgen.

Ich suchte drei oder vier politisch geeignete Bürger Mondsees auf und vereinbarte mit ihnen, daß die Straßensperren weggeräumt würden und ein Sprecher der Bevölkerung gegenüber der fremden Truppe, also eine Art provisorischer Bürgermeister, bestellt würde – aber alles erst zu Kriegsende, das heißt sobald entweder die Amerikaner einmarschierten oder die Kapitulation verkündet würde; dann erst befänden wir uns unter österreichischer Hoheit.

Am 2. Mai fiel noch einmal leichter Schnee. Ich mietete ein Zimmer in einem Mondseer Bürgerhaus. Als am Abend die Radiomeldung von der Kapitulation Berlins durchgegeben wurde, hörte ich aus dem Nebenzimmer das laute Weinen zweier Frauen[10e]. Ich war erstaunt, wie arglose Leute noch so sehr an diesem Regime hängen konnten. Da ging mir das erste Mal der Gedanke durch den Kopf, ob man sich nicht auch in solche regimeergebene Menschen ohne Ressentiments hineindenken sollte.

Alles blieb ruhig bis zum Tag der allgemeinen deutschen Kapitulation, dem 8. Mai. Da schied ich in Freundschaft von meinen deutschen Kameraden und Vorgesetzten, übernahm das Auto unseres Trupps, lud drei bewaffnete Ukrainer ein und fuhr von einer Wehrmachtsdienststelle zur anderen, um ein geordnetes Kriegsende und ein einheitliches Verhalten gegenüber den anrückenden Amerikanern zu vereinbaren. Am Ende kam es zu einem Konflikt mit dem Reichsarbeitsführer Hierl, der gerade mit seinem Stab im nahegelegenen RAD-Lager[28] eingetroffen und über das Kriegsende noch nicht informiert worden war. Nach einem kurzen Wortwechsel, bei dem die Pistolen gezogen wurden, nahm Hierl schließlich meinen Standpunkt zur Kenntnis, daß die Macht des Hitler-Reiches nun auch formalrechtlich zu Ende war.

Die Mondseer Parteienvertreter, die ich angesprochen hatte, wählten einen provisorischen Bürgermeister und wünschten, daß ich selbst den amerikanischen Truppen, die sich gerade im Anmarsch auf Mondsee befanden, entgegenführe und eine kampflose Übergabe vereinbarte. Sie wollten inzwischen dafür sorgen, daß die hohen, mit Baumstämmen und Felsblöcken errichteten Straßensperren abgetragen würden.

Das alles lief dann programmgemäß ab.

Ich blieb nur mehr zwei Tage in Mondsee. Danach zog ich nach Salzburg, voller Erwartung des neuen Friedensdaseins.

Dieser Krieg war wie eine Sintflut. 60 Millionen Menschen sind darin umgekommen.

1945 wußte man lange Zeit nicht, wie man die ehemaligen Soldaten ansehen sollte – als Feinde, als Schergen oder als Helden?

Einfacher ist die Frage: Sollen ihre Tapferkeit und Tatkraft, ihre Mühen und Leiden ein Nichts gewesen sein? Auch wenn ihre Opfer mißbraucht worden waren – für ein sinnloses und unmoralisches Kriegsziel? Diese Opfer waren für sich allein etwas Großes; sie gehörten zu dem Leid, das Böses aufwiegt, sie haben Menschen geformt und auch manche Einsicht gebracht.

Mein Freund Michael Guttenbrunner, dem ich meine Kriegserlebnisse erzählt hatte, schrieb mir: »Berichte, was Du gesehen und getan hast, aber enthalte Dich jeden Schiedsgerichts. Wir leben nicht als Ankläger oder Richter weiter und nicht als Parteimänner, sondern als Zeugen – Zeugen, des Krieges, der Geschichte und, wenn Du willst: Gottes, der sich der Opfer erbarme!«

6. Kapitel

Der »Geist von Salzburg«

Ängstlich und unsicher traten wir in die Friedenszeit ein. Wir fühlten uns so ähnlich wie die Auswanderer, als sie Amerika erreichten: nach stürmischer Fahrt endlich fester Boden unter den Füßen! Aber welche Nöte und Gefahren würden zu bestehen sein?

Die wenigsten wußten, ob ihre Angehörigen geflüchtet oder ausgebombt waren, wie es beruflich weitergehen sollte, ja, wo sie die nächste Nacht würden schlafen können.

Mir hatte meine Schwester schon 1941, nach ihrer Hochzeit, geschrieben, daß ihr Mann in Salzburg von einem entfernten Onkel ein sogenanntes Stöckl, ein schmales, zweistöckiges Renaissance-Häuschen, in der romantischen Hellbrunner Allee geerbt hatte. Dies suchte ich auf. Mieter war ein ehemaliger Salzburger Stadtkommandant, der norddeutsche Oberst von Cramm. Das Haus war von geflüchteten Verwandten und ausgebombten Nachbarn überfüllt. Aber in dem winzigen Vorzimmer, das zur Terrasse führte, fand ich auf dem Boden eine Schlafstätte. Was für ein Glücksgefühl, frei und schon halb daheim zu sein! – In den folgenden Wochen räumten die norddeutschen Bewohner ein Zimmer nach dem anderen; denn sie kehrten in ihre Heimat zurück. Ich hatte nun einen festen Standort.

Es ging mir nicht nur um die Zufluchtsstätte. Ich war mit dem festen Vorsatz gekommen, in Salzburg eine Tageszeitung zu gründen. Schon am nächsten Morgen, dem 14. Mai, suchte ich die amerikanische Militärverwaltung auf und zwängte mich bis zum Stadtkommandanten Reynolds durch. Ich sagte: »Wenn es schon bald ein vernünftig-demokratisches Österreich geben soll, darf man nicht warten, bis das russisch besetzte Wien handlungsfähig wird. Ich will hier in Salzburg eine gesamtösterreichische Tageszeitung herausgeben und möchte wissen, ob ich dafür eine amerikanische Genehmigung brauche.« Er antwortete: »Bevor wir die Bevölkerung mit einer Zeitung versorgen, müssen wir sie mit Strom und Wasser versorgen. Das ist vorläufig mein näheres Anliegen.« Aber er schickte mich zum Waagplatz zum »Büro für psychologische Kriegsführung« (PWB: Psychological Warfare Board), wo man mir aufgeschlossener zuhörte und eine generelle Regelung des Pressewesens für die nächste oder übernächste Woche in Aussicht stellte.

Inzwischen begann ich, mich politisch umzusehen. Es gab schon Parteibüros – darunter ein höchst aktives der Kommunisten –, ein Bürgermeisteramt und ein Hilfskomitee für Flüchtlinge, befreite politische Häftlinge und Heimkehrer. Hier stieß ich auf den politisch aktiven und hilfsbereiten Rechtsanwalt Dr. Möbius. Er fragte mich, ob ich nicht zwei junge, aus dem Konzentrationslager befreite Häftlinge in meine Wohnung aufnehmen könnte. Zur Zeit hätten sie ihre Schlafstelle auf dem kalten Steinboden des Klosterganges von St. Peter und besäßen außer einem geschenkten Anzug nichts zum Anziehen.

In unserem Stöckl wurde gerade ein Zimmer frei. So kamen die beiden gleich mit mir. Der eine, Viktor Reimann, wurde zuerst mein journalistischer und später auch politischer Weggefährte. Der andere, Rudolf Strasser, ein Neffe Arthur Schnitzlers, ist auch ein enger Freund von mir geworden.

Wenige Tage darauf traten wir alle drei bei der Zeitung der amerikanischen Zone, dem »Österreichischen Kurier«, ein; denn die angekündigte Regelung des Pressewesens sah nun so aus: Zunächst bringen die Besatzungsmächte selbst – das heißt unter ihrer Verantwortung, aber mit österreichischen Mitarbeitern – Zeitungen heraus. Österreichischen Herausgebern werden erst in einigen Monaten, nach einer Anlauf- und Prüfungsperiode, Presse-Lizenzen gegeben werden. Ich folgte mit Vergnügen der Einladung zur Mitarbeit; denn hier konnte ich Redakteure für die geplante eigene Zeitung finden. Meine Hoffnungen verstärkten sich, als das Blatt schon bald darauf, am 7. Juni 1945, in »Salzburger Nachrichten« umgetauft und damit sichtbar auf lokal begrenzte Aufgaben ausgerichtet wurde.

Seit der Molden-Plan einer »Neuen Freien Presse« in Wien durch die russische Besetzung zunichte gemacht worden war, dachte ich mit zunehmendem Eifer an die geplante überregionale Zeitung für das gesamte demokratische Westösterreich, eine Zeitung, die später – nach dem Ende der sowjetischen Vorherrschaft – auch den Osten versorgen und nach Wien übersiedeln sollte. Ich hatte den Amerikanern auch schon den Namen des Blattes, »Länderzeitung«, genannt und ihnen zugeredet, doch auch von ihrer Seite etwas für die Einheit unseres sinnlos zerstückelten Staates zu tun.

Nachmittags gingen wir – zu Fuß – in die Berggasse, wo sich die neue amerikanische Medien-Dienststelle »ISB« (Information Services Branch) niedergelassen hatte und die Zeitung gemacht wurde. Abends mußten wir mit einem Armee-Fahrzeug heimkehren, da noch strenges Ausgehverbot herrschte. Der Wagen kam oft sehr spät.

Die Wartezeit nutzten wir, um einander kennenzulernen und um zu diskutieren, sowohl über den Sinn der überstandenen Leiden als auch über die Herausforderungen der Zukunft. Jeder kam woanders her: aus dem Krieg, aus dem Konzentrationslager, aus dem Zivilleben oder aus der Emigration. Keiner war auf eine Partei, auf ein politisches Lager eingeschworen. Hier flackerte zum ersten Mal das auf, was wir dann den »Geist von Salzburg« nannten.

Unser amerikanischer Vorgesetzter, ein unbefangener, freundlicher Emigrant aus Norddeutschland, ließ uns bei der Auswahl und Textierung der Meldungen freie Hand. Leitartikel oder Glossen ließ er jedoch nicht zu. Diese paßten nicht in das Modell einer amerikanischen Zeitung, sagte er. Ihre Meinung sollten sich die Leser aus den Nachrichten selber bilden.

Der Umgang mit den Amerikanern war gar nicht so schwierig, wie wir gefürchtet hatten. Sie waren auffallend unbefangen und »direkt«. Sie sagten alles unverblümt heraus, ob es um ein heikles politisches Problem oder um die Annäherung an ein Mädchen ging.

Sie waren großzügig und doch konsequent in der Durchsetzung ihrer Prinzipien und politischen Ziele. Sie gingen oft recht unkonventionell vor, akzeptierten aber auch von unserer Seite ungewöhnliche Vorgangsweisen.

Die erste größere Überraschung war mir ihre Gerichtspraxis: Unser Mieter in der Hellbrunner Allee, Oberst von Cramm, hatte kurz vor meinem Eintreffen einen amerikanischen Soldaten, der seine Tochter vergewaltigen wollte, erschossen. Cramms Rechtsanwalt ging direkt zum Militärrichter und handelte mit ihm ein Urteil aus, das sowohl die Humanität als auch das amerikanische Prestige berücksichtigte: Der Oberst wurde mit einem ärztlichen Gutachten für unzurechnungsfähig erklärt und mußte ein Jahr in einer (besseren) Abteilung der Irrenanstalt verbringen. Dann war er frei.

Die »Do not fraternize«-Parole[29] war nur in den ersten Tagen auf einigen Hauptstraßen angeschlagen. Sie wurde als Fehler erkannt und sehr schnell zurückgenommen. Später haben gerade die höheren Funktionäre den Kontakt mit uns gesucht. Sie sahen es als ihre Aufgabe – man könnte fast sagen, als ihr Kriegsziel – an, uns »zur Demokratie und zur Humanität umzuerziehen«. Dazu kam ihr seltsamer Missionierungseifer. Ich erinnere mich nicht ungern, wie der eine oder andere mit uns Lieder singen oder uns zu seiner Sekte bekehren wollte. Die Amerikaner erschienen uns als unkomplizierte, manchmal sogar als rührend naive Menschen, an die man sich gewöhnen konnte.

So viel geistig-politischen Kontakt wie in der amerikanischen Zone gab es wohl in keiner der drei anderen Zonen. Die Amerikaner haben nicht nur den Geschmack der österreichischen Zigarettenraucher fast vollständig vom orientalischen auf den Virginia-Tabak umgestellt, sondern auch die öffentlichen Moralüberzeugungen der Österreicher in manchen Belangen ganz wesentlich neu geformt!

Am 20. Mai, dem Pfingstsonntag, strömten die Salzburger am zerstörten Dom vorbei nach St. Peter, wo Erzbischof Rohracher die Festpredigt hielt und zur Flüchtlingshilfe und zur christlichen Pflicht der Versöhnung aufrief. Es war die erste Gelegenheit, bei der eine große Volksmenge zusammenkommen und das Kriegsende feiern konnte. Wie bei der Taufe eines neugeborenen Menschen war es die Kirche, die dem Geschehen den festlichen Glanz verlieh, die Kirche, die in der schweren Zeit

160

– von Ausnahmen abgesehen – ein wesentliches Refugium der Menschlichkeit gewesen war.

Es war ein herrlicher Frühlingstag, der sich über die stehengebliebenen Schönheiten und die Ruinen Salzburgs ausbreitete. Die Menschen schienen wieder Mut zu fassen. Man sah junge Leute friedlich spazierengehen, schäbig gekleidet zwar, die Burschen zum Teil in zerschlissenen Uniformstücken und die Mädchen in den Kleidern, die es für die »Textilmarken« gegeben hatte. Aber manche hatten sich eine Blume ins Haar gesteckt, und man hörte wieder Lachen.

Die Not war groß und wurde uns gerade an einem so ruhigen Tag bewußt: Zu essen gab es nur gegen Lebensmittelkarten, die erst nach großen bürokratischen Mühen zu bekommen waren. Die Vorschriften dafür wurden ständig geändert. Erträglich wohnen konnte nur, wer Glück hatte. Tausende Salzburger waren ausgebombt, Hunderte Wohnungen von Amerikanern beschlagnahmt, und vom Osten her strömten Woche für Woche Tausende Flüchtlinge und Vertriebene aller Nationen nach Salzburg. Die sechs Millionen Österreicher hatten damals für 600 000 deutschsprachige und eine Million fremdsprachige Flüchtlinge Platz zu machen. Man rückte zusammen, eher unwillig und auf behördlichen Druck.

Die Fremdnationalen wurden von den Amerikanern in den zahlreichen Barackenlagern der Kriegszeit untergebracht. Die mir befreundeten Russen und Ukrainer wollten der dortigen drückenden Lageratmosphäre entkommen und richteten sich im Kellergewölbe des zusammengestürzten Kurhauses eine bescheidene Bleibe ein. Es gelang mir, ihnen eine provisorische »Wohnbewilligung« zu verschaffen. Als sie dann später von der Baupolizei ausquartiert wurden, hatten sie sich gerade ihre Auswanderungspapiere verschafft.

Nicht nur Ausländer, auch viele tausend Österreicher und Volksdeutsche wanderten damals aus – vor allem nach Südafrika, Kanada und Argentinien.

Kleidung und Gebrauchsartikel waren kaum zu bekommen. Die meisten Geschäfte waren geschlossen oder lediglich mit Ladenhütern versehen. Brauchbare Dinge gab es nur auf dem Schwarzmarkt: Zigaretten und Verpflegungsgüter der amerikanischen Armee, Butter und Speckseiten aus österreichischen Dörfern und die ungewöhnlichsten Waren aus geplünderten Wehrmachtslagern. Am besten funktionierte der fast orientalisch anmutende Basar der »D. P.'s« in Parsch. Die Amerikaner nannten die Fremdnationalen »Displaced Persons«, abgekürzt D. P.'s, »vom Schicksal verschlagene Menschen«! Mein tatarischer Schützling hatte hier seine Freunde und war von dem faszinierenden Marktgeschehen kaum mehr wegzubringen.

Der bittere Mangel, das Frieren, der ständig nagende Hunger und die Wohnungsnot dauerten bis zum Ende des zweiten Friedensjahres. Erst Anfang 1947 keimte allmählich ein normales Wirtschaftsleben auf.

Wichtig war die damalige geistig-seelische Verfassung der Österreicher. Was sich in diesen ersten Nachkriegsjahren an Stimmungen und Meinungen herausbildete, bestimmte noch lange das politische Geschehen Österreichs und wirkte zum Teil sogar bis in die nächste und übernächste Generation hinein.

Es gab keinen Triumphzug zurück in die Erste Republik. Den Konservativen hatten die Sieger eine eventuelle Sehnsucht nach Schuschniggs Ständestaat gründlich verdorben. Sie hatten ihn als faschistische Diktatur verurteilt. Und den Marxisten steckte ihr Bekenntnis zur »Diktatur des Proletariats« im Hals, zumal das reale

Schreckbild einer solchen Diktatur, nämlich der sowjetischen, Hunderttausenden sichtbar geworden war. Am elendsten fühlten sich die Nationalsozialisten – nicht nur die überzeugten, auch die Mitläufer.

Erschüttert waren alle – am Anfang so sehr, daß sich die wenigsten selber klare Wunschvorstellungen für ihre politische Zukunft machen konnten. Von den alten Anführern war nichts mehr zu sehen und zu hören. Das Wort und die Macht hatten fremde Besatzungsoffiziere, die weiß Gott woher gekommen waren.

Da ein Großteil der Intellektuellen und des Mittelstandes der NSDAP angehört hatte, ist es wichtig, sich die Stimmung der ehemaligen Parteimitglieder – man sprach jetzt nur mehr von den »Ehemaligen« – zu vergegenwärtigen. Sie spalteten sich während der ersten Nachkriegsjahre in ganz neue Gruppen auf, die sich stark voneinander unterschieden, zumeist auch nichts miteinander zu tun haben wollten:

– In kürzester Zeit verschwunden war die Gruppe der *Hauptschuldigen,* nämlich derjenigen, welche die Verbrechen veranlaßt oder an ihnen mitgewirkt hatten. Sie flüchteten in den Freitod oder ins Ausland, oder sie wurden abgeurteilt.

– Klein, aber zuweilen recht aktiv war die Gruppe der *»Gesinnungstreuen«.* Sie trat erst nach 1947 deutlicher in Erscheinung, und zwar als eine Art lose Kameradschaft. Sie bestand aus mittleren Funktionären – wie Kreisleitern und Partei-Journalisten –, die ihre »Naziprozesse« noch vor sich hatten. Diese Leute waren 1945 wohl keine »Werwolf-Partisanen« geworden und nicht »in die Wälder« gegangen, wie es Hitler seinen Getreuen befohlen hatte, aber sie wollten Repräsentanten des untergegangenen Regimes bleiben und zum neuen österreichischen Staat auf Distanz gehen. Einer von ihnen sagte mir trotzig: »Wir haben die Partie verloren, wir sind jetzt unten, aber wir vergessen nicht, daß wir einmal oben gewesen sind. Die Zeiten können sich wieder ändern. Das nationale Element war immer stark in Österreich.« Sie versuchten immer wieder, sich als Sprecher für alle »Ehemaligen« zu präsentieren – auch für diejenigen, die nichts von ihnen wissen wollten. Manchmal hatten sie damit Erfolg.

– Bedeutend größer war die Gruppe der »demokratischen Nationalen«. Diese bejahten die neue Demokratie und waren bereit, sich an der österreichischen Politik zu beteiligen. Der österreichische Patriotismus stand bei ihnen allerdings bei weitem nicht so hoch wie die Bewahrung der »nationalen Tradition«. Sie verteidigten alles, was es am untergegangenen Nationalsozialismus nur irgendwie zu rechtfertigen gab. Sie wurden nicht müde, auf die Verbrechen der alliierten Siegermächte hinzuweisen und versuchten, mit diesen die Verbrechen des Hitler-Regimes aufzuwiegen. In der Europa-Politik waren sie im Grunde ihres Herzens auf neue Chancen einer »deutschen Vormacht« eingestellt, sprachen aber nicht davon. Ein gewisser – allerdings latenter – Antisemitismus wurde allenthalben als selbstverständlich vorausgesetzt. Jedenfalls scheute man sich, ihm unmißverständlich abzuschwören. Manche von ihnen sagten, das Hitler-Regime sei ihnen ohnedies zu sozialistisch, zu pöbelhaft gewesen, und wollten zur bürgerlichen Haltung der alten nationalen Parteien der Vorkriegszeit zurückfinden.

164

– Viel schmerzhafter war das Umdenken für die zahlreichen »*enttäuschten Idealisten*«. Sie hatten die Opfer der Kriegszeit mit innerer Zustimmung auf sich genommen. Sie wollten die ganze Nazizeit hindurch ehrlich dazu beitragen, daß die Not vergehe und das deutsche Volk wieder seinen »Platz an der Sonne« bekomme. Beigetreten waren sie der NSDAP, weil sie hier – nach den vielen Enttäuschungen – Tatkraft und Umsicht gespürt hatten. Wer hatte denn damals voraussehen können, wo diese Reise enden sollte! Nach dem Zusammenbruch, nach dem Bekanntwerden der Untaten suchten sie nun einen neuen geistigen Halt, eine Gemeinschaft mit einer anderen, einer gesitteten politischen Ordnung, ob sie nun Österreich oder »geeintes Europa« heißen sollte. Der großdeutsche Gedanke war ihnen zum schuldbeladenen Traum geworden. Hitler hatte ihn zur Utopie gemacht. Sie wollten das Böse, an dem sie sich mitschuldig fühlten, irgendwie von sich abtun: durch Sühnetaten, durch freundschaftliche Kontakte mit den bisherigen Feinden – gerade auch mit Juden – und durch den Anschluß an eine innerlich anständige Erneuerungsbewegung.

– Nihilistisch und wie »*Flüchtlinge aus der Politik*« reagierten unpolitische, einfachere Seelen, die für ihr begeistert eingegangenes Engagement – oft das erste in ihrem Leben, oft nur für die »NS-Volkswohlfahrt« oder das »Winterhilfswerk« – jetzt so schwer bestraft wurden. Sie verstanden die Welt nicht mehr und schworen sich: »Nie wieder bei einer öffentlichen Sache mittun! Nie wieder einer Partei beitreten!« Ein Gemeinschaftswerk wollten sie sich nur mehr von der Ferne ansehen – tatenlose, verschreckte oder gar feindselige Zuschauer.

– Ein seelisch unbeschwerter Übertritt zum demokratischen Österreich ist der sehr großen Gruppe gelungen, die ich die *»Scheinmitglieder«* der NSDAP nennen möchte. In ihr befanden sich vor allem Manager, Ingenieure und Beamte, also »Fachkräfte und Staatsdiener«, die das Hitler-Regime gebraucht und daher in die Partei hineinmanövriert hatte und die nun auch das neue Österreich brauchte und – soweit es die Umstände zuließen – entgegenkommend behandelte. Die vorherrschende Meinung dieser Gruppe lautete: »Für das, was politisch geschieht, sind wir nicht verantwortlich. Wenn einmal einer oben sitzt, dann dienen wir ihm, notfalls auch durch Parteibeitritt. Das ist doch staatsbürgerliche Pflicht!« – eine Haltung, die zum Teil noch vom alten Untertanengeist der Monarchie herrührte. Diese Gruppe hat sich daher sehr schnell – nicht nur äußerlich, sondern auch innerlich – vom Nationalsozialismus gelöst. Die meisten wollten von »Nazitum« und »Deutschtümelei« nichts mehr sehen und hören.

– Am einfachsten war die geistige Trennung vom Nationalsozialismus bei den *»Konjunktur-Rittern«*. Sie waren der Flugsand, der nun rasch in alle Richtungen verweht wurde, dorthin, wo ihn materielle Vorteile anstauten oder von wo er ursprünglich hergekommen war. Diese Gruppe war die größte, sie hatte aber die geringste politische Gestaltungskraft; denn sie war nur Objekt und nicht Subjekt.

– Tragisch und zumeist unschuldig kam die jüngste Gruppe unter die Räder: Es waren jene Leute, die, in den zwanziger Jahren geboren, nach 1938 ungefragt in die »Hitlerjugend« (HJ) und anschließend in die Wehrmacht eingereiht worden waren und sich hier als tüchtig und intelligent erwiesen hatten, so daß man sie ohne Rücksicht auf ihre Weltanschauung zu HJ-Führern oder dann zu Wehrmachtsoffizieren ernannt hatte. Wer studieren wollte, mußte seine »Vergangenheit« nachweisen. In Wien genügte das EK I, um nicht zum Studium zugelassen zu werden – bis die Betroffenen nach einem Jahr durch die »Jugendamnestie« wieder die vollen Staatsbürgerrechte erhielten.

Auch bei den Christlich-Konservativen und den Sozialisten gab es geistige Erschütterungen; denn auch ihnen dämmerte die Erkenntnis, daß ihr übertriebener »Lagerpatriotismus« die Erste Republik vergiftet und ruiniert hatte.
Einige begannen sich auch hier zu fragen: »Wie machen es eigentlich die Engländer, die Schweizer und die Amerikaner, daß es in ihren Demokratien doch recht friedlich und zivilisiert zugeht?«
In allen Lagern wäre ein neuer Anfang fällig gewesen! Doch nur zu oft waren die Verfechter des Althergebrachten stärker als die zaghaften Erneuerungswilligen.

Bis zum Herbst 1945 war ganz Österreich den harten Beschränkungen der ersten Besatzungszeit ausgesetzt: Ausgehverbote, Übertrittsverbote von einem Bezirk in den anderen, Versammlungsverbote und keine richtige Information, keine geistige Nahrung! Nur in Salzburg begann sich schon im Sommer die Situation zu lockern. Rascher als irgendwo anders blühte hier geistiges Leben auf. Man begann, freimütig zu diskutieren in frisch gegründeten wissenschaftlichen Gesellschaften, bei unvermittelt angesetzten Vorträgen oder in privaten Kreisen. Ich besuchte die »Gesellschaft für Sozialreform« des Dr. Pfitzner im Café Mozart, die Vorträge durchreisender Ausländer im Hotel Stein und den Salon des Grafen Kühnburg, in dem Stefan Tomičić, journalistisch »Alfons Dalma«, hervortrat.

Da wurde in die Zukunft geschaut, das rechte politische Modell gesucht und dies oder jenes Vorbild erörtert. Erst Jahrzehnte später wurde mir bewußt, daß wir damals nie über die Vergangenheit gesprochen hatten. Sie war eine Last! Wir konnten sie zu den anderen Lasten nicht auch noch tragen. Der Blick zurück hätte uns zu viel Kraft gekostet. Das starke Bedürfnis, über jene Vergangenheit zu sprechen, ist mit Recht erst in den achtziger Jahren gewaltig aufgebrochen.

Die Amerikaner förderten die freie politische Aussprache und boten uns schon im August 1945 eine für uns ganz unvorstellbare öffentliche Diskussionsmöglichkeit: das »Forum« der Sendergruppe Rot-Weiß-Rot. Nach dem Vorbild amerikanischer Rundfunkstationen stellte ein Moderator ein politisches Thema zur Debatte. Jeder, der hinging, konnte dazu offen seine Meinung sagen. Ich erfuhr, daß bei der ersten Debatte die Verstaatlichung behandelt werden sollte und ging hin. Zuerst sprachen die eingeladenen Vertreter der drei damaligen Parteien. Alle drei – auch der der ÖVP – waren für die Verstaatlichung der Schwerindustrie. Der Kommunist verlangte darüber hinaus, daß alle von Nazi geführten Industrien – das waren etwa 90 Prozent – verstaatlicht werden sollten. Dann meldete ich mich zu Wort, schilderte anschaulich, was ich in Moskau vom Funktionieren staatlicher Industriebetriebe erlebt hatte, und bekam spontanen Applaus.

Das war mein erster politischer Auftritt – ein zufälliger. Tatsächlich war ich nur auf mein Zeitungsprojekt ausgerichtet und suchte brauchbare Informationen!

Ich begann bei den zwei Großparteien, die sich schon langsam auf die erste freie Wahl vom November 1945 vorbereiteten. Die Sozialisten waren damals noch jedem Fremden gegenüber mißtrauisch, verschlossen und kurz angebunden. Bei der ÖVP sprach ich mit Joseph Rehrl, der seinem berühmten Bruder Franz, dem Begründer der Salzburger Festspiele, damals zwar noch nicht als Landeshauptmann, aber doch als führender Parteifunktionär nachgefolgt war. Er meinte, Politik solle man nicht als Journalist, der ja »nichts verantworte«, sondern nur als voll haftender Politiker betreiben. Ich erwiderte, daß man auch die Verantwortung des Journalisten verankern könne und müsse. Der Journalist sei gerade in der heutigen Orientierungslosigkeit wichtiger als der Politiker. Seine Einladung, in der ÖVP mitzuarbeiten, lehnte ich mit dieser Begründung ab.

Ich intensivierte meine Verhandlungen um die Zeitungslizenz. Zuerst sagte man mir, daß ich zu antisowjetisch eingestellt sei, dann aber, daß man die Notwendigkeit einer gesamtösterreichischen Zeitung, die in Salzburg erscheint, einsehe und schließlich, daß man mich und meine Vergangenheit genügend geprüft habe und ich die Lizenz in einigen Wochen bekommen werde!

Die Amerikaner schlossen kurze Zeit die Zweiteilung Österreichs nicht aus und schienen eine Zeitung für Westösterreich zu begrüßen; sie hatten ja im Juli 1945 die Salzburger Landesregierung aufgefordert, den Weisungen der Bundesregierung in Wien *nicht* ohne weiteres nachzukommen.[30]

In der Redaktion der – noch amerikanischen – »Salzburger Nachrichten« hatte ich mich schon so eingelebt, daß ich zusammen mit dem Kollegen Kreutzer daranging, eine Journalistengewerkschaft zu gründen. Am 24. August 1945 war die Gründungsversammlung, bei der Kreutzer zum Vorsitzenden und ich zum Stellvertreter gewählt wurde. Wir hatten hart, aber freundlich um höhere Gehälter, eine günstigere Arbeitszeit und ähnliches mit den Amerikanern zu verhandeln. Wenige Wochen danach verließ ich die »Salzburger Nachrichten« und damit auch diese Gewerkschaft, um das eigene Blatt systematisch vorzubereiten: mit der Redakteursuche, den Verhandlungen um die Drucklegung, ja sogar schon mit ersten Redaktionskonferenzen und der Ausarbeitung der Nummer »Null«.

Für die Verlagsleitung gewann ich den ehemaligen Verkaufsleiter der »Wiener Neuesten Nachrichten«, Ing. Hans Schennet. Er hatte in Leoben studiert, war Burschenschafter und ein maßvoller Vertreter der alten nationalen Tradition Österreichs. Wir arbeiteten einen Finanzplan aus, der gerade noch mit meinen bescheidenen Ersparnissen zu verwirklichen war. In einer Zeit, in der einem jedes Zeitungsexemplar aus der Hand gerissen wurde, war das Gründungsrisiko nicht groß.

Im weiteren Verlauf des Jahres 1945 schien sich auch im Privatleben das Gewölk zu lichten: In unsere Wiener Wohnung hatten wir verläßliche Freunde gesetzt, und diesen gelang es nun, jede Plünderung und Beschlagnahme zu verhüten. Mutter und Schwester samt Kindern kamen von ihrer Tiroler Alm nach Salzburg in das neu eroberte Familienheim. Abenteuerlich war schon die Beschaffung der Papiere, die man zum Übertritt von der französischen in die amerikanische Zone benötigte, und abenteuerlich war auch das Überschreiten der sieben kontrollierten Bezirksgrenzen. Das gemeinsame Haus war ein unschätzbarer Wert. Auch finanziell schlug sich ein jeder auf seine Art durch: Meine Schwester hatte von Kindheit an Briefmarken gesammelt und verkaufte nun eine kleine Zahl bescheidener »Raritäten«. Es gab ja überall viel zuviel Bargeld und zuwenig Ware, so daß man ungewöhnlich gute Preise für Briefmarken bekam, besonders von Auswanderern, die leicht transportierbare und international einlösbare Werte brauchten. Es war eine Überbrückungshilfe zur rechten Zeit, bis sich zwei Monate später ihr Mann aus einem vergessenen norddeutschen Entlassungslager nach Salzburg hatte durchschlagen können.

Mein ältester Bruder war in Frankreich in Gefangenschaft geraten und nach England gebracht worden, wo er nicht nur den üblichen Qualen, sondern echter, sadistischer Folter ausgesetzt war. Er kam dann – obwohl nie Parteimitglied – in das Nazi-Straflager der englischen Zone in Wolfsberg. Von dort wurde er 1946, mit einem Hungerödem und bis zum Skelett abgemagert, entlassen.

Der zweite Bruder war 1937 mit seiner österreichischen Frau nach Argentinien ausgewandert. Auch dort bekam er das Kriegsende zu spüren: Die deutsche Schule wurde geschlossen. Seine Töchter gingen von nun an in eine amerikanische und gaben die Sprache unserer Familie auf.

Der jüngste Bruder konnte zu seiner Frau nach München heimkehren. Wir trafen ihn an der hermetisch abgeschlossenen Reichsgrenze bei Großgmain und konnten uns nur über den scharf bewachten und allzu laut rauschenden Grenzbach hinweg die wichtigsten Mitteilungen zurufen.

Die Sorge ums Überleben war vorbei und eine realistische Berufschance in Sicht. Ich konnte jetzt selbst ans

Heiraten denken. Die Hochzeit fand am 31. Oktober 1945 statt.

Bald danach, im Winter 1945/46, erreichte mich eine Hiobsbotschaft: Neuer Chef für das Zeitungswesen der amerikanischen Zone wurde Albert van Eerden, ein unheimlicher, verschlossener Mensch. Ich war viel zu unerfahren, um zu erfassen, worum es ihm ging. Mit keinem meiner Argumente kam ich bei ihm an. Er erklärte mir schon bei meiner zweiten Vorsprache, alle bisherigen Zusagen seien null und nichtig, und ich werde die beantragte Lizenz für die Tageszeitung nicht bekommen – aber vielleicht könne man mir eine Fachzeitschrift zugestehen!

Das war ein schwerer Schlag für mich und meine Freunde.

In meinem verzweifelten Grübeln erinnerte ich mich an eine »heilige Kuh« der Amerikaner, an die niemand, auch nicht ein mißgünstiger Besatzungsoffizier, rühren darf. Das ist die »wissenschaftliche Forschung«, insbesondere wenn sie sich mit dem Wort »analysis« kombinieren läßt und den allgemeinen Fortschritt oder die Demokratie zum Gegenstand hat.

Diese Wissenschaftsgläubigkeit galt es nun auszunutzen. Ich rief meine Freunde zusammen und schlug ihnen vor, ein »Österreichisches Forschungsinstitut für Wirtschaft und Politik« zu gründen und als dessen Organ eine Wochenschrift mit dem bescheidenen Titel »Berichte und Informationen« herauszugeben. Wir stellten den Lizenzantrag, wurden aber von Woche zu Woche vertröstet.

Inzwischen – im Oktober 1945 – erhielt der Österreicher Gustav Canaval, vor 1938 ein Pressemann in Schuschniggs »Vaterländischer Front«, und Max Dasch, der der amerikanischen Zeitung seit kurzem als Verlagsdirektor diente, die Herausgeberrechte der »Salzburger Nach-

172

richten«. Man rätselte viel, nach welchen Gesichtspunkten sich die amerikanischen Behörden die Übernehmer dieser Zeitungen ausgesucht hatten. Bereits eingeführte Zeitungen waren ja nicht nur politische, sondern auch bedeutende finanzielle Geschenke!

Die mir auferlegte neue Wartefrist war eine harte Prüfung. Ich hatte schon Mitarbeiter angeworben und mußte sie bei der Stange halten, zum Teil auch bezahlen. So übernahmen wir verschiedene entgeltliche Aufträge für Erhebungen, die mit der politischen Forschung irgendwie in Zusammenhang standen.

Eine dieser Dienstleistungen förderte – drei Jahre später – ein interessantes politisches Symptom zutage: Im Zusammenhang mit einer Studie über die Arisierungen von 1938 übernahmen wir den Auftrag einer jüdischen Organisation, die im Grundbuch eingetragenen Arisierungen des Bundeslandes Salzburg zusammenzustellen – eine ziemlich aufwendige Arbeit, für die wir am Schluß 3000 Schilling in Rechnung stellten. Da zeigte sich nun die Hartnäckigkeit des österreichischen Antisemitismus: Der neue Chef der »Salzburger Nachrichten«, Gustav Canaval, selbst ein KZler und deklarierter Nazigegner – und nach ihm die ganze ÖVP –, machte aus dieser Dienstleistung eine Art Hochverrat an Österreich, eine »ehrenrührige Unterstützung der jüdischen Seite«, allerdings in der Hitze eines Wahlkampfes. Die Quittung über die 3000 Schilling wurde in Faksimile groß abgedruckt. Vor der Weltöffentlichkeit und vor den Alliierten taten diese Politiker so, als ob sie mit den Rückstellungsgesetzen energisch für die Rückgabe des jüdischen Vermögens sorgen wollten, aber intern beim Wahlkampf kam doch ihr Zorn über einen Helfer dieser Rückgabe heraus. Antisemitismus war damals noch so verbreitet und selbstverständlich, daß man sich der offenen Judenfeindlichkeit gar nicht bewußt wurde. Das hat sich erst in den siebziger und achtziger Jahren, als eine neue Generation herangewachsen war, wesentlich geändert.

Meine Rechnung mit der amerikanischen Ehrfurcht vor einem »Institute for Political Analysis« ging dann doch auf. Kurz vor Ostern, am 17. April 1946, erhielt ich das »Permit« für eine Wochenschrift mit dem Titel »Berichte und Informationen des österreichischen Forschungsinstituts für Wirtschaft und Politik«.

Am 3. Mai erschien die erste Nummer, angeführt von einer wissenschaftlich aufgegliederten Übersicht, aus welchen sozialen Schichten und geistigen Gruppierungen die Wähler der drei Parteien bei der Nationalratswahl vom 25. November 1945 gekommen waren. Daneben warteten wir mit konkreten Angaben über die neue Industrieproduktion und die ersten kulturellen Initiativen auf – alles betont sachlich und informativ. In den nächsten Folgen behandelten wir die psychologischen Belastungen des Industriearbeiters und betriebswirtschaftliche Konzepte, die von Marxismus, Zwangswirtschaft und Verstaatlichung weg zur partnerschaftlichen Zusammenarbeit zwischen Unternehmern und Arbeitern führen könnten.

Es dauerte nicht lange, und wir stellten unsere »demokratischen Befreier« auf die Probe, wieviel Meinungsfreiheit sie den Österreichern zubilligten: Während die lizenzierten Tageszeitungen den alliierten Besatzungsmächten ebenso diensteifrig und liebedienerisch nach dem Munde redeten, wie man früher dem Hitler-Regime nach dem Munde geredet hatte, übten wir offene Kritik an besatzungspolitischen Maßnahmen, an Übergriffen der alliierten Soldaten und am Maschinenraub in österreichischen Fabriken – selbst am Nürnberger Prozeß. Wir traten für die Rückgabe Südtirols und die Internationali-

174

sierung Triests ein. In unserem Kampf gegen die »naziartigen Ausuferungen der Bürokratie« prangerten wir vor allem das Denunziantentum für die neue Staatspolizei an und stellten den österreichischen Unterrichtsminister bloß, der 200 willkürlich herausgegriffene Bücher der deutschen Unterhaltungsliteratur auf eine Verbotsliste gesetzt hatte. Kurz, wir bekämpften – mit Ziffern und Fakten und mit viel Engagement – den ganzen kryptofaschistischen Geist, der da vielfach hinter der demokratischen Fassade hervorquoll.

Als wir uns einmal besonders weit vorgewagt hatten, wurde ich zum amerikanischen Justizoffizier vorgeladen. Ich rüstete mich für einen Gefängnisaufenthalt. Der Amerikaner musterte mich und sagte dann: »Ich wollte bloß einmal einen Österreicher sehen, der die gleiche Auffassung von Meinungsfreiheit hat wie wir«, und entließ mich wieder. Mit dieser praktisch geübten Toleranz haben die Amerikaner mehr zur »Umerziehung der Österreicher« beigetragen als mit allem anderen.

Bei unseren Lesern war die Wirkung nicht anders. Unsere Auflage stieg, so wie es unsere Papierzuteilungen zuließen, 1947 auf 16 000 verkaufte Exemplare – trotz der bescheidenen Aufmachung ohne Bilder und reißerische Überschriften, trotz mancher »wissenschaftlichen« Länge der Artikel und der Sätze und trotz der kleinen Schrift und des schäbigen Papiers.

Ein anderes Geheimnis unseres Erfolges war unser gesamtösterreichisches Korrespondentennetz. Wir hatten uns schon 1945, als wir noch auf die Tageszeitungslizenz gehofft hatten, in Wien und den Bundesländern nach Mitarbeitern umgesehen. Jetzt nannten wir diese Korrespondenzbüros »Zweigstellen des Forschungsinstituts« und wiesen sie an, nicht nur jene Dinge zu berichten, die gerade Interesse hervorriefen, sondern einheitliche, von uns zentral vorgeschriebene Erhebungen zu machen: bei ihren Landesregierungen, den alliierten Behörden, den Kammern und den zahlreichen anderen örtlichen Dienststellen und Organisationen. Auf diese Weise konnten wir die ersten Übersichten über die wirtschaftlichen Leistungen und ihre Probleme, über den Mangel oder den Überfluß an Ärzten, über die Flüchtlingssituation, ja sogar über die Religionstreue in den Konfessionen und die neuen kulturellen Ereignisse bringen, und zwar aus gesamtösterreichischer Sicht. Das Bundesamt für Statistik bestätigte uns noch in den achtziger Jahren, daß die damaligen Zusammenstellungen unseres Instituts zu den wertvollsten Quellen jener Zeit gehören.

Das alles verschaffte uns eine gewisse geistige Autorität und trug auch wesentlich dazu bei, das damalige gezwungenermaßen »regional begrenzte« Denken auf ein gesamtösterreichisches Denken auszuweiten.

Die Einrichtung der Zweigstellen hatte mich frühzeitig in alle Teile Österreichs geführt. Der Telefon- und Briefverkehr funktionierte schon so halbwegs seit Mitte 1945. Man mußte mit den Korrespondenten aber auch persönlich sprechen. Die notwendigen Reisen waren abenteuerlich. Mit der viersprachigen Identitätskarte durfte man Zonengrenzen überschreiten. Die strengste Kontrolle war die russische auf der Fahrt nach Wien – an der Ennsbrücke und auf dem Semmering. Wie sollte ich nun der sowjetischen Militärpolizei, die mich schon in meiner Wiener Wohnung gesucht hatte, entgehen?

Ich lieh mir die Identitätskarte meines Schwagers aus und passierte unter falschem Namen die Zonengrenze zu Fuß auf der dicht frequentierten Donaubrücke von Linz. Auf der anderen Seite, in Urfahr, gab es eine Nebenbahnverbindung in das ebenfalls russisch besetzte Niederösterreich. Nach mehrmaligem Umsteigen in zerbombten und halbwegs betriebsfähigen Bahnhöfen kam ich endlich nach Wien: zahlreiche Bombenruinen und Schuttberge entlang den mühsam freigeschaufelten Straßen, wenige offene Geschäfte und viele Sowjetsoldaten! Von den Westalliierten befand sich erst eine kleine Vorhut in Wien.

Die erste Überflutung durch die Rote Armee war überstanden. Aber der Schrecken über die nächtlichen Raubüberfälle, Vergewaltigungen in aufgebrochenen Wohnungen und mutwilligen Verhaftungen steckte noch allen in den Gliedern. Die militärische Führung schien den Soldaten eine Zeit lang freie Hand gegeben zu haben.

Ein Freund, der in Niederösterreich ein Schloß besaß, hatte während des Rußlandfeldzugs herausgefunden, daß es auch für die Sowjets eine heilige Kuh gab, gegen die sich kein Rotarmist versündigen durfte: Er brachte am Eingang seines Schlosses ein großes Schild mit der Aufschrift »Museum« an, darunter einen Karton, auf dem in russischen Buchstaben der Weg zum »Museums-Kustos«, nämlich in sein Arbeitszimmer, gewiesen wurde. Seine Familie und sein Schloß blieben ungeschoren, während viele andere Schlösser von Militäreinheiten belegt und schrecklich zugerichtet worden sind. Manche mußten nach dem Abzug der Russen wegen Baufälligkeit abgerissen werden.

Im Laufe der Zeit war auch bei der Roten Armee der offiziell geschürte Haß gegen alles Deutsche abgeebbt, und es kam zu einem halbwegs erträglichen – manchmal sogar einem menschlich freien – Verhältnis zwischen Österreichern und Russen.

In den westlichen Zonen ging es anders zu:

Die Engländer waren großzügig, aber distanziert. Sie drängten sich nirgendwo vor. Doch wer sie ansprach, konnte manches erreichen. An allem erkannte man ihre

unnachahmliche, jahrhundertelang geübte Kolonialtak-
tik: bald elastisch, bald stur auf ein nahes Ziel fixiert. Sie
versprachen wenig, aber hielten, was sie sagten.

Am nächsten standen uns die Franzosen – mit ihrer europäischen Bildung und der verwandten Denkungsart. Sie
waren schon immer in Mitteleuropa präsent gewesen.
Jetzt blieb der westlichste Zipfel Österreichs ihr letztes
mitteleuropäisches Einflußgebiet – keineswegs das gün-
stigste: Wirtschaftlich war es damals zum Teil ein Hunger-
gebiet, und politisch waren die Tiroler von Andreas
Hofer, dem Freiheitshelden gegen Napoleon, und die
Vorarlberger von der Idee eines Anschlusses an die
Schweiz erfüllt. Zudem zeigte sich die Armut des ausge-
bluteten Frankreich auch hier. Im Straßenbild erschienen die französischen Soldaten und Offiziere auf Fahrrä-
dern, nur selten in Autos. Trotz alledem schickte Paris
beste Leute nach Österreich – allen voran den Hochkommissar General Béthouart.

Den Ton gaben die Amerikaner an. Sie allein hatten wirtschaftlich alles zu bieten. Sie wurden allseits entspre-
chend respektiert, sowenig sie auch damit auftrumpften.
Bald spürte man, daß sie auch bereit waren, uns vor den
Sowjets zu schützen. Das gab ihnen noch mehr Gewicht.

Ich suchte die Freundschaft der Amerikaner. Die Gründung des Instituts brachte uns den CIC von selbst ins
Haus. Seine Funktionäre hatten ebenso wie unsere
späteren Freunde von der politischen Abteilung laufend
Berichte über die Stimmung und das politische Geschehen zu erstatten. Da konnten sie uns nicht genug über unsere Meinungen und Erfahrungen befragen – im Büro
und bei den gegenseitigen privaten Einladungen.

Später, 1947 oder 1948, als den Amerikanern meine politische Aktivität besonders wichtig erschien, flogen sie
mich in einem zweisitzigen Militärflugzeug nach Wien

zum winzigen Landeplatz auf der Rossauer Lände, nur damit ich nirgendwo die russische Kontrolle passieren mußte.

Unser Institut erweckte auch das Interesse der drei anderen Besatzungsmächte: Der englische Verbindungsoffizier, Major Gardener, kam regelmäßig zum politischen Gedankenaustausch. Vom französischen »Deuxième Bureau« (so etwas wie die deutsche Abwehr) hielt zuerst Oberst Ogilvi und später der charmante, weltgewandte Capitain Baudet den engsten Kontakt mit uns. Als sich eine sowjetische Delegation anmeldete, fürchteten die Amerikaner eine gewaltsame Entführung und umstellten Haus und Garten mit ihren Leuten in Zivil; denn wenige Wochen zuvor war mein tatarischer Schützling von sowjetischen Agenten in eine Falle gelockt, entführt und erst nach dem feierlichen Versprechen, für sie zu spionieren, wieder freigelassen worden. Nun aber hatten meine sowjetischen Gäste keine Ahnung, daß ich der Verfasser des Rußlandbuches von 1941 und der gesuchte Abwehrsoldat war, und sprachen ungeniert russisch vor mir über mich und die Amerikaner – nichts Wichtiges; sie wollten nur wissen, ob wir »geheime Agenten der Amerikaner« oder eine unabhängige österreichische Institution seien.

Ein wichtiger Faktor für die Verbreitung des »Geistes von Salzburg« wurden auch die »Forum-Debatten« der Sendergruppe Rot-Weiß-Rot.

Der Leiter dieser Sparte, Negrelli, erinnerte sich meines Auftritts in der Verstaatlichungsdiskussion und bat mich, bei der geplanten Debatte über das österreichische Beamtentum und die Bürokratie »ein bißchen lebhafter das Wort zu ergreifen«. Es war eine wunderbare Gelegenheit, die unerträgliche Allmacht des Staates und die ungebrochene Überheblichkeit der Beamten anzuprangern. Ich sagte, daß sie die Staatsbürger nur als lästige Bittsteller ansähen, und brachte bekannte Beispiele, die das ganze Hörerpublikum elektrisierten. Der Sender bekam so viele Zuschriften und Anrufe, daß er diese Debatte noch ein zweites und drittes Mal ausstrahlen mußte.

Eine andere Forumsdebatte betraf die neu eingerichtete Staatspolizei und das Denunziantentum. Ich saß auf einer Bühne ganz allein fünf Herren der öffentlichen Verwaltung, darunter dem Chef der Salzburger Staatspolizei, gegenüber. Ich sprach nur von dem neu verkündeten Ideal der »Freiheit von Furcht«. Die 50 oder 60 Menschen im Zuschauerraum waren schon nach meinen ersten Worten so erregt und so einseitig auf meiner Seite, daß sie zu allem, was ich sagte, kritiklos applaudierten. Ich machte mir ernste Gedanken, wie man die hemmungslose »Stimmungsmache« von der gesunden demokratischen Auseinandersetzung abgrenzen und fernhalten könnte.

Der Leiter der Staatspolizei machte dann noch den Fehler, eine Untersuchung nach § 100 (Volksaufwiegelung) gegen mich einzuleiten – was meine Popularität nur noch erhöhte.

Das wirtschaftliche Nachkriegschaos herrschte viel zu lange; zweieinhalb Jahre! Nach dem Ersten Weltkrieg war die wirtschaftliche Handlungsfähigkeit viel schneller wiedererlangt worden. Diesmal lagen alle wichtigen Kompetenzen bei den Alliierten, und diese hatten es nicht eilig, unsere Wirtschaft zu normalisieren. Sie wechselten wohl das Geld von Reichsmark auf »Besatzungs-Schillinge« und veranlaßten gelegentlich eine Lebensmittellieferung. Aber Österreicher durften keine internationalen Geschäfte machen. Auslandsreisen waren verboten.

180

Auch im Inland blockierten die – schlecht orientierten und von gegenseitigem Mißtrauen gehemmten – Besatzungsmächte den wirtschaftlichen Neubeginn: Erst am 11. April 1947 – zwei Jahre nach Kriegsende (!) – gestattete der Alliierte Rat den freien Warenverkehr zwischen den vier Besatzungszonen.

Am Ende des zweiten Winters, Anfang 1947, waren erst 23 Prozent der im Krieg zerbrochenen Fensterscheiben ersetzt. In Wien fehlten sieben Millionen Quadratmeter Fensterglas. Man mußte sich mit Brettern und Karton behelfen, um die Kälte abzuhalten. Noch länger, bis Ende 1947, sah man die Landstraßen entlang auf den Feldern die Wracks der deutschen Armeefahrzeuge liegen.

Staatsbeamte und bessere Angestellte bekamen zunächst ganz allgemein nur 350 Schilling im Monat, kleinere Angestellte und Arbeiter etwas weniger.

Ein unbeschwertes Leben war damals niemandem beschieden: Wer heiratete, konnte nicht nach Mitgift oder materiellen Vorteilen schielen. Alle waren gleich arm. Keiner konnte Chancen vorab schätzen. Echte Werte kamen damals mehr zur Geltung als zu jeder anderen Zeit.

Die ungewöhnliche Situation hat die Heranbildung ernster, zielgerichteter Menschen begünstigt: Die damals Aufgewachsenen wurden die Träger der späteren Wohlstandsperiode. Nur wenige, die sich mit zwölf Jahren auf dem Schwarzen Markt als sogenannte »Halbstarke« zu tolldreisten Figuren entwickelt hatten, jagten den Erwachsenen manchen Schrecken ein.

Der richtige wirtschaftliche Aufbruch begann erst 1948. Zur Jahreswende machte man die zweite Währungsreform: Drei Altschillinge für einen Neuschilling. Im Frühjahr war das Reisen schon wesentlich leichter. Transport- und Bankgeschäfte kamen wieder in Gang. Im Sommer begann der Marshallplan mit seinen günstigen Investitionskrediten!

Die Bezugsschein-Wirtschaft und der illegale Schwarze Markt machten zuerst dem – umstrittenen – »Grauen Markt« und schließlich der ganz freien Wirtschaft und einer allgemeinen Erholung Platz.

Kräftige Impulse erhielt dieses Wachstum durch die Volksdeutschen.[31] Sie waren unmittelbar nach Kriegsende aus ihren Städten und Dörfern, ihrer jahrhundertealten Heimat in Osteuropa, vertrieben worden. Vier Stunden hatte man ihnen Zeit gegeben, ihre Sachen zu packen. Nur was sie selber tragen konnten, durften sie mitnehmen, aber kein Geld und keine Wertsachen. Freunde von mir hatten dann doch den Familienschmuck im Bauch des Teddybären ihres Söhnleins glücklich durch die Grenzkontrolle geschmuggelt. Die Tschechen in Böhmen und die Rumänen in Siebenbürgen haben die längste Zeit mit den ausgeplünderten Wohnungen, Werkstätten und Fabrikshallen der Deutschen nichts Rechtes anzufangen gewußt.

Was man den Volksdeutschen nicht hatte wegnehmen können, war ihre große Industrie-Erfahrung, ihr Erfindungsreichtum und ihre Tüchtigkeit. Das kam nun der Bundesrepublik und Österreich zugute. Die meisten wären wohl lieber bei uns geblieben, waren sie doch Altösterreicher. Doch sie begegneten hier weder einer altösterreichischen Solidarität noch einer ausreichenden menschlichen Hilfsbereitschaft. Unser Salzburger Freundeskreis trat frühzeitig für die Eingemeindung der Volksdeutschen ein, mit Argumenten der Menschlichkeit und der wirtschaftlichen Vernunft. Wenn es wirklich gelungen wäre, alle aufzunehmen, wäre Österreich wohl ein ebenso industriestarkes Land wie Schweden oder ein kleines Japan geworden.

Hitler hatte die Deutschen als »Volk ohne Raum« bezeichnet und damit den Krieg zu rechtfertigen gesucht. Aber jetzt wurden in dem ohnedies schon überfüllten Restdeutschland und in Österreich noch einige Millionen Volksdeutsche zusammengedrängt – mit dem Ergebnis, daß die neue Bundesrepublik zu einer weltwirtschaftlich führenden Macht aufgestiegen ist. Weder das »deutsche Wirtschaftswunder« noch die Gesundung Österreichs wäre ohne die volksdeutschen Unternehmer und Ingenieure so schnell zustande gekommen.

Es ist nicht der Raum, sondern das richtige Zusammenwirken technischer und kommerzieller Kräfte, was den wirtschaftlichen Aufstieg bringt.

In den ersten drei Jahren gab es keine lebhafteren parteipolitischen Auseinandersetzungen. Die ganze öffentliche Aufmerksamkeit war auf die ergebnislosen Staatsvertragsverhandlungen in London und auf die Unstimmigkeiten des Alliierten Rates in Wien gelenkt. Lediglich die Kommunisten sorgten durch eine »Hungerdemonstration« in Wien und den Rücktritt ihres einzigen Ministers für ein paar parteipolitische Akzente.

Die innenpolitische Szene belebte sich aber, als das »Nationalsozialisten-Gesetz« 1947 – auf sowjetischen Einspruch hin – in ungeheuerlicher Weise verschärft wurde. Seine neue Form enthielt so viele Verletzungen der Menschenrechte, daß sich die meisten Parlamentsabgeordneten, die mit diesem Gesetz den Staatsvertrag erkaufen wollten, schämten. Der konfessionslose ÖVP-Abgeordnete Gschnitzer hatte als einziger dagegen gesprochen und war bei der Abstimmung hinausgegangen, um sein Gewissen nicht zu belasten.

Ich hatte mich bis dahin nur wenig mit der »Nazi-Frage« beschäftigt. Unter meinen Bekannten fanden sich nur

wenige Nationalsozialisten. Die weinenden Frauen von Mondsee hatte ich schon wieder vergessen. Aber als ich diesen Gesetzestext las, stieg Empörung in mir auf. Wenn meine publizistische Tätigkeit der Humanität und der demokratischen Gesinnung dienen sollte, so mußte ich mich jetzt zu Wort melden. In Nr. 43 unserer Zeitschrift vom 21. Februar 1947 erhob ich die leidenschaftliche Anklage gegen den österreichischen Nationalrat, die Grundprinzipien der Demokratie verraten zu haben: Zuerst brachte ich eine ganz neue historische Schilderung, wie es zur Parteimitgliedschaft so vieler Österreicher gekommen war, und warf dann dem Alliierten Rat, der die Verschärfung verlangt hatte, vor, ewige Zwietracht in die österreichische Bevölkerung hineintragen zu wollen. Ich schrieb: »Es sind hier … Strafen verhängt worden, welche weder unser Recht noch das Recht eines anderen Landes jemals gekannt hat: Die Strafe der beschränkten Einkommenshöhe und des gestrichenen Ruhegenusses, die Strafe des Berufsverbotes, die Mitbestrafung der Familienangehörigen sowie die ganze Fülle von Demütigungen und Benachteiligungen bis hinunter zum aufgelösten Pachtvertrag stehen deshalb in keinem Gesetzbuch der Welt, weil sie die Grundbedingungen eines demokratischen Staates zerstören würden. Auch die Konfiszierung des Vermögens kommt nur in Revolutionszeiten vor und nicht in der geordneten Ruhe eines gesunden Staates, wie wir ihn haben wollen.«
Es ging ja um die Familien von fast 600 000 Österreichern, die eingeschriebene Mitglieder der NSDAP gewesen waren!
Vor dem Erscheinen dieser Nummer focht ich einen harten Kampf mit unserem Verlagsleiter aus. Er fürchtete das endgültige Verbot unserer Zeitschrift.
Das trat nicht ein. Wir mußten von dieser Nummer 43

einige tausend Exemplare nachdrucken, und als wir kein Papier mehr für eine dritte Auflage bekamen, stieg der Schleichhandelspreis für das Heft von Schilling 1,50 auf 100 Schilling. Im »Anhaltelager« Glasenbach wurde mein Artikel öffentlich – in Anwesenheit amerikanischer Lageroffiziere – vorgelesen und nachher von vielen Insassen abgeschrieben.

Ich bekam noch zwei einflußreiche Mitkämpfer gegen das Gesetz. Der eine war Viktor Reimann, der in den »Salzburger Nachrichten« den gleichen Kampf aufnahm, und der andere Erzbischof Rohracher.

Den letzteren hatte ich – in Erinnerung an seine Pfingstpredigt – schon zweimal aufgesucht und um seine Intervention bei den Amerikanern gebeten; denn er war damals fast die einzige österreichische Autorität, die von der Besatzungsmacht respektiert und angehört wurde. Nun kam ich wieder zu Rohracher und bat ihn, auch seine Stimme gegen das unmenschliche Nazigesetz zu erheben. Der Erzbischof schaute besorgt auf und sagte, man habe gerade beschlossen, den Klerus aus der Politik herauszuhalten. Ich erwiderte: »Wann denn, wenn nicht in solchen Umbruchzeiten, hat die Kirche die Nächstenliebe zu verkünden, und zwar realistisch, an aktuellen Beispielen?« Nach einem längeren freimütigen Gespräch erklärte Rohracher, er werde diese Dinge nicht von der Kanzel, sondern in einem Vortrag auf der Innsbrucker Universität vorbringen. Ich solle ihm meine diesbezüglichen Gedanken schriftlich zusammenstellen. Vor der Übergabe meines Entwurfes kam ich in Rohrachers Vorzimmer in ein interessantes Gespräch mit seinem Sekretär Schwarzenbacher, einem besonders konservativen Geistlichen. Er hatte von den Kritiken gehört, die ich in meinen Gastvorlesungen auf der Salzburger Universität an der Kirche geübt hatte, und sagte, was mir fehle, sei das »sentire cum ecclesia«. (Er wollte damit sagen: »mitgehen mit den Interessen der Kirche«.) Er entwarf mir das Bild, das er von der Kirche hatte. Es glich einer kleinen, von hohen Mauern umgebenen Stadt, innerhalb derer die Gläubigen, von neuen geistigen Strömungen unbehelligt, der unfehlbaren Kirche treu ergeben blieben und Nächstenliebe nur unter sich übten. Ich fing gerade an, ihn für die Welt außerhalb der Mauern zu interessieren, als sich die prächtige Türe des erzbischöflichen Arbeitszimmers öffnete und ich meinen Entwurf abgeben konnte. Rohracher teilte mir mit, er habe auch einen anderen Herrn um einen Entwurf für seine Innsbrucker Rede gebeten: den sehr kirchentreuen Dr. Josef Klaus (den späteren Bundeskanzler). Wir sollten unsere Ideen koordinieren.

Meine Meinungen unterschieden sich wohl etwas von denen des Dr. Klaus, aber meine freimütigen Mahnungen wurden übernommen: Rohracher hielt am 7. März 1947 in der überfüllten Innsbrucker Universität eine flammende Anklagerede gegen die Unmenschlichkeiten der Besatzungsmächte – und auch der österreichischen Regierung. Er erhob feierlichen Protest gegen das Nazigesetz, gegen die Straflager, gegen das Zurückhalten der Kriegsgefangenen, gegen die parteipolitische Willkür der Beamten und vieles mehr. Die Rede fand einen gewaltigen Widerhall.

Begründet worden war mein Verhältnis zu Kirche und Religion von den weltaufgeschlossenen Feldkircher Jesuiten, die schon damals auf die große geistige Erneuerung ausgerichtet waren – eine Erneuerung, die sich ja nur teilweise im Zweiten Vatikanum durchgesetzt hat. Als ich dann auf der Hochschule der christlich aufgemachten »Interessengemeinschaft« des CV und dann der wenig sympathischen Selbstgerechtigkeit »christlicher

Politiker« begegnete, widerstrebte es mir, Mitglied einer ihrer christlich punzierten Gemeinschaften zu werden. Unter frei denkenden, gemäßigten Liberalen fühlte ich mich wohler. Gelegentlich neu auftauchende Religionsfeindlichkeiten machten mich allerdings genauso mißtrauisch. Ich wollte mich stets in gleicher Distanz zu diesen beiden Extremen halten.

Rohrachers Schritt hat auf katholischer Seite wenig Nachahmung gefunden. Die Kirche gewann nicht jenen moralischen Einfluß, den man erwartet hatte. Der lebhafte Kirchenbesuch der ersten Nachkriegstage verebbte, der Priesternachwuchs ging rapid zurück, und das katholische Geistesleben spielte sich zumeist doch wieder hinter den hohen Mauern der »Schwarzenbacherschen kleinen Stadt« ab, – mit toten Redensarten und der unverständlich gewordenen Frömmigkeit des 19. Jahrhunderts. Die Menschen waren inzwischen nüchterner geworden.

Auch sonst mußte in Österreich so wie in der ganzen Welt um die Wiederherstellung der öffentlichen Moral gerungen werden: Die Massenmorde und Grausamkeiten waren mit Mai 1945 noch nicht zu Ende. Die Engländer steckten in Osttirol Tausende von Kosaken in ein Lager und lieferten sie den Sowjets zur Massenabschlachtung aus. Die Amerikaner verfuhren ähnlich mit den Wlassow-Soldaten. Bei der Vertreibung der Volksdeutschen spielten sich schreckliche Unmenschlichkeiten ab – nicht nur in Titos Hungertod-Lagern. Die Jugoslawen hielten Zehntausende deutscher Soldaten in Lagern fest[61]. Nachdem uns Augenzeugen von all dem berichtet hatten, verloren die Alliierten an Glaubwürdigkeit in unseren Augen. Wir hatten wohl zur Kenntnis genommen, daß die Nazi Massenmorde begangen hatten, aber welches Ausmaß diese erreicht hatten, ist mir und den meisten anderen erst viel später bekannt und bewußt geworden – nach zwei, drei Jahrzehnten, als die ersten widerspruchsvollen Nachrichten wirklich gesichtet und ordentlich veröffentlicht worden waren. Ich beging nach Kriegsende in meinen Artikeln und öffentlichen Reden zweifellos den Fehler, die alliierten Übergriffe den hitlerischen Verbrechen allzu gleichgewichtig gegenüberzustellen. Die Ungeheuerlichkeiten der deutschen Konzentrationslager sind uns nur allmählich bewußt geworden. Andererseits war es aber notwendig, das Prinzip zu verfechten, das heißt die Menschlichkeit gerade von denen zu fordern, die uns versprochen hatten, Menschlichkeit und öffentliche Gesittung wiederherzustellen.

Die ehemaligen Nazi, die den hitlerischen Methoden – soweit sie sie kannten (!) – laut oder still oder nur zum Scheine zugestimmt hatten, waren unter uns. Wir sollten nun mit ihnen zusammenleben, in einem Staat, den sie abgelehnt hatten, in einer liberalen Demokratie, die sie als Unsinn bezeichnet hatten. Würden sie uns nicht wieder einen Ausbruch des Rassenwahns, eine neuerliche Fanatisierung der Innenpolitik oder eine sonstige Verwilderung der Sitten bescheren? Viele stellten sich diese bange Frage.

Und wer würde diesen Menschen die demokratische Gesinnung beibringen, die jetzt von allen verlangt werden mußte?

Die Verfasser des Nazigesetzes sicherlich nicht. Diese hatten auch nur Gewalt und Unterdrückung, wenn nicht sogar Rache im Sinn. Die fast 600 000 ehemaligen Nazi – die Mehrheit der österreichischen Intelligenz und des Mittelstands – zu entrechten und nur als Parias in unserer Gemeinschaft zu dulden, war keine Erziehung zur Demokratie. Das war das genaue Gegenteil.

Was die gesittete Außenwelt erwartete, war ein »Umerziehungsprogramm«. Ausländische Zeitungen schrieben darüber. Aber in Österreich griff niemand das Problem auf. Man war auf beiden Seiten noch viel zu erregt dazu.

Nun kam es, daß ich durch mein spontanes Auftreten gegen jenes Wahnsinnsgesetz unversehens mitten in das Naziproblem hineingestoßen wurde. Ein weiteres Moment: Unser Institut war auf Politologie ausgerichtet, also zur objektiven Behandlung solcher Fragen geradezu vorherbestimmt.

Viele ehemalige Nationalsozialisten schrieben mir oder kündigten ihren Besuch an. Sie wollten das in meinem Artikel angeschnittene Thema weiter diskutieren. Ich hätte schon ein fertiges Programm haben müssen, so stürmisch wurde ich von diesen enttäuschten, orientierungslosen Menschen nach neuen politischen Zielen, nach gesunden Idealen und Grundsätzen gefragt. Ich war aber auf all das kaum vorbereitet und beriet mich mit Freunden unseres Salzburger Kreises.

Das Ergebnis: Man mußte zunächst die falschen Thesen des überwundenen Regimes ausmerzen – nicht nur die brutalen, auch die pharisäischen –, aber man sollte nicht all den fehlgeleiteten Idealismus und Opferwillen für die Gemeinschaft oder den Kameradschaftsgeist mitverurteilen und mitausradieren. Ebensowenig sollte man den Faden der eingewurzelten nationalen Traditionen Österreichs einfach abschneiden.

Ich begann also das Gespräch mit diesen Besuchern.

Sein Gegenstand war ein »Katalog des Umdenkens«, das heißt ein Leitfaden, wie die ihnen eingetrichterten »Nazi-Ideale« in vernünftige und ethisch akzeptable Zielsetzungen umgesetzt werden könnten:

– Die Idee der europäischen Einigung soll an die Stelle der großdeutschen Idee, das heißt der »deutschen Vormacht« in Europa, treten – die Idee einer gemeinsamen, freien Marktwirtschaft gleichwertiger europäischer Völker soll die der Vorherrschaft eines rassisch überlegenen und »auserwählten« deutschen Volkes ersetzen.

– Heimatstolz und Staatsbewußtsein sollen auf Österreich gerichtet sein – auf jenes uns eben zugefallene Herzstück Europas, das für besondere Aufgaben vorherbestimmt sein mag!

– Wiederzubeleben ist die Tradition des Liberalismus, der nach 1848 auch die österreichischen »Nationalen« – übrigens gemeinsam mit hervorragenden jüdischen Wortführern – gefolgt waren, eines Liberalismus, der nun, statt das »Volk« und irgendwelche »Führer« zu vergötzen, die Freiheit und Würde des Einzelmenschen in den Mittelpunkt stellt.

– Die »nationalsozialistische Einsatzbereitschaft« soll ersetzt werden durch die »Erfüllung der persönlichen Lebensaufgabe«, die jeder für sich erkennen und finden soll.

– Die Idee des »Dienstes an der Volksgemeinschaft« soll umgesetzt werden in ein humanes »Mitwelt-Bewußtsein«, das jedem menschlichen Wesen zugute kommt.

– Statt der Vorherrschaft der eigenen Partei soll es nun gar keine Parteibegünstigungen mehr geben, sondern nur eine »freie Bahn dem Tüchtigen und Anständigen«, aus welchem Lager dieser auch kommen mag.

– Die Unternehmensidee des »Betriebsführers und seiner Gefolgschaft« soll sich umsetzen in eine öffentliche Sozialpartnerschaft und in eine innerbetriebliche Partnerschaft, das heißt in eine Betriebsgemeinschaft, in der die Arbeiter und Angestellten allmählich zu einer leistungsbezogenen Ergebnisbeteiligung gelangen sollen.

Das war unser »Programm zum Sinneswandel« in seinen wichtigsten Punkten. Die irregeleiteten ehemaligen Nationalsozialisten diesen Ideen zuzuführen, betrachtete ich nun als meine vornehmliche politische Aufgabe!
Auch die Liberalen der verschiedensten Abstufungen, die sich weder bei den Christlich-Konservativen noch bei Karl Marx zu Hause fühlten, konnten hier den ihnen angemessenen Zugang zum neuen demokratischen Österreich finden. Das Programm war keine neue Heilslehre, sondern der Rahmen für eine solide politische Ethik – für eine »Haltung«, die dem nüchternen Geist und der Skepsis der Kriegsgeneration entsprach.

Die »Berichte und Informationen« brachten eine Artikelserie über die Mißstände im österreichischen Parteiwesen, acht Nummern hindurch. Ihr Inhalt war nicht mehr bloß die kühl distanzierte Betrachtung eines wissenschaftlichen Instituts, sondern schon der engagierte Kampf um einen besseren Weg: »Der freie Zugang zu den Ämtern, die Gleichheit vor dem Gesetz, die Objektivität der öffentlichen Verwaltung und viele andere Grunderfordernisse der Demokratie werden immer wieder mißachtet, was uns in die Nähe einer Zweiparteien-Diktatur bringt«, hieß es da.

Die Artikelserie, mit meinem Namen gezeichnet, schlug viel stärker ein, als ich angenommen hatte. Sie fand ein ähnliches Echo wie die Kritik am Nazigesetz im Jahr zuvor. Tageszeitungen übernahmen Teile meiner Kritiken und bauten sie noch weiter aus. Wieder kamen zahllose Briefe und Besuche.

Ich war unversehens zum politischen Sprecher des großen Heeres der Unzufriedenen geworden.

Das hatte ich nicht angestrebt. Ich wollte Publizist sein, ein Mahner der Nation, einer, der dem Politiker das Material und die Instrumente bereitlegt.

Aber ich war schon zu weit vorgestoßen, und vor allem: der Politiker, dem ich die Instrumente reichen wollte, war nicht da.

Die Briefschreiber und Besucher forderten mich auf, die »vierte Partei« zu gründen.

Unsere Meinungsumfragen zeigten ein ungewöhnliches Interesse an einer vierten Partei: 49 Prozent der Befragten (allerdings ohne Niederösterreich und Burgenland) sprachen sich für eine neue Parteigründung aus – sicherlich mit den unterschiedlichsten Vorstellungen, wie eine solche aussehen sollte.

Es ging schon auf das Ende des Jahres 1948 zu, und vor Ende 1949 mußte die nächste Nationalratswahl stattfinden. Wenn eine neue Partei kommen sollte, müßte sie bald kommen. Das drängte auch mir die Entscheidung auf.

7. Kapitel

Die Parteigründung

Die Gründung einer neuen Partei läßt sich nicht so wie die Gründung einer Firma, allein im eigenen Hause, entscheiden. Ich hatte mich seit Mitte 1948 umgesehen, was Leute von Einfluß und von politischem Gewicht darüber dachten – Leute, die in der Presse, in der Wirtschaft und in wichtigen Organisationen an verantwortlicher Stelle standen:

– Auf der Innsbrucker Tagung der parteiunabhängigen Presse wurde – auch mit meiner Stimme – beschlossen, einen Feldzug zur Einführung der »unmittelbaren Demokratie« zu beginnen. Volksbegehren und Volksabstimmungen sollten das allzu diktatorisch gewordene Zweiparteien-Regime etwas in Schach halten. Der Regierung sollte ein starker Bundespräsident gegenüberstehen – möglichst nicht aus einer politischen Partei. Daher ein Propagandafeldzug für die Volkswahl des Bundespräsidenten, wie dies ja in der Verfassungsnovelle von 1929 vorgesehen war. (Karl Renner war eben erst durch die Bundesversammlung gewählt worden.) Canaval von den »Salzburger Nachrichten« schlug als weiteres Ziel die Wahl parteiunabhängiger Abgeordneter vor. Ich wandte ein, daß dies ohne »Organisation« nicht zu machen sei. Er legte uns darauf sein Projekt eines »Verbands zur Wahrung der Staatsbürgerrechte« vor. Der damalige Besitzer der »Oberösterreichischen Nachrichten«, Behrmann, stimmte begeistert zu, andere wollten abwarten, wie sich dieser Verein entwickeln werde, aber alle waren der Meinung, es müsse etwas eindrucksvolles Politisches geschehen, um den unhaltbaren Zuständen entgegenzuwirken und eine Hoffnung aufgehen zu lassen.

– Die Zweigstellen unseres Instituts unterhielten intensiven Kontakt mit den Wirtschaftsführern ihres Bundeslandes. Sie brachten mich immer wieder zu größeren Aussprachen mit denselben zusammen: In Oberösterreich fragte mich der Geschäftsführer einer großen Privatindustrie unversehens vor allen anderen, ob ich bereit wäre, die vierte Partei zu gründen. Ich stellte die Gegenfrage, ob die Herren in der Lage seien, mir geeignete Funktionäre zu nennen, brauchbare Unterlagen zur parlamentarischen Detailarbeit zu liefern und den entscheidenden finanziellen Beitrag für die Organisation zu leisten. Das letzte wurde mir mit einer konkreten Summe zugesagt. In der Steiermark boten mir die führenden Waldbesitzer größere Holzkontingente an, mit denen ich mir das für eine Tageszeitung nötige Papier beschaffen könnte. In Vorarlberg kam die größte Schar von Industriellen in die Zweigstelle. Als letzter erschien der frühere Landeshauptmann und Bundeskanzler Otto Ender. Er sagte zu mir: »Ich hätte keinerlei Bedenken, wenn du die vierte Partei gründetest. Im Gegenteil. Unsere Vorarlberger Liberalen – ein wichtiges und wertvolles Element unseres Bürgertums – haben heute kein politisches Dach über dem Kopf.«

– Durch unsere Artikel über die »parteifreie Vertretung von Arbeitnehmer-Interessen« war ich mit tonangebenden »parteilosen Betriebsräten« in Kontakt gekommen. Sie hatten sich – von der parteiunabhängigen Presse lebhaft ermuntert – zur »Arbeitsgemeinschaft der Unabhängigen Betriebsräte« zusammengeschlossen. Mit ihrem Generalsekretär, dem Bundesbahn-Betriebsrat von Salzburg Richard Kaiser, fand ich einen lebhaften Gedankenaustausch. Über ihn und andere Aktivisten wurde ich bei den parteilosen Betriebsräten der VOEST eingeführt. (Die »Vereinigten Österreichischen Stahlwerke« – 1939 unter dem Namen »Hermann Göringwerke« gegründet – waren schon damals das größte Industrie-Unternehmen Österreichs.) Sie kannten mich von meinen »Forum«-Reden und setzten mir noch mehr als die Industriellen zu, die vierte Partei zu gründen. Ich machte auch hier keine Zusage, aber hielt den freundschaftlichen Kontakt und die begonnene sozialpolitische Diskussion mit größtem Interesse aufrecht.

– Bei einer Einladung amerikanischer Besatzungsoffiziere sagte mir Oberst Blunder vor allen anderen: »Sie sind über das rein Journalistische schon ziemlich weit hinausgegangen. Wer in Amerika so viel handfeste Publicity hat, geht in die Politik. Ihre politischen Ideen, die wir bis jetzt kennengelernt haben, sind genau das, was man bei uns unter Demokratie versteht.« Andere Amerikaner, besonders die vom CIC, forderten mich noch viel deutlicher zur Gründung der vierten Partei auf.

Ungefähr zur gleichen Zeit wurde in Wien von ehemaligen Funktionären der »Großdeutschen Volkspartei« und des »Landbundes«, die 1939 zu Hitlers NSDAP hinübergewechselt waren – allerdings ohne dort bedeutendere Stellungen einzunehmen –, die »Verfassungstreue Vereinigung« gegründet, als Vorfeld einer neuen Partei, welche die nationale Tradition – natürlich mit einem demokratischen und gewandelten außenpolitischen Programm – fortsetzen sollte. Ihr Initiator war der ehemalige Professor der juridischen Fakultät Wien, Ernst Schönbauer. Er suchte die neu hervorgetretenen Journalisten Westösterreichs, darunter auch mich, auf und lud uns zum Beitritt und zur Mitarbeit ein. Ich lehnte ab und erklärte ihm, eine einseitig national profilierte Partei sei weder eine politische Heimat für mich noch ein taugliches Instrument zur Lösung der anstehenden Aufgaben. Ich hatte schon zu Beginn meiner publizistischen Tätigkeit in einem Artikel darauf hingewiesen, daß eine vierte Partei ihre einzige Ausrichtung niemals »im Nationalen« haben dürfe – gerade wenn sie die ehemaligen Nazi in die Demokratie und zum österreichischen Staatsbewußtsein zurückführen sollte. Die »Verfassungstreue Vereinigung« wurde dann auch bald unter allerhand politischem Lärm verboten.

Das Gespräch mit Schönbauer stimmte mich bedenklich gegen die eigene Parteigründung.

So ging ich zu dem Wiener Industriellen Manfred Mautner Markhof, einem wichtigen Gesprächspartner der maßgeblichen Parteiführer. Wir erörterten die Idee, die liberalen Kräfte, die nicht an die Tradition der »Christlichsozialen« und des »Ständestaates« anknüpfen wollten, in einem vierten Bund der ÖVP zu sammeln; das heißt, ihr politisches Wollen in einer gewissen Koordination mit der ÖVP wirksam werden zu lassen. Ich sagte, wenn die Österreicher nur zwischen Rot und Schwarz zu entscheiden haben, dann gewinnt Rot, und das würde noch mehr Verstaatlichung und noch mehr steuerliche »Umverteilung« bedeuten.

Am selben Tag war Bundeskanzler Figl bei Mautner Markhof zu Gast. Figl wies die Idee vom vierten Bund von sich und sagte: »Wir werden uns keine Laus in den Pelz setzen.« Am nächsten Tag wurde die Sache noch mit Julius Raab besprochen. Dieser meinte: »Wenn Kraus zur Nationalratswahl antritt, macht er nicht einmal das Grundmandat. Und die Nazi! Die hol' ich mir selber.« Das war keine plumpe Überheblichkeit, sondern einfach die typische Unorientiertheit jener Zeit: Im sowjetbedrohten Wien sah man die Welt ganz anders als im Westen, die regierungsfromme Presse Wiens befaßte sich viel zuwenig mit der Stimmung der Bevölkerung, und die ÖVP-Funktionäre der westlichen Bundesländer hatten nur aus ihrem Zweckoptimismus heraus berichtet.

Die wahre Stimmung des eingeschüchterten und mißtrauisch gewordenen Österreichers war auch 1949 noch immer die einer grenzenlosen Enttäuschung. Was hatte er sich während der Hitlerzeit nicht alles für die »Zeit nachher« erwartet! Persönliche Freiheit, das Ende der Angst, Toleranz, Ruhe und Ordnung.

Und nun war wieder vieles sehr ähnlich wie unter Hitler: Man mußte sich weiterhin vor Denunzianten fürchten; Not herrschte; die allmächtige Bürokratie war gleich unfreundlich und hart. Wer nicht von einer der beiden Regierungsparteien protegiert wurde, konnte lange warten, bis er die ersehnte behördliche Bewilligung bekam. Geförderte Wohnungen, staatliche Posten oder Aufträge der öffentlichen Hand gab es überhaupt nur für ausgesprochene Günstlinge der zwei Parteien. Die totale

Machtausnützung, die früher nur der einen Partei offengestanden war, teilten sich jetzt zwei Parteien – in einem ganz offiziell vereinbarten Aufteilungsschlüssel, für den damals das Wort »Proporz« erfunden worden ist und jahrzehntelang in Gebrauch blieb.

Die Presse bewegte sich auf demselben niedrigen Niveau wie in der Nazizeit – so, als ob sie nichts als primitive Haßgefühle wachzurufen hätte.

Im Parlament gab es keine wirkliche Opposition. Minister eigneten sich Betriebe des verfallenen »deutschen Eigentums« an oder verteilten beschlagnahmte Aktien deutscher Weltfirmen unter ihren Freunden. Mitglieder von Landesregierungen erteilten ihrer eigenen Firma öffentliche Aufträge. Eine weithin sichtbare Korruption blühte.

Zu all dem kam die erwähnte Hartherzigkeit gegen die Kriegsheimkehrer und die Volksdeutschen sowie die grausame Gesetzgebung gegen die ehemaligen Nazi.

Nachdem die Alliierten nicht mehr so in Erscheinung traten, lastete man Hemmung und Verzögerung der wirtschaftlichen Gesundung zu Recht der Bundesregierung in Wien an.

So schrie alles nach einem politischen Wandel.

Unter dem Vorwand, in den »Berichten und Informationen« eine staatspolitische Vorausschau auf die kommende Nationalratswahl zu veröffentlichen, ging ich auf Kundschaft zu den zwei Großparteien – und zwar in ihre Wiener Hauptquartiere.

Zuerst fragte ich bei den Zentralsekretären der SPÖ an. Sie hatten in den Tagen meines Aufenthaltes in Wien keinen Termin für mich. Ähnlich zugeknöpft war der Chefredakteur der »Arbeiter-Zeitung«, Oskar Pollak. Er sagte mir am Telefon, er wüßte nicht, was er mir über das hinaus, was er in den Leitartikeln schriebe, sagen sollte.

Ganz anders bei der ÖVP. Ich wurde sofort empfangen, und zwar vom Propagandareferenten Ferdinand Graf. Ich stellte meine Fragen; er ging nicht darauf ein, sondern bestürmte mich, ja keine neue Partei zu gründen – zwei Stunden lang. Schließlich brachte ich ihn doch dazu, seine Mahnrede nach den anstehenden Problemen und Mißständen zu ordnen. Und was dann bei diesen Stellungnahmen zum Vorschein kam, war ein solches Maß an Sorglosigkeit gegenüber den großen Volksanliegen, eine so überhebliche Parteigläubigkeit und intolerante Herrschsucht, daß ich mich gerade in diesen zwei Stunden endgültig und fest zur Parteigründung entschloß. Niemand hat mich stärker zu diesem Entschluß hingetrieben als Ferdinand Graf.

Das eine stand nun für mich fest: Wenn dieses neu geschaffene Österreich vor dem traditionellen Diktaturdenken der Weltanschauungsparteien bewahrt werden sollte, wenn wir eine erträgliche demokratische Ordnung erleben wollten, dann mußte eine neue politische Kraft auftreten – frei von Lagermentalität und Heilslehren, einzig und allein ausgerichtet auf Anständigkeit und gesunden Hausverstand und getragen vom persönlichen Vertrauen zu den aufgestellten Kandidaten. Es wäre auch höchste Zeit, daß eine liberale, auf Leistungswirtschaft ausgerichtete Gruppierung die »nichtmarxistische Mehrheit« verwirklichte – jene Mehrheit, die die ÖVP allein nicht zustande bringen konnte.

Das zweite war: die Rolle des Initiators fiel mir zu. Ich hatte den notwendigen Bekanntheitsgrad im Volk, viel Vertrauen in der meinungsbildenden Intelligenz, die Zusage auf die Finanzierung und die Rückendeckung der amerikanischen Besatzungsmacht. Ich hätte mich nicht mehr entziehen können. Ich wußte, daß das Politikerle-

ben ein Opferleben ist: Ein Arbeitstag von 16 Stunden, kaum ein freies Wochenende, große materielle Beengtheit, die Vernachlässigung der Familie, eine ungeheure Verantwortung und die Sicherheit, immer wieder mit Schmutz beworfen zu werden und schließlich am Ende der »Karriere« wegen irgendeines Mißgeschicks schmählich abtreten zu müssen!
Aber der Reiz hatte mich erfaßt.
Es blieben jedoch noch offene Fragen:

- Wird die unabhängige Presse zu ihren Innsbrucker Beschlüssen stehen und uns unterstützen?

- Mit welchen Gruppierungen und Organisationen sollen wir uns verbünden? Sollen wir den Altnationalen, wie Schönbauer, und den einwandfreien ehemaligen Nationalsozialisten unsere Organisation verschließen, das heißt sie als Gruppe unmißverständlich von uns weisen oder sie in einer zweiten Reihe miteingliedern und mitreden lassen?

- Sollen wir uns als politische Partei, die die Genehmigung der vier Alliierten braucht, oder als Verein konstituieren? Werden wir nicht vielleicht auch als Verein verboten werden?

- Sollen wir mit einer der bestehenden Parteien Gespräche führen – über einen demokratischen Konsens, über eine gemeinsame Politik gegenüber den Alliierten oder über ein gemeinsames Zweiparteien-Anliegen (z. B. mit der ÖVP über die Verhinderung von Exzessen der Verstaatlichung)?

- Wie soll die Partei aus dem Nichts aufgebaut und der Wahlkampf geführt werden?

200

Ein Verfassungsrechtler, der in den »Berichten und Informationen« publiziert hatte, Professor Helfried Pfeiffer, riet, zunächst einen Verein zu gründen und erst unmittelbar vor der Wahl als »Wahlpartei« (eine wenig bekannte, in der Verfassung vorgesehene Rechtsform) aufzutreten.

Ich fragte den Chef der »Salzburger Nachrichten«, Canaval, ob wir nicht im Sinne der Innsbrucker Beschlüsse zusammen eine Organisation zur Unterstützung unabhängiger Nationalratskandidaten gründen sollten, da sich sein bestehender »Verband zur Wahrung der Staatsbürgerrechte« doch auf ganz andere Aufgaben ausgerichtet hatte. Er zögerte. Wir ließen zwar noch gemeinsam durch Rechtsanwalt Dr. Emmerich Singer einen passenden Statutenentwurf ausarbeiten. Aber Canaval entfernte sich immer mehr vom Gedanken einer gemeinsamen Wahlwerbung. Auch der Besitzer der »Oberösterreichischen Nachrichten«, Behrmann, schwenkte auf die Linie Canavals ein, der sich immer deutlicher der ÖVP verschrieb. Bald war also klar, daß diese Tageszeitungen nicht mitziehen würden.

Die Voreingenommenheit gegen den Begriff »Partei« war im ganzen Volk verbreitet. Bis vor kurzem war »die Partei« das gefürchtete Machtinstrument Hitlers gewesen, und jetzt galten »die Parteien« als die Hochburgen ungerechtfertigter Privilegien. Wir vermieden daher das Wort Partei und übernahmen bewußt die Canavalsche Bezeichnung »Verband der Unabhängigen« – abgekürzt »VdU«. Dieses Namensschild akzeptierte auch der alte Parlamentarier Hartleb, der sich sonst zumeist gegen solche »Neuerungen« stellte.

So wurde der VdU mit den Singerschen Statuten bei der Vereinsbehörde angemeldet – von nur drei Proponenten unterschrieben: von Viktor Reimann, Karl Winter, dem

Sprecher einer steirischen Widerstandsgruppe, und mir. Ein Verein beginnt zu existieren, wenn er innerhalb von sechs Wochen nicht untersagt wird.

Während dieser sogenannten »Nichtuntersagungsfrist« wurde das eigentliche, große Proponenten-Komitee zusammengestellt.

Dabei mußte die Entscheidung fallen, ob wir den journalistisch bereits eingeschlagenen Weg nun auch politisch weitergehen sollten, das heißt, ob sich der VdU neben der allgemeinen Liberalisierung des öffentlichen Lebens auch noch die »demokratische Eingemeindung ehemaliger Nationalsozialisten« aufbürden sollte oder nicht. Diese vom Ausland hartnäckig geforderte »Umerziehung der hitlerischen Gefolgschaft« war sicher eine vorrangige Aufgabe des Jahrhunderts – aber gleichzeitig ein höchst riskantes Unternehmen:

Denn das Nationalsozialistengesetz und die lange Haft nationalsozialistischer Schlüsselpersonen in den Anhaltelagern hatte deren Schuldbewußtsein von 1945 wieder erstickt und eine Art Trotzgemeinschaft entstehen lassen. Es war also durchaus denkbar, daß uns diese Aufgabe nur halb oder gar nicht gelingen würde. Ziemlich sicher aber erschien es uns schon damals, daß wir Initiatoren mit unserer guten Absicht selbst als Neonazi oder als Konjunkturritter diffamiert werden würden.

Wir nahmen das bewußt in Kauf und entschieden uns für die Umerziehungsaufgabe, beschlossen jedoch vorsorglich das folgende abgestufte Verhalten gegen die fünf so unterschiedlichen Gruppen ehemaliger Nationalsozialisten:

– Die »Gesinnungstreuen« werden ganz ferngehalten.

– Die »demokratischen Nationalen« sollen eine gewisse Minderheit sowohl unter den Mitgliedern als auch unter den Mandataren bilden; denn mit diesen soll die große Diskussion beginnen, wie ihre hochgehaltene »nationale Tradition« mit den Forderungen der neuen Zeit vereinbar gemacht werden könne, Forderungen wie der Überwindung des Antisemitismus, dem Respekt vor dem Andersnationalen oder dem Ersatz des Vorherrschaftsdenkens durch die Idee eines gleichberechtigten Zusammenwirkens der Nationen.

– Von den »enttäuschten Idealisten« sollen alle, die auf unsere human-liberale Linie einschwenkten, willkommen sein. Für sie hatten wir ideologische Leitlinien vorbereitet, wie ich sie im hier erwähnten »Katalog des Umdenkens« wiedergebe. Gegen ihre Wahl – auch zu den höchsten Funktionen – wird nichts einzuwenden sein.

– Von den »Scheinmitgliedern« und »Konjunkturorientierten« werden keine ideologischen Probleme zu erwarten sein. Sie werden sich ohnehin ziemlich gleichmäßig auf alle Parteien verteilen.

Für all das konnten wir natürlich keine schematischen Vorschriften herausgeben, aber es war unsere »Verhaltensrichtlinie«, die wir bei den Vorstandssitzungen und Beratungen in dieser oder jener Weise immer wieder mündlich weitergaben.
Das einzig »Schematische« war ein formeller Beschluß des Bundesvorstandes (in der zweiten Hälfte 1949), »Belastete« nicht als Mitglieder zuzulassen – eine Maßnahme, um das Hereinwirken der »Gesinnungstreuen«, auch von außen her, zu unterbinden.

Aus dieser Ausgangssituation heraus kam der VdU zu seiner Zweipoligkeit. Auf der einen Seite stand die allgemeine human-liberale Ausrichtung – das Eintreten für alle Opfer der Kriegs- und Nachkriegszeit, das langfristige, partnerschaftliche Sozialprogramm und schließlich der Kampf um den »demokratischen Gesinnungswandel« –, auf der anderen Seite die verwegene Idee, das geistig zusammengebrochene national-freiheitliche Lager auf neue Ziele hin auszurichten.

Wie die Stäbe eines Fächers waren da unterschiedliche Gruppen zusammenzufügen:

Wir fuhren in alle Bundesländer und verhandelten mit parteilosen Betriebsräten, allen Heimkehrer-Betreuungsstellen, den Verbänden der Volksdeutschen, mit den Herausgebern aufgeschlossener Zeitschriften und dann auch immer wieder mit Außenmitarbeitern der »Berichte und Informationen«. Wir fragten, wer im VdU mitarbeiten und Funktionen übernehmen wollte. Als wir von dieser Seite genügend Zusagen hatten, wandten wir uns dem anderen Pol, den Repräsentanten des alten nationalen Lagers, zu. Ich fuhr in die Steiermark und nach Kärnten, begleitet vom ehemaligen Landbundpolitiker Karl Hartleb. Hartleb sprach von der Notwendigkeit, die nationalen Zielsetzungen der neuen Zeit anzupassen. Er erinnerte seine Freunde daran, wie er auch in der Hitlerzeit die demokratische Gesellschaftsform gegen die faschistische verteidigt hatte, und forderte sie auf, auch nach dieser historischen Wende in einer freisinnigen Bewegung zusammenzubleiben. Zustimmung fand er aber nur bei einem Teil der Zuhörer; denn es waren auch ungeladene Gäste dabei, die – unter dem Motto der »bürgerlichen Einheit« – für die ÖVP warben, darunter der frühere Landbundpolitiker Thoma, der berühmte Chef des »Vereins für das Deutschtum im Ausland« (VDA) Steinacher, der nationalsozialistische Landesbauernführer der Steiermark Sepp Hainzl, der Geschäftsmann Mayrhofer und manche angesehene Kärtner Großbauern, »Sterzgrafen«.

Die ÖVP hatte ihre Werber in diesem Lager fürstlich belohnt: Einer wurde Landwirtschaftsminister, ein anderer Generalkonsul in Mailand, wieder anderen wurden hohe Funktionen in den Kammern, »deutsche Eigentumsbetriebe« zu günstigen Kaufbedingungen oder Posten in der staatlichen Wirtschaft verschafft. Die ÖVP hatte damit unter den »Ehemaligen« eine Scheidung der Geister hervorgerufen, die ich sehr begrüßte: Die eher realistisch eingestellten Nutznießer dieser politischen Lage gingen zur ÖVP, die mehr idealistisch Gesinnten zum VdU. Das plötzliche ÖVP-Interesse für die Nationalsozialisten ersparte uns somit viel von jener Postenjägerei, die jede aufstrebende Partei belastet. Es ersparte uns auch einigen Rechtsradikalismus: Die ÖVP gewann meist die weiter rechts Stehenden, darunter zwei Journalisten der neuen Zeitschrift »Alpenländischer Heimatruf«, die mit ihrem herkömmlichen nationalen Stil viel Anklang gefunden hatte; sie gab nun mit ihnen eine eigene Zeitschrift für die Nationalen der ÖVP, »Freie Stimmen«, heraus. Auch hier wurde großzügig entlohnt; einer der beiden Journalisten stieg später bis zum Generaldirektor einer Landeselektrizitätsgesellschaft auf.

In den anderen westlichen Bundesländern waren die »Altnationalen« nicht so prestigebeladen wie in Kärnten und in der Steiermark und teilten sich daher viel unproblematischer auf die politischen Parteien auf: Unternehmer und andere Besitzende zur ÖVP, Manager (vor allem aus den Reihen der Burschenschaften) zur SPÖ, die dringend Akademiker für die ihr zustehenden »Proporz-Posten« brauchte, und risikofreudige Idealisten zum VdU.

In diesen Ländern genügten daher unsere persönlichen Kontakte, um eine erste Auswahl zu treffen. In Wien und in der Russenzone konnten wir nicht lange verhandeln und holten unsere ersten Funktionäre fast ausschließlich aus den Heimkehrer-Betreuungsstellen.

Ende 1948 waren die Rudimente einer vorläufigen Partei-Organisation da.

Im Jänner 1949 – wenige Tage nach der Aufhebung der Brotkarten und der Lebensmittelrationierung – bat ich meine Freunde aus der oberösterreichischen Industrie um eine Aussprache und fragte, ob die besprochene Summe zur Verfügung stünde. Einige hatten ihren Beitrag noch nicht entrichtet, andere traten für sie »in Vorlage«. Ich erhielt den versprochenen Scheck.

Dann erst rief ich das erweiterte Proponenten-Komitee zusammen, berichtete über alle Vorbereitungen und beantragte, sofort vor die Öffentlichkeit zu treten. Das beschlossene Programm lief dann wie folgt ab: Am 4. Februar gab ich auf einer Pressekonferenz in Wien die rechtliche Existenz des VdU (die Einreichungsfrist war ohne »Untersagung« abgelaufen) und unsere weiteren Vorhaben bekannt.

Das gespendete Geld wurde zuerst zur Finanzierung unserer Wochenzeitschrift »Neue Front« und dann zum Aufbau eines bescheidenen Parteisekretariats verwendet.

Am 25. Februar erschien die erste Nummer der »Neuen Front«; auf der ersten Seite eine harte Anklage Viktor Reimanns gegen die alten Parteien; innerhalb dieses Artikels ein fettgedrucktes Kästchen, in dem die aufreizende Zweiteilung der Österreicher in Privilegierte und Benachteiligte in sechs Beispielgruppen angeprangert wurde, und auf der dritten Seite meine Vorschau auf das VdU-Programm.

Der für Salzburg reservierte Teil der Auflage war in drei Stunden ausverkauft. Auch im übrigen Österreich fanden wir reißenden Absatz. Wir erhöhten die Auflage auf 70 000 und konnten auch diese restlos verkaufen. Die Spitze waren 90 000 Exemplare.

Am 26. März fand in der Salzburger Fronburg die konstituierende Generalversammlung statt. Alle Bundesländer und alle großen Berufsgruppen waren vertreten. Zum Bundesobmann wurde ich gewählt; zu Stellvertretern: der parteilose Betriebsrat der VOEST und Maschinenschlosser Karoly, der Bauer Vizekanzler a. D. Karl Hartleb, der Kaufmann Karl Winter und der Journalist Viktor Reimann.

Dann rangen wir drei Tage lang um die Formulierung des VdU-Programms – um einen guten Kompromiß zwischen der von Hartleb vertretenen leistungswirtschaftlichen und besitzbürgerlichen Tendenz und der von Reimann verfochtenen sozialreformatorischen Note.

Bei dieser Tagung wurde auf Hartlebs Rat beschlossen, uns jetzt im »Vorwahlkampf« nur dem Aufbau der Landesorganisationen, den Gruppen-Aussprachen und der individuellen Werbung zu widmen und erst ab Mitte Mai mit öffentlichen Versammlungen hervorzutreten.

Leider bekam ich von Hartleb nicht so viele Ratschläge, wie ich sie erwartet hatte. Er war kein »Teamworker« und war auch nicht so unbefangen im Kreise von Parteifreunden, die um ein Vierteljahrhundert jünger waren als er. Aber er sah ein, daß die 15 Jahre seit dem Ende des Landbunds eine neue Denkungsweise hervorgebracht hatten und daß die Jüngeren Anklang fanden. Er hatte dafür seine wertvolle Verwurzelung in dem bißchen Demokratie, das es in der Ersten Republik gegeben hatte, und er hatte auch ein paar einfache Faustregeln für das politische Handeln – brauchbare Regeln, die wir ihm dann doch abschauen konnten.

Meine engeren Freunde und ich wollten aber auch nicht zuviel national-freiheitliche Tradition aus der Vergangenheit in den Vordergrund stellen. Wir nannten uns lieber »Jungtürken«, Erneuerer, Sozialliberale oder Sozialreformer. Unser historisches Vorbild war tatsächlich am ehesten Atatürk, der nach dem furchtbaren Zusammenbruch eines unzeitgemäßen Großreiches versucht hatte, mit mutigen Erneuerungsideen das Beste für seine Heimat herauszuholen.

Auch mit dem Wort »liberal« gingen wir sparsam um; denn es war noch zu einseitig von egoistischen Vorstellungen – ausgedrückt im »freien Spiel der Kräfte« des Manchester-Liberalismus – belastet. Wir wollten keine rücksichtslose, sondern eine »humane Leistungswirtschaft«. Erst als das alte Liberalismus-Bild verblaßt und vergessen war, verwendeten wir das Wort »liberal« für jene Majorität im VdU, die sich von der »nationalen« Minorität unterscheiden wollte.

Um so unbefangener stellten wir nun – in dieser Periode des Vorwahlkampfes – unsere neue Sozialidee der »Betriebspartnerschaft« heraus. Wir veranstalteten Schulungsabende für die parteilosen Betriebsräte und hielten Betriebsversammlungen ab, auf der Großbaustelle Kaprun, in der »Elektrobau-Linz« und in verschiedenen anderen Fabriken.

Dabei ging es vor allem um die Überwindung der Klassenkampf-Mentalität. Wir sprachen zuerst die Soldaten unter den Zuhörern an und erinnerten sie an das, was sie im Rußlandfeldzug gesehen hatten. Wir fragten, ob es noch sinnvoll wäre, sich in das Proletariat einzugliedern und zu warten, bis dieses seine Diktatur errichtet

habe. Sie wäre ohne Zweifel wieder nur eine Hunger-
diktatur wie die sowjetische. Also hieße es, realistisch
sich innerlich umzustellen auf die zeitgemäße Parole:
»Wir lassen uns nicht mehr zu Proletariern machen, wir
wollen lieber um den freien persönlichen Aufstieg
kämpfen!«

Daran anschließend entwarfen wir das Bild des »partnerschaftlichen Betriebes«, in dem der Unternehmer seine
Mitarbeiter mitdenken, mitsorgen und mitberaten läßt
und sie gemäß ihrer Leistung am Ergebnis beteiligt. Wir
wiesen auch auf die wirtschaftliche Schicksalsgemein-
schaft der Unternehmer und der Arbeiterschaft im ganzen Lande hin und sprachen als erste von der Sozialpartnerschaft.

Der Erfolg dieser Sozialkampagne: Bei der nächsten
Arbeiterkammerwahl errangen wir in Oberösterreich
und Salzburg fast 30 Prozent der Stimmen – ohne dem
»Arbeiter- und Angestelltenbund« (ÖAAB) der ÖVP
viel wegzunehmen, fast nur auf Kosten der Sozialisten.
Bei den Betriebsratswahlen der VOEST erreichten wir
50 Prozent der Mandate, und in Kaprun wurden wir
die stärkste Fraktion. Das Wort »Proletarier« begann
von da an aus der österreichischen Sozialpropaganda
zu verschwinden. Einige Jahre später wurde sogar das
Wort »Arbeiter« in den Hintergrund gedrängt: Die »Ar-
beiter-Bank« verwandelte sich in eine »Bank für Arbeit
und Wirtschaft« und die »Arbeiter-Zeitung« in eine
»AZ«. Auch im demokratisch-sozialistischen Lager begann der Gedanke an den sozialen Aufstieg in zunehmendem Maße den Klassenkampfgedanken zu verdrän-
gen.

Vier Umstände waren es, die unserer Sozialkampagne zu
diesem Erfolg verhalfen:

– Die Arbeiter hatten schon 15 Jahre lang keine sozialistische Schulung mehr mitgemacht und nichts mehr
von Klassenkampf gehört.

– Das nationalsozialistische Ideal der Volksgemeinschaft hatte in den Fabriken doch einiges an kamerad-
schaftlichem Geist hervorgebracht. Das gleiche Ziel
und die gleiche Not haben auch sonst Brücken über
tief eingegrabene Standesunterschiede geschlagen
und es möglich gemacht, daß über diese Klüfte hinweg echte Freundschaften entstanden sind – nur
mehr ausgerichtet nach Charakter und Bildung.

– Unter den Arbeitern jener Zeit befanden sich viele
aus politischen Gründen entlassene Lehrer, Ingenieure und Beamte. Sie griffen unsere Partnerschaftsidee besonders schnell auf und verstanden es
auch, ihre weniger gebildeten Kameraden dafür zu
gewinnen.

– Wir waren imstande, auf das – aus unseren Reihen
stammende – großartige Musterbeispiel eines Part-
nerschaftsbetriebes hinzuweisen: Der Besitzer einer
eher kleinen Ziegelei in Eferding, Karl Leitl, führte
die »leistungsbezogene Ergebnisbeteiligung« bei sich
ein. Nach kurzer Zeit besaß jeder seiner Arbeiter ein
Eigenheim, und die Ziegelei begann sich unaufhaltsam zum größten Baustoffunternehmen Westösterreichs emporzuentwickeln, und zwar ganz offensichtlich vor allem aus dieser partnerschaftlichen inneren
Leistungskraft heraus.

Im Laufe der Zeit fragten sich auch andere Unternehmer: Wenn ich schon bis zu 70 Prozent meines Reinge-

winnes an das Steueramt abzuführen habe, soll ich da nicht zuerst etwas von meinem Rohgewinn mit meinen Arbeitern teilen? Diese können mir in tausend Kleinigkeiten helfen, gemeinsam mehr zu erwirtschaften, krisenfester zu werden und zu expandieren! So kam es allmählich zu den verschiedensten Varianten einer Belegschaftsbeteiligung in aller Welt – am wenigsten leider in Österreich, weil hier das Steuerrecht besonders ungünstig war. Die Gaullisten Frankreichs wollten die Arbeiterbeteiligung sogar zu einer gesetzlichen Verpflichtung machen. So etwas läßt sich aber nicht erzwingen, sondern nur freiwillig verwirklichen; dazu ist der persönliche Entschluß des Unternehmers erforderlich, ein Entschluß, der aus seiner wirtschaftlichen und moralischen Überzeugung herauswächst. Es gibt bereits über 60 verschiedene Beteiligungsmodelle in den paar tausend heute schon bestehenden Partnerschaftsbetrieben. Die betriebliche Partnerschaft ist eine große Idee. Sie hat bereits begonnen, das soziale Leben der industrialisierten Welt umzugestalten, allerdings recht langsam, in vielen kleinen Schritten. Auch diese bringen schon Wohlstand und Zufriedenheit.

Wer die allgemeine Stimmung verfolgt hatte, erkannte bereits im Frühjahr 1949, während des Vorwahlkampfes, daß der VdU Erfolg haben würde. Was konnte nun der neue politische Faktor im innenpolitischen Kräfteverhältnis bedeuten?
Die zwei Großparteien hatten eine gemeinsame Regierung gebildet – die typische »Konzentration der Kräfte«, wie sie eine schwierige Nachkriegszeit erfordert. Ihre politischen Gegensätze waren nicht mehr so groß wie vor dem Krieg: Beide bejahten die Verstaatlichung der Großindustrie, ein weit ausgebautes Sozialnetz und die Beibe-

haltung der hohen, progressiven Steuersätze, die unter
Hitler eingeführt worden waren. Auch das abgrundtiefe
ideologische Mißtrauen während der Ersten Republik
war weitgehend überwunden. Zahlreiche Funktionäre
der beiden Parteien hatten einander im Konzentrationslager zum ersten Mal näher kennengelernt und miteinander geredet. So war aus dem mörderischen Kampf, der in
der Ersten Republik zwischen den beiden Lagern getobt
hatte, nun sehr bald ein demokratisch tragbares, leichtes
Geplänkel geworden – ein überaus wertvoller Fortschritt
in Richtung auf eine vernünftige Demokratie! Andererseits führte das neue Einverständnis aber auch dazu, daß
eine andere Sünde der Ersten Republik gemeinsam, un-
gehemmt und unkontrolliert begangen wurde: die parteipolitische Machtdurchdringung der Verwaltung und der
neuen Staatswirtschaft mit all ihren oben beschriebenen
bösen Folgen. Konfliktstoffe blieben nur mehr die Ausweitung dieser Machtbereiche und die Verfolgung der je-
weiligen politischen Grundlinie.
Bei der Volkspartei hieß die Grundlinie: Verteidigung
der christlich-abendländischen Kultur und der bürgerlichen Lebensart gegen marxistische Gleichmacherei. Sie
wurde als heiliger Auftrag empfunden. Es war ein welt-
anschaulicher, religiöser Auftrag, der nicht nur opferwil-
lige Parteiarbeit, sondern mitunter auch schrankenlosen
Fanatismus auslöste.
Das sozialistische Lager schöpfte seinen Idealismus aus
einem ähnlich ernst genommenen Auftrag: die Befreiung des Proletariats durch die »grundlegende Umgestal-
tung der Gesellschaftsordnung«, die Umverteilung und
die staatlichen Sozialleistungen. Die SPÖ war glücklich,
aus ihrer jahrelangen Oppositionsrolle von vor 1934 her-
ausgekommen zu sein, und schickte sich gerade zu jener
Zeit an, ihre Propaganda-Akzente von der »Gesell-

212

schaftsreform« auf die praktische Sozialhilfe zu verlagern, womit sie viel von ihrem ursprünglichen Fanatismus abbaute und sich als staatstragende Partei zu profilieren begann. Ja, sie fühlte sich berufen, noch weiter fortzuschreiten und die tonangebende Partei der großen Koalition zu werden, das heißt, mit der relativen Mehrheit den Bundeskanzler zu stellen.

Die kommunistische Partei war mit ihren fünf Abgeordneten keine wirksame Opposition und an den wahren Mißständen viel zuwenig interessiert. Sie hatte mit ihrem Wählerpotential der SPÖ 1945 gerade so viele Stimmen weggenommen, daß es keine sozialistische Mehrheit gab.

So sagte sich die SPÖ-Führung: Vor der Nationalratswahl von 1949 müssen wir rechtzeitig alles tun, damit es auch auf der bürgerlichen Seite zwei Parteien gibt – so wie in der Ersten Republik; denn dann werden wir ohne Zweifel mehr Mandate als die ÖVP bekommen und damit den Bundeskanzler stellen. Als am 4. Februar die VdU-Gründung bekanntgegeben wurde, beschloß die SPÖ-Führung, unsere Kandidatur bei den Alliierten abzusichern: Da die beiden westeuropäischen Besatzungsmächte gerade sozialistische Regierungen hatten, bot die SPÖ ihren ganzen Einfluß auf, ein Verbot des VdU im Alliierten Rat zu verhindern. Mit der englischen Regierung sprach der SPÖ-Vorsitzende, Vizekanzler Adolf Schärf, selbst, und nach Paris wurde der damals blutjunge Legationssekretär Bruno Kreisky geschickt.

Die politische Ausgangsposition war also: die Sozialisten im geheimen für uns, die ÖVP öffentlich und geheim auf einen Vernichtungskampf gegen uns eingestellt:

Den Industriellen, die uns Geld gegeben hatten, wurden die Marshallplan-Kredite gestrichen. Jedem, der weiterhin bei Kontakten mit uns ertappt wurde, drohte dasselbe

Schicksal. Industrielle, die noch wenige Monate zuvor – wegen ihrer Nazivergangenheit – meine Hilfe und Freundschaft gesucht hatten, wandten sich nun ostentativ ab und sahen uns verächtlich über die Schulter an.

Es wurde eine Propagandawelle von Schauermärchen über uns ausgegossen, überhastet und ungeschickt: Bald wurden wir als Agenten einer geheimen Neonazi-Zentrale in Deutschland, bald als Beauftragte des sowjetischen NKWD, bald als Judenknechte und bald als Nazifeinde hingestellt. Man teilte Flugzettel aus, daß unsere Versammlungen abgesagt oder verschoben seien, man schickte Störtrupps in unsere Versammlungen. Zweimal (im Salzburger Stiegl-Keller und in Lustenau) waren die Störtrupp-Leute von unseren maßvollen und gerechten Worten so beeindruckt, daß sie begeistert mitapplaudierten und sich mit unseren Leuten verbrüderten.

Es gab auch mutwillige Verhaftungen unserer zur Wahl aufgestellten Kandidaten, Entlassungen von VdU-Arbeitern und -Betriebsräten und tausend andere Übergriffe, wie sie nur in einem faschistischen Regime vorkommen. Viktor Reimann berichtet in seinem Buch »Die Dritte Kraft in Österreich« von solchen Übergriffen und bedauert, wie weit wir damals noch von einem Rechtsstaat entfernt waren. Mir war das alles nur die willkommene Bestätigung, daß wir mit unserer Gründung recht gehabt hatten und nun den Geist der Toleranz verbreiten und unsere Demokratie mit jenen liberalen Grundsätzen erfüllen sollten, die dem Glaubensfanatismus der Weltanschauungsparteien so fremd waren.

Daß die SPÖ im geheimen für uns war, hatte ich nicht im geringsten zu spüren bekommen. Sie warf uns genauso Neonazismus und alles mögliche vor wie die ÖVP, nur daß sie sich nicht auf so absurde Kriegspfade wie die ÖVP begab.

Am 8. April wurden Reimann und ich in Salzburg von Erich Kernmayer, einem jener »gesinnungstreuen Nationalsozialisten«, die mir der amerikanische CIC aufgedrängt hatte, in das bescheidene Vorstadt-Hotel zum »Goldenen Hirsch« in der Linzer Straße gebeten. Erst im Hoteleingang erfuhr ich, daß uns Vizekanzler Schärf sprechen wollte. Ich erklärte, daß ich mich zu einer solchen Besprechung nicht durch den Repräsentanten der »belasteten Nationalsozialisten« drängen ließe, und wollte wieder nach Hause gehen. Kernmayer sagte, ich könne ihn doch nicht so desavouieren, er werde übrigens an der Besprechung nicht teilnehmen. Auch Reimann redete mir zu, und so gingen wir beide in Schärfs Zimmer. Schärf hatte keine Ahnung von unserer Vorgeschichte. Er hielt uns für Nazi-Agenten oder für Wiedererwecker der alten national-freiheitlichen Parteien. Er schlug uns – für eine spätere Zukunft – die Bildung einer antiklerikalen Parlamentsmehrheit vor. Durch die neu einzuführende Kirchensteuer sollte die Masse der Taufscheinkatholiken der Kirche abspenstig gemacht werden. Er berichtete, daß der alte Parteibeschluß von 1922, niemals eine Koalition mit einer bürgerlich-liberalen Partei einzugehen, formell aufgehoben worden sei, machte aber keinerlei Andeutung, daß er derzeit bereits an eine kleine Koalition mit uns oder an eine Konzentrationsregierung denke. Er schien in seinem ganzen Gehaben ziemlich unsicher und wollte nur wissen, ob wir wirklich kandidieren würden und mit wieviel Wählern wir rechneten. Ich sprach fast nichts. Reimann zog sich durch einige allgemeine Erörterungen über Demokratie geschickt aus der Affäre. Er fand später einen – zwar lockeren, aber tragfähigen – Kontakt mit dem Gewandtesten und Menschlichsten der sozialistischen Führer, dem Innenminister Oskar Helmer. Mit maßgebenden Sozialisten persönliche, vertrauenerweckende Kontakte zu finden, war damals sehr schwer. Sie waren gehemmt und mißtrauisch und glaubten, aus einer anderen Welt zu stammen, die wir nicht verstehen.

Mit der ÖVP hätte es genügend Berührungspunkte gegeben, da die mir befreundeten Industriellen vielfältigen Kontakt mit der ÖVP unterhielten. Aber ein Wahlkampf läßt schon in seinem Anlauf keine Gespräche mehr zu.

Nur einmal noch – vier Tage vor der VdU-Gründung, am 1. Februar – kam ich in Schladming mit Gorbach, dem späteren Bundeskanzler, zusammen. Er hatte zur »Beseitigung von Härten des Nazigesetzes« sogenannte Aktionsausschüsse gebildet, um der ÖVP die große Masse der wahlberechtigt werdenden Nationalsozialisten zuzuführen. Er sagte mir, wir könnten gut zusammenwirken, indem ich bei meinem journalistischen Eintreten für die Nazi bleibe und er den politischen Teil übernehme, das heißt für die notwendigen gesetzlichen Änderungen sorge. Ich antwortete, dazu wäre es schon zu spät, ich würde gleich jetzt meine Parteigründung bekanntgeben, aber wir könnten auch politisch zusammenarbeiten, indem er die prominenten, weiter rechts stehenden Nazi der ideologisch gut abgesicherten ÖVP zuführe, während ich mich mit den kleinen, an einer liberalen Erneuerung interessierten »Mitläufern« befasse. Gorbach argumentierte heftig gegen meine Parteigründung und sagte, daß doch alle Bürgerlichen in der ÖVP Platz hätten. Sie habe ja schon den Landbündler Thoma und den konfessionslosen Gschnitzer zu Abgeordneten gemacht. Was brauche es da noch eine liberale Partei? Ich sagte, daß damit alteingefressene Ressentiments noch lange nicht überwunden wären, daß sich ja in ganz Europa die Freisinnig-Liberalen von den Christlich-Konservativen distanziert halten wollten und weder Adenauer in West-

deutschland noch De Gasperi in Italien mit einer schein-
bar »nach liberal hin erweiterten« konservativen Partei
eine parlamentarische Mehrheit zustande gebracht hätten. Die Bürgerlichen müßten überall in zwei verschiedenen Sprachen angesprochen werden, wenn sie die nichtmarxistische Mehrheit politisch verwirklichen wollen.
Wir gingen ohne Resultat auseinander.

Schwierig und risikoreich war die Bildung des Funktio-
närskorps. In bestehenden Parteien wachsen die Funktionäre von unten herauf. In einer neu entstehenden Partei müssen die Parteigründer provisorische Landes- und
Bezirksobmänner, ja ganze örtliche Führungsgremien er-
nennen, bis diese »von der Basis« bestätigt werden.
Man hat fast nur diejenigen, die von selber kommen, zur
Auswahl: Einige melden sich aus Begeisterung – einfach
um bei der guten Sache mitzuhelfen –, andere sind von
ihrer politischen Berufung getrieben, und wieder andere
haben den angeblich so »leichten sozialen Aufstieg des
Politikers« oder gar nur einen politischen Versorgungs-
posten vor Augen. So sind also manche Fehlgriffe unvermeidlich.
Das Glück brachte uns aber trotz aller Anfangsschwierig-
keiten eine ganze Reihe guter Leute:
Besondere Bedeutung hatten die führenden Köpfe des
Sozialreferats: neben Reimann der erfahrene und maß-
volle Gewerkschafter Thomas Neuwirth, der weltaufge-
schlossene und vielseitig gebildete Jörg Kandutsch, der
menschlich geschickte und überall willkommene Wil-
helm Kindl, später Landesobmann von Niederösterreich, und mancher umsichtige, verantwortungsbewußte
Betriebsrat.
Von ähnlicher Wichtigkeit waren die in ihren Ländern
hochangesehenen Landesobmänner Rudolf Kopf (Vor-

arlberg), Robert Scheuch (Kärnten) und Karl Hartleb (Steiermark). Ein ebenso unbestrittener Anführer seiner Landesgruppe ist dann später Gustav Zeillinger in Salzburg geworden. Er hatte als parteiloser Rechtsanwalt die VdU-Landtagskandidaten, die zehn Tage vor der Wahl verhaftet worden waren, verteidigt und dabei eine so aufreizende Justiz-Willkür erlebt, daß er beschloß, diese auch politisch zu bekämpfen, und dem VdU beitrat. Wenige Tage danach wurde er zum Landesobmann gewählt.

Publizität und Wählersympathien verschafften uns die beigetretenen Zeitschriften-Herausgeber Gustav Adolf Neumann vom »Echo der Heimat« (Oberösterreich), Helmut Schimanek vom »Ausweg« (Linz) und Joseph Klautzer vom »Alpenländischen Heimatruf« (Graz), der nach und nach auf die VdU-Linie einschwenkte.

Aus dem allmählich entstehenden Führungskorps heraus bildeten wir das engste, untereinander freundschaftlich verbundene Beratungsteam, das über die Abwehr nationalsozialistischen Gedankenguts wachte. Bei jedem wichtigeren Parteibeitritt und bei jeder von uns beeinflußbaren Funktionärsauswahl fragten wir uns: Wo steht der Betreffende ideologisch? War er Antinazi oder ein rein formelles, innerlich ungebundenes Parteimitglied, ein »enttäuschter, umkehrwilliger Idealist«, ein »demokratischer Nationaler« oder einer, der innerlich der NSDAP »gesinnungstreu« geblieben war? In den meisten Fällen gab es eine einfache Entscheidung: ablehnen, vorsichtig akzeptieren und beobachten, gerne aufnehmen oder schließlich sogar für Führungspositionen vorsehen! Mit manchem hatten wir lange Aussprachen und ein echtes geistiges Ringen – ein Aufeinander-Abstimmen! Dabei ging es fast nie um eine Entscheidung zwischen national und liberal, sondern vor allem um die

Distanzierung von der nationalsozialistischen Vergangenheit!

In Graz hatte der Organisator der Heimkehrerbetreuung, Ernst Graf Strachwitz, im Krieg Ritterkreuzträger und nun Mittelpunkt politisch interessierter, erneuerungswilliger Leute der »guten Gesellschaft«, eine parteipolitisch einsatzfähige Gruppe gesammelt und mir einen Boten geschickt. Ich sollte nach Graz kommen. Doch ich wollte noch warten. Er telefonierte mir, daß wir uns auf halbem Weg in Selzthal treffen könnten – wegen des Prestiges! Da sagte ich ab. Strachwitz schloß daraufhin seine Gruppe als »Junge Front« der ÖVP an.

Die Wahlen für den Nationalrat, für alle Landtage und Gemeinderäte wurden einheitlich auf den 9. Oktober 1949 festgesetzt. Mitte Mai begann der eigentliche Wahlkampf.

Jetzt ging es nicht mehr um Fühlungnahmen, Leitartikel und organisatorischen Aufbau, sondern nur mehr um die Wahl, um die letzten Trümpfe, die jede Seite auszuspielen hatte.

Unsere einzige Chance waren die öffentlichen Versammlungen. Die alten Parteien hatten ihre Stammwähler, ihre Stammkader, ihre eigenen Tageszeitungen in jedem Bundesland, ihre Journalisten-Freunde in den »unabhängigen Blättern« und auch genug Geld für Plakate. Da mußten sie nicht viele Versammlungen abhalten. Wir hingegen waren gezwungen, erst einmal zu zeigen, daß wir da sind, daß wir wirklich kandidieren werden und daß wir die Nöte unserer Anhänger kennen.

Am 25. Mai hielt ich meine erste Großkundgebung ab: in Linz, im Volksgarten (die größeren Säle waren alle noch zerbombt), auf einer kleinen Bodenerhebung vor einer Kaffeehaus-Ruine. Im Garten hatten sich über 10 000 Menschen versammelt. Ein Begleiter flüsterte mir zu:

»Zusammen mit den wahlberechtigten Angehörigen zu Hause ist das allein schon das Grundmandat.«

Ich hatte noch nie in meinem Leben eine Wahlversammlung erlebt gehabt. Offen gestanden, ich war unsicher und empfand die Masse als unheimlich. Meine Rede war keine rhetorische Meisterleistung, aber ich bezeichnete mit rechten Worten das, was die Leute bedrückte. Man glaubte mir meinen Idealismus. Nach mir machte der Landesobmann Gustav Adolf Neumann ein paar Witze, lockerte die Stimmung auf und rundete diese erste Großversammlung ab.

Dann kamen die Großveranstaltungen in der Wiener Engelmann-Arena, im Grazer Messepalast, im Großen Hof des Klagenfurter Landhauses, im Salzburger Stieglkeller und in einer Bregenzer Versammlungshalle. Wo immer wir auftraten, im Freien oder in Sälen, so viele Menschen waren in Österreich noch nie zu politischen Versammlungen zusammengeströmt. Es hatte ja seit 1934 keine richtige Wahlveranstaltung mehr gegeben. Die von der Polizei veröffentlichten Teilnehmerzahlen bewegten sich von 5000 (in Bregenz) bis 17000 (in der Engelmann-Arena). Die Polizei unterstand dem sozialistischen Innenminister Helmer, der uns gewähren ließ. Wir meldeten vor jeder Versammlung, ob kommunistische Störmanöver zu erwarten wären, und koordinierten die Vorsichtsmaßnahmen unseres Saalschutzes mit denen der Polizei. Nur in Leoben und im Linzer Großgasthaus neben der Eisenbahn-Unterführung gab es richtige Saalschlachten. Im letzteren hatten die Kommunisten auf der weit vorgeschobenen Empore Position bezogen und warfen von dort Bierkrügel, auf die Rednertribüne – erfolglos. Die Polizei räumte den Saal, und nach einer halben Stunde fingen wir wieder an.

Nicht mit Gewalt, sondern mit Gegenrednern und eingeschleusten Stimmungsmachern kämpfte die ÖVP. In Lustenau meldete sich nach mir der ÖVP-Abgeordnete (und spätere Staatssekretär) Grubhofer zu Wort und wetterte gegen den brutalen, unsozialen Liberalismus. Ihm erwiderte aus dem Publikum heraus sein eigener Parteifreund Hermann Bösch, der 1932 mit mir studiert und die Notleidenden des Wiener Barackenlagers betreut hatte. Er schilderte diese Erlebnisse und sagte in heimischen Dialektworten dem Sinn nach: »Mir ist eine mit Taten bewiesene Gesinnung sympathischer als die lautstarke Berufung auf das Christentum.«

Diese vier Monate hatte ich beinahe jeden Wochentag eine Versammlung abzuhalten, samstags und sonntags drei, vier, auch in kleinen Städten und Dörfern – im ganzen weit über 100. So bekam ich allmählich die Routine in allem, was der Politiker zu leisten hat, auch in der rednerischen Einfachheit.

Fast immer vergeblich waren unsere Versuche, in der sowjetischen Zone Versammlungen abzuhalten. Die angekündigten Versammlungslokale waren schon vor Beginn von Kommunisten besetzt, die mit Lastwagen aus benachbarten Industrieorten herangeführt worden waren. Manchmal war der Saal auch voller Sowjetsoldaten. Einmal kamen die KPÖ-Lastwagen zu spät, und wir begannen unsere Veranstaltung – bis der lärmende Haufen hereinbrach und unsere Zuhörer vertrieb. Die Mitglieder unserer Ortsorganisation verschanzten sich mit mir in den Gästezimmern des oberen Stockwerks. Wir warteten, bis die KP-Garde ihr Würstel mit Bier – die einzige, karge Entlohnung – konsumiert hatte und wieder abgefahren war. Dann saßen wir mit den wenigen Einheimischen, die sich wieder hervorwagten, zusammen. Polizei und Gendarmerie waren in der Russenzone machtlos.

Vor der Abschlußkundgebung auf dem Wiener Rathaus-

platz rief mich Polizeipräsident Holaubek an. Wir besprachen den ganzen Ablauf freundschaftlich: Im Rathaus-
park durften Mikrofone angebracht werden, in den Ne-
benstraßen wartete die Polizei, und die Straßenbahnen
wurden auf die »Zweierlinie« umgeleitet. Die 30 000 Teilnehmer, die bis zum Burgtheater hin standen, waren eine
große Ermutigung in diesen letzten Tagen.

Nun blieb noch die Frage, wie wir Druck und Papier der
vielen hunderttausend Stimmzettel, die vor den Wahllo-
kalen zu verteilen waren, finanzieren sollten. Damals
gab es noch keine amtlichen Stimmzettel. Auf das weiße
Papier, das der Wahlleiter im Notfall herzugeben hatte,
konnte nur zu leicht etwas Ungenaues und dann als ungültig Erklärtes hingeschrieben werden. Den größten
Teil dieser Kosten konnte ich selbst zusammenbetteln,
aber einigen Landesverbänden mußte ich die Selbstfi-
nanzierung auftragen. Erst Jahre später erfuhr ich, daß
manche Kontingente von einer sozialistischen Groß-
druckerei teils auf Kredit, teils gratis geliefert worden
waren.

Das zweite große »Vorwahlproblem«, die Kandidaten-
aufstellung, erwies sich bei uns als das gerade Gegenteil
dessen, was sich bei den alten Parteien abzuspielen
pflegte. Beim VdU gab es kein Gedränge. Viele gute
Leute, die wir aufstellen wollten, fürchteten sich und sagten ab. Gerade für den zweiten bis siebenten Platz der
Kandidatenliste, das heißt für die aussichtslosen Plätze,
fanden wir noch bescheidene Funktionäre, die sich nomi-
nieren ließen. Von den 25 Wahlkreisen mußte ich daher in
17, Hartleb und Reimann in je zwei an erster Stelle kandidieren. Nur vier Wahlkreise hatten ihre eigenen Spitzen-
kandidaten.

Dann kam der Wahltag. Von den zirka vier Millionen gültigen Stimmen erhielten wir fast eine halbe Million: genau 489273 oder 11,67 Prozent. In den sechs westlichen Bundesländern waren es beinahe überall 20 Prozent. Im volkreichen Osten, wo wir wegen der sowjetischen Behinderungen nicht werben konnten, errangen wir doch an die vier Prozent und in Wien, wo Landesobmann Fritz Stüber seinem Landesverband eine zu starke nationale Note verliehen hatte – weshalb hier der große Zuzug aus der Heimkehrergeneration und der jungen Arbeiterschaft ausblieb –, nicht viel über sechs Prozent. Wir erhielten 16 Nationalratsmandate und in allen westlichen Bundesländern Regierungssitze. Ich wurde in meinen 17 Wahlkreisen elfmal gewählt, Reimann und Hartleb auch je zweimal in den ihrigen.

Die große Sensation war, daß wir die Stimmen nicht – wie alle gerechnet hatten – einseitig der ÖVP weggenommen hatten, sondern genau zu gleichen Teilen beiden Großparteien: acht der ÖVP und acht der SPÖ. Die ÖVP hatte nämlich infolge ihres Paktes mit den Führern der »alten Garde der gesinnungstreuen Nazi« und ihrer neuen, nazifreundlichen Propaganda mehr Nazi-Stimmen, das heißt entregistrierte Neuwähler-Stimmen bekommen als wir und blieb damit die stärkste Partei. Sie konnte also wieder den Bundeskanzler stellen. Die Rechnung der Sozialisten mit dem VdU als der vermeintlichen »national-bürgerlichen Partei« war nicht aufgegangen.

Ich war froh, als ich den Wahlanalysen entnahm, wie sich die 500000 bis 600000 entregistrierten Nazi auf alle Parteien verteilt hatten: etwa 40 Prozent auf die ÖVP, 30 Prozent auf den VdU, 15 Prozent auf die SPÖ und 15 Prozent auf die Nichtwähler. Es wurde klar, daß die Mehrzahl der VdU-Wähler aus anderen Kreisen stammte.

Im Parlament waren wir das Zünglein an der Waage: Mit der ÖVP hatten wir 56 Prozent, das heißt 93 von 165 Stimmen, und mit der SPÖ 50,3 Prozent oder 83 Stimmen.

8. Kapitel

Sieben Jahre im österreichischen Parlament

Damals gab es noch keine so feierlichen Politiker-
auftritte, wie sie seit den sechziger Jahren an Wahl-
tagen üblich sind und im Fernsehen übertragen werden.
Am 9. Oktober 1949 waren meine Freunde und ich im
engsten Kreis allein in Salzburg. In Wien war lediglich
unser »Zustellungsbevollmächtigter«, um Verfälschun-
gen des Wahlergebnisses zu verhindern. Das offizielle
Wien sprach viel von dem großen Loch, das sich zwischen den beiden Regierungsparteien aufgetan hatte,
aber nichts von der Gruppe, die diese Lücke ausfüllte.
Niemand fragte uns, was wir zur Wahl zu sagen hätten.
Nur der »Wiener Kurier« rief am nächsten Tag in Salzburg an, ob wir uns an der Regierung beteiligen würden.
Ich erklärte, nach diesem Wahlkampf sei es sehr unwahr-
scheinlich, daß wir dazu eingeladen würden, aber wir
seien keineswegs in Haß und Ablehnung befangen, sondern zur Übernahme jeder demokratischen Rolle bereit,
und das werde ohne Zweifel die Opposition sein.
Auch in der überfüllten Pressekonferenz, die ich einige
Tage später in Wien abhielt, betonte ich, daß wir Wahl-
kampf-Verleumdungen und persönliche Verunglimpfun-
gen vergessen und eine konstruktive, aber konsequent-

kritische Opposition betreiben würden. Die Journalisten, besonders die zahlreich vertretenen Ausländer, stellten mir zwei Stunden lang die absurdesten Fragen, die sich aus der Greuelpropaganda des Wahlkampfes ergeben hatten, z. B. mit welchen Gruppen der »internationalen faschistischen Verschwörung« wir in Verbindung stünden, wer uns dazu verholfen habe, die Partei »aus dem Zahngold der ermordeten Juden zu finanzieren«, oder ob ich nicht doch die Parteigründung im Auftrag des sowjetischen Geheimdienstes vorgenommen hätte. Die meisten fragten hämisch und aggressiv und versuchten vor allem, meine optimistischen Auffassungen und Absichten bezüglich des »Gesinnungswandels der Nazi« lächerlich zu machen.

Wenn es um die Interessen ihrer eigenen Partei geht, sind die österreichischen Politiker keine großen Patrioten. Die damals überaus stark in das Ausland posaunte Propagandalüge von einer »Neonazi-Gefahr in Österreich« hat vor allem in Amerika und Holland Wurzeln geschlagen und ein anhaltendes, unterschwelliges Gefühl »Österreich ist ein verkappter Nazistaat« geschaffen.

Nach 1949 hatte jede der beiden Großparteien Angst, die andere Großpartei könnte mit uns eine Koalition bilden. Das einfachste Mittel, um sich davor zu retten, schien, den VdU als Nazi-Organisation und als »nicht staatsbejahende« Partei hinzustellen.

Im Inland verfing das wohl weniger; denn hier kannte man hinlänglich unsere sozialreformatorischen und demokratischen Erneuerungsabsichten, aber die Weltöffentlichkeit fiel auf diese Propaganda herein und sah immer wieder den Teufel des Neonazismus in ihrem Österreich-Bild sitzen, so daß es später – 1986 – nur eines ganz kleinen Komplotts bedurfte, um die damals gebastelte Zeitbombe gegen einen anderen, gegen Kurt Waldheim, so zu zünden, daß ganz Österreich eine gewisse Zeit lang weitum diffamiert wurde.

Daß die große Koalition fortgesetzt wurde – und zwar wieder unter ÖVP-Führung –, ergab sich zwangsläufig. Innerhalb der Parteien kam es jedoch zu manchen Auseinandersetzungen:
Schärf und Helmer, die das »Experiment mit der vierten Partei« als ihre Idee hingestellt hatten, wurden auf dem kurz darauf folgenden Parteitag hart kritisiert. Delegierte aus den westlichen Bundesländern erklärten: »Wenn wir schon so viele Stimmen an den VdU verloren haben, dann verbünden wir uns doch mit ihm gegen die ÖVP, die uns in den Landesregierungen ganz an die Wand drückt.« Aber Schärf widersetzte sich mit Hilfe der östlichen Delegierten. Er wollte von der eingefahrenen »schwarz-roten« Machtaufteilung nicht ablassen. In Wien hätte ein freieres Kräftespiel zwischen den Parteien das sichere und bequeme Verwalten des weitreichenden sozialistischen Machtanteils gefährdet und ein mühevolleres politisches Handeln erfordert. Es wäre zu einem »lebhafteren politischen Geschehen« gekommen, etwa wie in der Bundesrepublik Deutschland. Aber davor scheute die sozialistische Führung zurück.
Die ÖVP hatte das zweite Mal ein unerwartetes Glück gehabt. Sie fühlte sich, wie 1945, »vom Schicksal zur staatstragenden Partei berufen«. Figl blieb zwar an der Parteispitze, aber schon zeigte sich der wachsende Einfluß von Raab, Maleta und Gorbach, denen der Nazi-Zustrom und das günstige Wahlergebnis zu verdanken waren, während Figl mit seiner Unversöhnlichkeit gegen die »Ehemaligen« und gegen die Deutschen, die er »nicht einmal als Touristen in Österreich sehen« wollte, der innerparteilichen Kritik verfiel.

Der neue Koalitionspakt richtete sich nach der Gefahr aus, daß der VdU im Parlament das Zünglein an der Waage war. Die beiden Großparteien entschlossen sich, jede freie Parlamentsabstimmung und das erwähnte »lebhaftere politische Geschehen« um jeden Preis zu verhindern. Der Koalitionspakt verbot daher jedem Partner, mit dem VdU gegen den anderen Partner zu stimmen, weder im Parlament noch in den Landtagen noch auch bei den Bürgermeisterwahlen in den Gemeinden. Aber ganz lassen sich die natürlichen Spielregeln der Demokratie doch nicht ausschalten: Wir waren in dieser Regierungsperiode nicht nur die oppositionellen Mahner, sondern auch die Rute im Fenster, die sich ein allzusehr bedrängter Koalitionspartner theoretisch jederzeit hätte herunterholen können. Und es gab dann auch manchen kleinen Ausbruch aus dieser eisernen Koalitionsvereinbarung und schließlich den großen Ausbruch durch die vorzeitige Auflösung des Nationalrats im Jahre 1953.

Die historische Bedeutung dieses Koalitionspaktes lag in der wirtschaftspolitischen Pattstellung, die sich aus den ideologischen Gegensätzen der beiden Partner ergab. Die in der Nachkriegszeit so dringend erforderlichen, allerdings oft harten, marktwirtschaftlichen Weichenstellungen – die der Bundesrepublik und Japan, wo die Liberalen wesentlich mitbestimmen konnten, einen so rasanten Aufstieg verschafften – wurden in Österreich von der damals noch weit links stehenden SPÖ blockiert. Das einzige, was bei dieser gegenseitigen – oft einfach boshaften – Blockade herauskam, war die Ausweitung der unheilvollen Verstaatlichung und als sinnfälligster Ausdruck wirtschaftspolitischer Inkonsequenz eine ganze Reihe von Lohn-Preis-Abkommen, welche die Währungsstabilität und Spartätigkeit um viele Jahre verschoben. Die Schwäche der darauf folgenden Wirtschaftspolitik läßt sich am einfachsten am Wechselkurs des Schillings ablesen: 1949 war ein Schilling gleich einem Schweizer Franken und einer Deutschen Mark. Am Ende der schwarz-roten Koalition mußte man für einen Schweizer Franken acht und für eine Deutsche Mark sieben Schillinge bezahlen!

Einen Monat nach der Nationalratswahl 1949 erlebten wir Figls Regierungserklärung: Er lobte die »urbanen Formen des überstandenen Wahlkampfes«, wiederholte seinen bekannten Appell an die Alliierten, den österreichischen Staatsvertrag abzuschließen, und trug dann als Regierungsprogramm einen kurzen Katalog von Selbstverständlichkeiten vor, auf die sich die Koalitionspartner leicht hatten einigen können. Bei meiner Oppositionsrede, unserem ersten Auftritt im Parlament, blieben die Abgeordneten der anderen Parteien gegen ihre sonstige Gewohnheit neugierig im Saal sitzen und paßten auf Gelegenheiten zu Zwischenrufen. Ich gab ihnen kein Stichwort und verzichtete auf jede ironische Bemerkung zur banalen Regierungserklärung. Ich sprach im Gegenteil zuerst unsere Zustimmung zu einzelnen Regierungsvorhaben aus und breitete erst dann mit ruhiger Logik die darin enthaltenen wirtschaftlichen Versäumnisse vor ihnen aus. Ich schloß mit der scharfen Zurückweisung der im Wahlkampf erhobenen Neonazi-Beschuldigungen und mit der Erklärung, daß es unseren Gegnern nicht gelingen werde, uns zu radikalisieren und aus unserer Besonnenheit herauszulocken. Viktor Reimann schreibt in seinen Memoiren[32], meine 15 Fraktionskollegen hätten meine Rede nicht als rechte »Kampfansage und Abrechnung mit dem Hochmut der alten Parteien« empfunden.

Nach einer Viertelstunde war aber die Kampfansage da, und zwar von unseren Gegnern: Hartleb sprach nach mir

unter anderem von der Mentalität des einfachen österreichischen Soldaten, der »bis zuletzt seine Pflicht erfüllen« wollte, und erklärte, daß wir für diese österreichischen Kriegsgefangenen und Heimkehrer trotz aller Ver-
leumdungen eintreten würden. Da wurde es schon unru-
hig im Saal, und es kam zu ersten Protesten. Als dann
vollends unser »betont nationaler« Fraktionskollege Stüber durch einen Zwischenruf die neuen Menschenrechts-
verletzungen seit 1945 und seine eigene Haft den Hitler-
schen Konzentrationslagern gegenüberstellte, brach ein
wahrer Sturm los. Viele Abgeordnete schrien, stürmten
auf uns los und fuchtelten mit den Händen, die wenigsten allerdings in echter Emotion, die meisten mit sicht-
barem Vergnügen, den Reportern auf der Empore eine
besondere Vorstellung bieten zu können. Der hitzköp-
fige ÖVP-Abgeordnete Altenburger ergriff drei Bände
Budgetentwurf, die auf meinem Pult lagen, und wollte
sie Hartleb auf den Kopf werfen. Raab trat dazwischen
und drängte ihn ab. Der Tumult dauerte fast eine halbe
Stunde.

Man hatte schon in der Ersten Republik genug vom niedrigen Niveau des österreichischen Parlamentsgesche-
hens, von fliegenden Tintenfässern und Pultdeckel-Kon-
zerten gehört. Nun erlebte ich die Neuauflage der damaligen »demokratischen« Sitten. Träger dieses Fanatismus
und primitiven Tons waren nicht etwa Kommunisten
oder proletariatsbewußte Arbeiter, sondern kleine »Pro-
porz-Funktionäre« der Kammern und Sozialanstalten,
die mit solchen gespielten Gefühlsausbrüchen vielleicht
ihre Parteitreue und ihre Dankbarkeit für das Nationalratsmandat beweisen wollten.

Das eigentliche Übel waren nicht einmal diese großen
Radauszenen, sondern die primitiven gegenseitigen Be-
zichtigungen, das scheinheilige Pharisäertum und die

Mißachtung der Redner durch hinausgehende und zeitunglesende Kollegen. Harte Auseinandersetzungen gibt es in allen Parlamenten, aber in der Bundesrepublik haben sie sachliches Niveau und Stil, in England eine fast poetische Ironie, in den USA einen unverrückbaren moralischen Hintergrund, in Frankreich echten Advokaten-Esprit und nur in Italien neben kühler Vernunft und ehrlicher Emotion auch Handgreiflichkeiten.

Aber trotz seines niedrigen Niveaus erfüllte das österreichische Parlament eine unersetzliche demokratische Aufgabe: Die hier vorgebrachten Kritiken und Forderungen wurden – wenn nicht von den Ministern und Abgeordneten, so doch von den Journalisten auf der Galerie – gehört und, soweit sie Gewicht hatten, publizistisch verwertet. Unsere Fraktion hatte allerdings das Pech, daß die meisten der damaligen Parlamentsreporter – ich kann sie heute noch mit Namen nennen[10d] – nicht so fair waren, uns zu zitieren, sondern alle unsere Vorbringungen in Leitartikeln als ihre eigenen Ideen ausgaben. Aber so entstand wenigstens eine starke öffentliche Meinung, die politischen Druck ausübte. Wenn die Regierenden gewisse Dinge nicht nur von der Opposition zu hören bekommen, sondern auch in den Zeitungen lesen, dann fühlen sie sich doch gezwungen, darauf irgendwie zu reagieren. Auf diese Weise haben wir mit unseren Forderungen zwar weniger Ruhm, aber einen um so nachhaltigeren »stillen Erfolg« errungen.

Eine andere Methode war es, einen Minister oder die ganze Regierung wegen eines gelegentlichen glücklichen Griffes auch einmal zu loben. Der Lobes-Hunger der Menschen kennt keine Grenzen, und wenn dann eine Anerkennung von seiten der verhaßten Opposition kommt, wird sie doppelt stark empfunden.

Die ersten Monate war die menschliche Distanz zwi-

schen dem Regierungsblock und uns so groß, daß wir zu keinerlei offiziellen Veranstaltungen eingeladen wurden. Erst 1951 konnte ich bei Figl eine Art Ebenbürtigkeit mit den anderen Abgeordneten durchsetzen. Später forderte ich auch den Wiener Bürgermeister auf, die Nationalratsabgeordneten – zu 80 Prozent doch Gäste seiner Stadt – einmal zu einem Heurigen einzuladen. Er ging darauf ein, und wir lernten, bunt durcheinandergemischt, einige unserer Gegner das erste Mal persönlich kennen. Der Alkohol löste Zungen und Gemüter, und ich entdeckte bei manchen sonst ganz wild erscheinenden sozialistischen Gewerkschaftern und bei geradlinig denkenden ÖVP-Leuten menschliche und geistige Qualitäten, die bei ihren politischen Auftritten verborgen blieben.
Gegen Ende des Jahres kam auch unser schon längst erbetener Besuch bei Bundespräsident Karl Renner zustande. Renner war uns gegenüber etwas verlegen, sowohl wegen seines Bekenntnisses zum nationalsozialistischen Großdeutschland von 1938 als auch wegen seines »sozialistischen Weltplan«-Briefes an Stalin von 1945. Aber mit Witzen und guten Anekdoten fand sich der gewandte Politiker über die halbe Stunde unseres Besuches leicht hinweg.

Noch nie hatte ein Krieg Europa in eine so lange Nachkriegserstarrung versetzt wie der Zweite Weltkrieg. Fünf Jahre nach seinem Ende fehlte es noch an den meisten wichtigen Friedensverträgen, an greifbaren Plänen für das neue Zusammenleben der Völker, an Handelsabkommen, ja sogar an Diplomatengesprächen. Das europäische Geschehen wurde noch immer von Militärs geprägt.
Erst mit Beginn der fünfziger Jahre regten sich erste Initiativen zu einer neuen, gesamteuropäischen Politik:

Der amerikanische Marshallplan trug erste Früchte, nicht nur bei den Siegern, auch bei den Besiegten; Fabrikseinrichtungen für neue Friedensproduktionen konnten bestellt werden; der Anlagenbau blühte auf und Güter des täglichen Bedarfs kamen wieder auf den Markt; im April 1951 wurde die »Europäische Gemeinschaft für Kohle und Stahl«, die »Montan-Union« genannte Vorläuferin der EWG, gegründet; die Sowjets zeigten endgültig, was sie mit ihrer ostdeutschen Besatzungszone vorhatten, und gründeten die DDR, so daß sich die bereits gegründete Bundesrepublik Deutschland ungestört auf ihr eigenes, besseres Schicksal ausrichten konnte.

An der deutsch-französischen Grenze, nahe bei Straßburg, kamen junge Leute von beiden Nationen zusammen, rissen den Grenzbalken nieder und sangen gemeinsam Lieder. Sie wollten nichts mehr von getrennten Völkern wissen und ein Zeichen für die Einigung Europas geben. Die Zöllner unternahmen nichts. Erst als sich die begeisterten jungen Leute und die Pressefotografen verlaufen hatten, ließen sie den Grenzbalken wieder errichten.

Auch wir waren von dieser Stimmung erfaßt. Ich fuhr zu Jean Monnet, dem Vater der »Montan-Union«, nach Paris. Ich wollte wissen, wie ernst es die Franzosen mit dem Europa-Gedanken nahmen. Der erfahrene Wirtschaftspolitiker rechnete mir vor, daß sein großes Modernisierungsprogramm für die französische Wirtschaft erst dann dauerhafte Erfolge haben werde, wenn es zur Gründung der »Vereinigten Staaten von Europa« komme. Die französischen Abgeordneten, die ich aufsuchte – auch die gaullistischen – ergänzten den wirtschaftlichen Aspekt durch überzeugende historische und militärische Gesichtspunkte. Die gemeinsame Angst vor der übermächtigen Sowjetunion war ein wesentlicher Gesichtspunkt. Auch einfache Leute im Volk schienen umgedacht zu haben: Auf den Straßen von Paris konnten wir unbehelligt laut deutsch sprechen, was nach dem Ersten Weltkrieg undenkbar gewesen wäre.

Man konnte wieder ins Ausland reisen. Was für ein befreiendes Gefühl für Menschen, die zwölf Jahre lang hinter den Grenzen ihrer Diktaturstaaten wie hinter Gittern eingesperrt waren!

In der Schweiz sahen wir vom Zugfenster aus luxuriöse Gebäude aus Glas und Stahl, die als Fabriken dienten. Bei uns waren Fabriken schwerfällige Rohziegelbauten oder Hinterhofwerkstätten. Die Schweizerische Hotelvereinigung beschloß 1951, den wieder auftauchenden deutschen Sommergästen zunächst nicht die üblichen Riesenmenüs vorzusetzen, da zu viele von ihnen an Überernährung erkrankten.

Italien hatte sich am schnellsten von den Kriegsfolgen erholt. Nun begannen tüchtige Geschäftsleute alles, was sich rasch und einfach produzieren ließ, in den ausgehungerten Norden zu liefern. Man verdiente gut. Lebensfreude und Lebenshunger traten hier sinnfälliger als anderswo zutage. »Dolce vita« war die Parole der italienischen Jugend und wurde zehn Jahre später auch bei uns ein formender Begriff.

In der weithin zerstörten deutschen Bundesrepublik war der Aufstieg mühsamer. Von den unversehrt gebliebenen Maschinen hatten auch noch Engländer und Franzosen das Beste in ihre Fabriken verschleppt – nicht immer zu ihrem Vorteil: 1960 klagte mir ein Engländer, der von der Hannoverschen Messe kam: »Die Deutschen arbeiten schon mit einer neuen Maschinengeneration, denen unsere in Deutschland erbeuteten Vorkriegsmaschinen nicht mehr gewachsen sind.«

Das rasch aufblühende »deutsche Wirtschaftswunder« hatte seine Wurzeln in der damaligen konsequenten Marktwirtschaftspolitik der CDU-FDP-Regierung. Da gab es keine Verstaatlichungswelle, keinen Parteiproporz in der Wirtschaftsführung und keine Lohn-Preis-Abkommen; es gab nichts als eine unparteiische Hartwährungspolitik.

Der erste deutsche Ministerbesuch in Wien war der des FDP-Vorsitzenden Thomas Dehler. Ich benutzte seine Anwesenheit, um den Grundstein zu unserer Parteienfreundschaft zu legen. Wir vereinbarten regelmäßige Konsultationen, den Austausch von Gastrednern und ein lebhaftes gegenseitiges Besuchsprogramm. Den engsten Kontakt fand ich mit dem FDP-Fraktionsführer im Bundestag, August Martin Euler. Einmal verbrachten wir gemeinsame Ferien mit unseren Familien in Kärnten. Wir sagten damals, es wäre an der Zeit, daß unsere beiden liberalen – fortschrittsbewußten – Parteien eine neue, klare Formel für das österreichisch-deutsche Verhältnis fänden. Es sollte aus der unheilschwangeren Atmosphäre von Anti- und Pro-Gefühlen herausgeholt und einer pragmatischen Realpolitik zugeführt werden. Wir sagten:

»Keine großdeutsche Geheimpolitik, sondern ungezwungene Freundschaft und Pflege kultureller Gemeinsamkeiten!«

Für uns gelten die selben Dichter, wir tauschen viele Professoren und Schauspieler aus und nutzen auch für die wirtschaftliche und technische Zusammenarbeit die gemeinsame Sprache – lauter naturgegebene Vorteile, die uns niemand wegnehmen kann. Wir wissen heute noch gar nicht, wie sehr uns diese sprachliche Gemeinsamkeit in der Forschung, in der Innovation, in der Entwicklungshilfe und in hundert anderen Belangen noch einmal zugute kommen wird. Da wäre es doch sinnlos, den ohnedies noch recht beschwerlichen Weg zum hohen Ziel des geeinten Europa durch irgendwelche großdeutsche Aktionen zu verstellen.

Vom allgemeinen europäischen Wirtschaftsaufschwung wurde auch Österreich erfaßt, aber nicht in all seinen Regionen in gleicher Weise: In Tirol waren einige Dörfer schon 1950 als schmucke Sommerfrischorte vorbildlich hergerichtet, während sich das russisch besetzte Niederösterreich – auch unmittelbar vor den Toren Wiens – als einziges Elendsviertel darbot: zerpflügte Straßen, neben Kriegsruinen nur herabgewohnte, verfallende Häuser, in Wiener Neustadt, Wiener Neudorf und Amstetten noch immer großflächige Ruinenfelder. Wer seine Fabrik in der Ostzone hatte, begann sie nur langsam wieder herzurichten und bemühte sich um so eifriger um einen Ausweichbetrieb im Westen. Er wußte ja noch nicht, ob ihm das Schicksal des ostdeutschen Unternehmers bevorstand oder nicht.

Zusammen mit der unabhängigen Presse drängten wir die Regierung, den Vorteil ihrer Zuständigkeit für die ganze Republik Österreich – einen Vorteil, den die Deutschen im Norden bitter entbehrten – zu nutzen und mit dem Beginn der Wiederaufbau-Maßnahmen nicht mehr länger auf den Staatsvertrag zu warten. So kam es dann endlich doch zu neuen Handelsverträgen, zum Beitritt Österreichs zum GATT-Abkommen, zur Projektierung neuer Kraftwerke und zu den Gesetzen für den Wiederaufbau des Bankwesens.

Ein Versicherungsdirektor, den ich damals – wie so viele andere Unternehmer – wegen Parteispenden angesprochen hatte, klagte mir, daß die zwei Versicherungs-Rekonstruktions-Gesetze schon monatelang im Parlament lägen und nicht behandelt würden. Ich sprach mit den

Klubobmännern von ÖVP und SPÖ, Raab und Pittermann. Sie bedeuteten mir beide, daß sie die Beschlußfassung der Gesetze zuließen, wenn ich ihre Zustimmung nicht als Erfolg des VdU hinstellte. Ich ging darauf ein und konnte im Ausschuß sogar noch Abänderungen der Regierungsvorlage durchsetzen, um übersehenen Spezialanliegen einiger Versicherungsbranchen[33] gerecht zu werden. Das war eine jener parlamentarischen Aktivitäten, mit denen wir wohl den »eisernen Pakt« der großen Koalition durchbrechen, aber nur »stille« Erfolge nach Hause bringen konnten.

Einmal gelang es uns aber doch, parlamentarisch hervorzutreten und mit unseren paar Stimmen sogar eine Entscheidung – und zwar eine große – herbeizuführen. Es ging um die Abschaffung der Todesstrafe. Im Mai 1950 wollte die Regierung das befristete Recht, Todesurteile zu fällen, verlängern und brauchte dazu die Zweidrittelmehrheit des Parlaments. Ich sah die Chance, mit nur 34 Prozent der gültigen Stimmen eine historische Wende herbeizuführen und Hinrichtungen endgültig aus dem ordentlichen Strafkatalog zu verbannen. (Für die Nazi-Verbrechen bestand die Todesstrafe in Sondergesetzen noch weiter.) Ich überredete das Präsidium, in diesem Ausnahmefall einer »Gewissensentscheidung« geheim abstimmen zu lassen – ein äußerst seltenes Vorgehen im österreichischen Parlament. In unserem Klub erklärten 15 unserer 16 Mitglieder, gegen die Todesstrafe stimmen zu wollen (darunter auch die zwei »betont Nationalen« Stüber und Pfeifer).
Bei der Abstimmung gesellten sich uns tatsächlich noch 71 andere Abgeordnete mit humanem, unverdorbenem Gewissen zu. So wurde die Todesstrafe mit 86 Nein-Stimmen endgültig abgeschafft.

In der großartigen Festschrift zum 100jährigen Parlamentsjubiläum von 1984 ist meine damalige Rede unter anderem mit folgenden Sätzen zitiert: »Es wurde und wird heute noch so viel gegen die primitivsten Menschenrechte gesündigt ... daß es an der Zeit ist, ... eine nachdrückliche Kundgebung für die Würde des Einzelmenschen und die Unantastbarkeit des menschlichen Lebens zu veranstalten ... Die Abschaffung der Todesstrafe ist ein unmißverständliches Zeichen der Ehrfurcht vor den heiligsten Rechten des Individuums, ein Zeichen, das gerade Österreich geben sollte, um sich vor aller Welt zur restlosen Humanität zu bekennen ... Als 1782 die Tortur und 1867 die Prügelstrafe aufgehoben wurde, ist dies auch gegen den Willen eines großen Teiles der Bevölkerung geschehen. Es ist notwendig, daß die ... Vertreter des Volkes von sich aus beitragen, solche Änderungen herbeizuführen.«

Man sah dieser Debatte an: wer engherzige Parteiüberlegungen beiseite zu lassen und frei zu denken vermochte, hatte genug vom Töten anderer Menschen.

Außer mir sprachen eine Sozialistin und sogar ein Kommunist in niveauvollen Reden gegen und der ÖVP-Abgeordnete Fritz Bock[34] für die Todesstrafe. Obwohl der Letztgenannte zu den gebildeteren Abgeordneten gehörte, erfaßte er nicht die Größe des Themas und suchte auch hier wieder sein persönliches Schicksal und seinen Parteienhaß anzubringen. Mit pharisäischer Überheblichkeit sprach er mir, als dem Anwalt der Nazi, jedes Recht ab, für die Menschlichkeit einzutreten, und zwar so aggressiv, daß unsere ganze Fraktion den Sitzungssaal verließ. Das war unsere Form des verschärften Protests. Sie wurde später auch von anderen Fraktionen an die Stelle des handgreiflichen Tumults gesetzt.

Zu Aufregungen führte das vierte Lohn-Preis-Abkommen im Oktober 1950. Wir sprachen uns heftig gegen diese neuerliche wirtschaftspolitische Inkonsequenz und die damit verbundene Beunruhigung der Bevölkerung aus. Die Arbeiterschaft begann zu streiken. Die VdU-Betriebsräte in Linz, insbesondere in der VOEST, wo der VdU die stärkste Fraktion stellte, wußten von unserer Ablehnung und schlossen sich mit kräftigen Kundgebungen dem Streik an. Da begannen die Kommunisten in Wien die Erregung der Arbeiterschaft zu nutzen und zu putschen. Mit gelernter Revolutionsstrategie übernahmen sie die Herrschaft der Straße – so, als ob sie die ganze Arbeiterschaft hinter sich hätten. Den sozialistischen Gewerkschaftern gelang es schließlich mit einiger Anstrengung, eine Gegenbewegung zu starten und den Aufstand zu beenden.

Noch zuvor, sobald ich vom kommunistischen Putschversuch erfahren hatte, hatte ich unsere Betriebsräte in Linz angerufen, sofort den Streik einzustellen und sich von den Kommunisten zu distanzieren. Es war ein gutes Lehrstück für die weitere Entwicklung, daß politische Leitstellen echte oder gekünstelte »Volksbewegungen« gar nicht so schwer im Zaume halten können.

Anfang 1951 eröffnete sich die Chance, eine wichtige Form der unmittelbaren Demokratie, die Bundespräsidentenwahl durch das Volk, zu verwirklichen. Am 31. Dezember 1950 starb Bundespräsident Renner. Nach der geltenden Verfassung hätte man den neuen Präsidenten genauso durch die Bundesversammlung wie durch das Volk wählen können. Bislang hatte es nur Wahlen durch die Bundesversammlung gegeben.

In diesem Augenblick traten unsere untreu gewordenen, ursprünglichen Bundesgenossen von der »unabhängigen

Presse« wieder an unsere Seite. Es gab einen mächtigen Druck der öffentlichen Meinung zugunsten der Volkswahl. Dem konnten sich die Großparteien nicht entziehen. Zudem wäre ein Kompromiß in der Bundesversammlung gar nicht so einfach gewesen. So beschloß die Regierung schon im Januar 1951 die Volkswahl. Die ÖVP stellte den beliebten Landeshauptmann von Oberösterreich, Heinrich Gleißner, als ihren Kandidaten auf, die SPÖ nominierte den Bürgermeister von Wien und ehemaligen Chef der sozialdemokratischen Partei-Miliz (»Republikanischer Schutzbund«), Theodor Körner.

Das gab uns Gelegenheit, eine neuerliche Demonstration für »Nachkriegs-Menschlichkeit« zu veranstalten. Wir machten den ärztlich wie politisch gleichermaßen bewährten Wohltäter der sibirischen Kriegsgefangenenlager von 1917, Burghard Breitner, zu unserem Kandidaten. Er hatte es im russischen Bürgerkrieg glänzend verstanden, die schwierigsten Situationen zu meistern. Wir bekamen um ein Viertel mehr Stimmen als bei der Nationalratswahl, das heißt, wir stiegen von zwölf auf 17 Prozent der Wählerschaft, obwohl Breitner selbst auf keiner Wahlversammlung aufgetreten war, um für sich zu werben. In den Städten Salzburg und Innsbruck erzielten wir sogar die absolute Mehrheit.

Über den uns befreundeten Industriellen Böck-Greissau – der schon bei der Vorfinanzierung des VdU mitgewirkt hatte, aber dann zur ÖVP gegangen war, wo er schließlich Abgeordneter und Handelsminister wurde – machte ich der ÖVP das Angebot, im zweiten Wahlgang gemeinsam vorzugehen, aber nicht mit Gleißner, den unsere Wähler zum größten Teil ablehnen würden, sondern mit unserem überparteilichen Kandidaten Breitner, der bei einer klaren ÖVP-Weisung die besten Chancen hatte. Die ÖVP hatte, wie mir Tončić[35] erklärte, schon im er-

240

sten Wahlgang mit der absoluten Mehrheit Gleißners gerechnet, dann aber nur die relative Mehrheit bekommen. Sie fühlte sich nun ihres Sieges sicher und lehnte ab.

Da forderte die kommunistische Partei ihre 180000 überaus weisungstreuen Wähler (vier Prozent der Wählerschaft) auf, im zweiten Wahlgang für Körner zu stimmen. Ich hatte gegen den »Bürgerkriegsgeneral« Körner besondere Vorbehalte; denn er war als Generalstäbler – wie ich von den Kameraden meines Vaters wußte – im Ersten Weltkrieg mit besonderer Härte gegen tschechische Deserteure und Kriegsdienstverweigerer vorgegangen, bevor er sich beim »Zusammenbruch« den sozialistischen Kriegsgegnern zugesellte. Aber nicht aus diesem Grunde, sondern um die »psychologische Brücke« zur ÖVP zu schlagen, um jenes Zeichen der Verständigungsbereitschaft zu geben, das vor jedem gemeinsamen Schritt von einer der beiden Seiten kommen muß, erklärte ich in einem Interview mit der Zeitung »Die Presse«, daß ich persönlich im zweiten Wahlgang Gleißner wählen würde.

Es schien mir damals sehr an der Zeit, die 56prozentige nichtmarxistische Parlamentsmehrheit im Interesse der österreichischen Wirtschaft in irgendeiner Form wirksam werden zu lassen; denn unter dem wirtschaftspolitisch unerfahrenen ÖVP-Kanzler Figl dominierten in der ganzen Regierungspolitik die Umverteilungs- und Verstaatlichungsgrundsätze der damals noch sehr linkslastigen SPÖ. Prominentester Vertreter dieser Linkstendenzen war zufällig gerade jener Karl Waldbrunner – damals Verstaatlichungs- und Verkehrsminister –, dem mein Onkel 20 Jahre zuvor das Studium bezahlt hatte.[36]

Meine Erklärung hatte die Wahl Körners, der mit den 180000 kommunistischen Stimmen von vornherein im

Vorteil war, nicht verhindern können. (Wenn es in Österreich keine andere Alternative als »Schwarz oder Rot« gibt, dann gewinnt immer Rot, es sei denn, daß – wie bei Waldheim – ganz andere Stimmungswellen zugunsten des ÖVP-Kandidaten hochschlagen.)

Da meine Partei für den zweiten Wahlgang neutrales Verhalten beschlossen hatte, geschah es, daß viele Funktionäre meine Gleißner-Erklärung verurteilten. Ich zog am nächsten Parteitag die Konsequenz und trat in der Parteiführung an die zweite Stelle. In der Praxis mußte ich aber der eigentliche Verantwortungsträger bleiben. Im Parlament war ich weiterhin der Klubobmann.

Aber der »Verständigungseffekt« mit der ÖVP war erreicht. Man konnte endlich über dies und jenes emotionsfrei reden – vor allem mit dem nüchternen Klubobmann Julius Raab, der nun doch begann, sich Gedanken über die nicht genutzte privatwirtschaftliche Parlamentsmehrheit zu machen. Er ließ sich schon drei Wochen nach der verlorenen Bundespräsidentenwahl zum Parteiobmann wählen, verkündete ein dem bisherigen, stark marxistischen Regierungskonzept entgegengesetztes Wirtschaftsprogramm und ersetzte nach einem halben Jahr die recht konservativ befangene ÖVP-Regierungsmannschaft durch liberalere Kräfte: Böck-Greissau wurde Handelsminister, Kamitz – der wegen seiner Funktionen in der Nazizeit 1945 sehr unter die Räder gekommen, aber dann von Raab in die Handelskammer geholt worden war – bekam das Finanzministerium und der ehemalige Landbündler Thoma das Landwirtschaftsministerium – alles Leute, die auch mit uns zu reden bereit waren.

Unsere Gesprächsbasis entwickelte sich so, daß ich Raab zum Beispiel die Klagen meiner FDP-Freunde über den österreichischen Botschafter in Bonn vorbringen

242

konnte. Dieser hatte von den Deutschen – vor seinem Bonner Chauffeur und vor Diplomaten – nur als den »Piefkes« geredet, alles verächtlich gemacht und sich wie der Vertreter einer Siegermacht benommen. Raab bewirkte alsbald die Ablösung dieses ungeeigneten Diplomaten.

Zuweilen sprach Raab zu mir wie zu einem Verbündeten. Einmal kündigte er mir an, daß er Figl auch als Regierungschef nachfolgen wolle. Ein anderes Mal klagte er, daß die bürgerlichen Parteien nicht die besten Leute als Politiker bekämen; denn von den Bürgerlichen gingen die Tüchtigsten in die Privatwirtschaft, wo ihnen Erfolg, Ehre und Geld winkten, während sie in der Politik mit Schmutz beworfen würden und sich mit einem recht bescheidenen Einkommen zufriedengeben müßten. (Die Nationalratsdiäten betrugen damals 800 Schilling im Monat.) Dagegen bringe den Vertretern der Arbeiterschaft der Politikerberuf einen echten sozialen Aufstieg, so daß hier die Besten ins politische Leben kämen.

Freimütig schilderte er mir auch sein Konzept für die Bundeswirtschaftskammer. Sie werde ein uneinnehmbares Bollwerk der führenden bürgerlichen Partei werden: Nicht nur die »Pflichtmitgliedschaft« mit ihren hoch gestaffelten Kammerumlagen, auch ein eigener Anteil an der Gewerbesteuer und die Importabgabe würden ihr ausgiebige Finanzmittel bringen, mit denen sie ein Heer von Spezialisten bezahlen könne – nicht nur für die politische Parteiarbeit, sondern auch für die organisatorische Durchdringung der einzelnen Wirtschaftszweige.

Auf meinen Einwand, daß das Kammerstatut doch freie Wahlen für alle Parteien vorsehe, antwortete er mit entwaffnender Offenherzigkeit: »Da wird es keine direkte Wahl eines Führungsorgans oder gar des Präsidiums geben, sondern nur das verwickelte System der ›Minigruppenwahlen‹Tausender Innungsmeister, Beiräte und sonstiger Funktionäre, die ihrerseits wieder das nächsthöhere Gremium wählen, welches das übernächste bestellt, und so weiter, bis das wirkliche Entscheidungsorgan, nämlich mein Präsidium, gewählt erscheint. So ist sichergestellt, daß nur die von uns gelenkte Organisation mit Hilfe dieses Beamtenapparats eine Wahl vorbereiten und ihren Ausgang gestalten kann. Wer da eigene Interessen durchsetzen will, wird das nur im Einvernehmen mit uns können. Sonst wird er scheitern. Wer wird denn – außer meinen Kammerbeamten – in mehr als 1000 Fachgruppen Zehntausende Kandidaten finden, instruieren und durchbringen können!«

An diese offenen Worte Raabs erinnerte ich mich noch oft, als ich später als Wirtschaftstreibender bei dieser Organisation – neben einigen echten Dienstleistungen – eine Unzahl entbehrlicher Beamter, zunftartige Behinderungen der Gewerbefreiheit, Hunderte überflüssige Zeitschriften und sündteure »Handelsdelegierte auf verlorenem Posten« erlebte. Mit dem vielen Geld, das mir zwangsweise für diese Kammer abgenommen wurde, konnte man leicht einen jener Beamten entlohnen, die aus »kammerpolitischen« Gründen von mir betriebene Wirtschaftsinitiativen halsstarrig zu verhindern wußten. Raabs demokratiefremde Zwangseinrichtung war nichts als eine hohe Mauer zwischen selbstbewußtem, freiem Unternehmertum und der »gelenkten Pfründenwirtschaft« der Etablierten. Zur modernen Leistungsgesellschaft paßt nur eine freiwillige Kammer-Mitgliedschaft!

Mit der SPÖ war es trotz aller meiner Bemühungen zu keinem sinnvollen Gespräch gekommen. Zu tief war die sozialistische Enttäuschung über die acht an uns verlorengegangenen Nationalratsmandate und – seit der Arbeiterkammerwahl vom Februar 1950 – über unseren spektakulären Einbruch in die Arbeiterschaft. Und zu tief war dann auch die Kluft, die sich zwischen unseren Parteien wegen des sozialistischen Betriebsterrors auftat: Um ihrer Vormacht willen verriet die SPÖ heiß erkämpfte, heilige Arbeiterrechte, indem sie die Kündigung gewählter Betriebsräte und jener Arbeiter veranlaßte, die unsere Wahlvorschläge unterschrieben hatten.

Ich bestürmte Raab, die ÖVP-Proporzdirektoren der VOEST, der »Stickstoffwerke« und anderer staatlicher Betriebe anzuweisen, diesen gesetzwidrigen Kündigungen entgegenzutreten. Aber er hatte kein Interesse an unseren Erfolgen in der Arbeiterschaft, soviel er auch von »nichtmarxistischer Solidarität« sprach.

In Salzburg bat unser Landesobmann Zeillinger die Industriellen Weinberger und Gessele, unsere auf den Großbaustellen entlassenen Betriebsräte und Arbeiter in ihren privaten Firmen einzustellen; denn sobald er Schutz bieten könne, werde er mit Sicherheit die hauchdünne sozialistische Mehrheit in der Arbeiterkammer brechen und ein ganz neues Verhältnis zwischen Arbeitgeber- und Arbeitnehmerschaft herstellen. Die Herren lehnten ab; ein erträgliches Verhältnis zur nun einmal regierenden SPÖ sei ihnen wichtiger.

Die Sozialisten hatten damals nur einen fähigen zwischenparteilichen Unterhändler. Das war Innenminister Helmer. Aber diesem hatte man weitere Gespräche mit uns verboten. Der unfähigste Gesprächspartner war jedenfalls der sozialistische Fraktionsführer Pittermann, mit dem ich allwöchentlich bei den Präsidialsitzungen des Nationalrates zusammenkam und immer wieder Möglichkeiten gemeinsamer Initiativen besprach. Er war damals fast der einzige Akademiker in der Parteiführung, kam mir aber wie einer jener Mittelschüler vor, die stets einen billigen Witz oder ein Wortspiel auf Lager haben, aber nichts in der Welt ernst nehmen können. Er hatte wohl einen Sinn für die große Pose, die man zu politischen Ereignissen einnehmen mußte, aber er schien mir kein inneres Verhältnis zum Schicksal seiner Partei oder zum höheren Staatsinteresse zu haben.

Mit dem Wiederaufbau der österreichischen Wirtschaft kam man nur langsam voran. Laut verkündete Staatsaufträge und Zuschüsse an die verstaatlichte Industrie – alles aus Steuern finanziert – bildeten das eigentliche Wirtschaftskonzept der großen Koalition. Dagegen war der phänomenale Wirtschaftsaufschwung der Bundesrepublik von klug geförderten Initiativen des privaten Unternehmertums getragen. Je mehr unsere Zeitungen davon berichteten, um so stärker wurde die allgemeine Unzufriedenheit in Österreich, wo die Inflationsraten zwischen 17 und 52 Prozent schwankten und immer noch Arbeitslosigkeit herrschte.

Raab hielt die Zeit für gekommen, bei der Budgeterstellung für 1953 härtere marktwirtschaftliche Forderungen zu stellen und dabei die große Koalition platzen zu lassen.

Für Februar 1953 wurden Neuwahlen ausgeschrieben. Der Wahlkampf wurde nicht mehr so barbarisch wie 1949 geführt. Nur der Neonazi-Vorwurf wollte nicht sterben, diesmal nicht nur uns, sondern auch der ÖVP gegenüber; die Sozialisten, die ihn erhoben, verstanden es, ihre eigenen Nazigrößen in den Vorständen der staatlichen und halbstaatlichen Wirtschaft zu verstecken.

Kurz vor dem Wahlkampf löste sich die – publizistisch überbewertete – Strachwitz-Gruppe von der ÖVP und reihte sich nach mühseligen Verhandlungen bei uns ein. Sie brachte uns einige bemerkenswerte Intellektuelle, die nun ihren politischen Aufstieg bei uns suchten, aber nur sehr wenige Wähler. Sie hätten unseren liberalen Flügel stärken sollen, erwiesen sich aber entweder als weltanschauliche Opportunisten oder zogen sich vor der großen innerparteilichen Auseinandersetzung still zurück.

Da unsere Arbeiter vor dem sozialistisch-kommunistischen Betriebsterror keinen Schutz gefunden hatten, waren viele zu den Inhabern der Macht übergegangen. So errangen wir bei der Wahl statt der bisherigen 16 nur 14 Mandate. Die Sozialisten hatten am meisten Stimmen, aber infolge der Wahlarithmetik ein Mandat weniger als die ÖVP.

Jetzt war die Stunde Raabs gekommen. Er veranlaßte die Verzögerung der offiziellen Regierungsverhandlungen und nahm geheime Vorgespräche mit uns auf. Er erklärte uns, er strebe eine Dreierkoalition an und wolle zu den offiziellen Verhandlungen mit der SPÖ ein vorher abgesprochenes ÖVP-VdU-Konzept mitbringen. Er bot uns das Handelsministerium und den dritten Präsidenten des Nationalrats an. Das letztere wurde sofort in einer Kampfabstimmung der konstituierenden Nationalratssitzung verwirklicht.

Die Sozialisten hatten von unseren Zusammenkünften Wind bekommen und drängten, daß der von Bundespräsident Körner beauftragte bisherige Bundeskanzler Figl richtige Regierungsverhandlungen aufnehme. Da rückte Raab mit der Erklärung heraus, daß seine Partei ihn zum Verhandlungsführer und Bundeskanzler bestellen wolle. Figl war von Raabs Vorgehen gar nicht informiert worden und von diesem »Überfall seines engen Jugendfreundes schwer getroffen«. (Dies sagte mir Figls Witwe viele Jahre später.) Raab hatte mir schon zu Beginn gesagt, Figl wäre zu sehr auf die Sozialisten ausgerichtet und würde daher keinen wirtschaftlichen Aufschwung zustande bringen.

Raabs zweite Sensation für die Öffentlichkeit war seine Vorvereinbarung mit uns. Zeitpunkt und Art seiner Verlautbarung mußten den sozialistischen Widerstand gegen unsere Regierungsbeteiligung aufs äußerste steigern. Wir waren von Anfang an unsicher, ob es Raab mit seinem Regierungsangebot ehrlich meinte oder uns für ein taktisches Manöver mißbrauchen wollte. Ich bin – im Gegensatz zur heute vorherrschenden Meinung der Historiker – überzeugt, daß er zumindest eine Zeitlang ein echtes und sehr hartes Pokerspiel um unsere Regierungsbeteiligung durchstand. Das entnahm ich nicht nur meinen späteren Gesprächen mit Schärf und anderen SPÖ-Führern, sondern auch einem zufälligen Erlebnis: An der Abfahrtsstelle meiner Autobuslinie hörte ich, wie ein Betriebsrat seine Straßenbahner-Kollegen über eine parteiamtliche Parole informierte, daß am nächsten Tag der Generalstreik proklamiert würde, wenn Raab nicht wieder zur alten Zweierkoalition zurückkehrte.

Es dauerte aber noch einige Tage, bis er uns den Abbruch der Verhandlungen verkündete. In seinem Baumeister-Jargon sagte er: »Ich habe die Sozis nicht mehr zwingen können. Zu allem anderen haben sie jetzt auch noch den Bundespräsidenten hochkant aufgestellt. Er wird eine VdU-Beteiligung an der Regierung nicht akzeptieren.« Körner war sicher der parteihörigste aller Bundespräsidenten. Als alter Soldat glaubte er wirklich, nur für die Weisungen seiner Partei im Amt zu sein.

Für diesen Sieg mußte die SPÖ aber andere Zugeständnisse machen: Der mächtige Exponent marxistischer Wirtschaftspolitik, Minister Waldbrunner, wurde schrittweise entmachtet. Es gab einen stärkeren privatwirtschaftlichen Trend, aber gleichzeitig auch eine Verfestigung des Parteiproporzes, da sich die ÖVP nun konkret die Hälfte aller Vorstandsposten der verstaatlichten Industrie sicherte und diese dann wieder in einem innerparteilichen Proporz auf ihre Bünde aufteilte.

Wären wir damals in die Regierung gekommen, hätten wir vielleicht die eine oder andere marktwirtschaftliche Kurskorrektur durchgesetzt, aber die ganze marxistische Entmutigung privaten Unternehmertums durch die Körperschaftssteuer und die überdimensionierte Steuerprogression, die gegenseitige Verfilzung des Proporz-Unwesens und die Verstaatlichungstendenzen der einen sowie das »Zunftdenken« der anderen hätten wir nicht aufhalten können. Wir hätten sehr bald aus der Regierung austreten müssen, um glaubhaft zu bleiben. So ebneten wir wenigstens den Weg zu einem leichten wirtschaftspolitischen Rechtsruck und bewahrten unsere Rolle als Aufrüttler und Mahner der Nation.

Unsere Warnungen vor der Schwerfälligkeit staatlicher Unternehmungen und vor der fragwürdigen Führungsqualität politisch bestellter Direktoren blieben allerdings noch lange unbeachtet – nicht nur, weil es Politiker liebten, ihren Freunden gutdotierte Posten zuzuschanzen, sondern auch, weil sich in der nun einsetzenden Konjunktur Führungsfehler kaum bemerkbar machten. Jedem Betrieb, der das Übliche zu produzieren verstand, wurden seine Produkte – damals noch – aus der Hand gerissen.

Die ganze Periode stand im Zeichen der anbrechenden Konjunktur. Kamitz verbesserte zweifellos einiges an der österreichischen Budget- und Währungspolitik, aber die eigentlichen Anstöße zur wirtschaftlichen Gesundung kamen aus den westlichen Nachbarländern. Als im Parlament zu wiederholten Malen das hohe Lied auf den »Raab-Kamitz-Kurs« gesungen wurde, konnte ich mich nicht enthalten zu sagen: »Bei der heutigen spektakulären Wirtschaftsbelebung Europas hätten Raab und Kamitz schon ein ungewöhnliches Talent an Verhinderungstaktik entwickeln müssen, um uns von diesem internationalen Aufschwung auszuschließen.« Das brachte mir auch bei Abgeordneten der Regierungsparteien zustimmendes Gelächter ein.

Die Atmosphäre der darauffolgenden Parlamentssession war gelöster als die der ersten. Man konnte gemeinsam lachen, und manchmal hörte man auch den Gegner an. Wir waren sehr darauf aus, über den blinden Lagerpatriotismus der österreichischen Parteien hinwegzukommen. Gewiß, wir haben auch Fehler gemacht: zum Beispiel, daß einer von uns immer nur von den Anliegen der ehemaligen Nazi sprach und damit die Geduld nicht nur unserer Gegner, sondern auch seiner Klubkollegen strapazierte. Aber neun Zehntel unserer Redezeit verwendeten wir, um neue Wege aus gesamtösterreichischen Nöten aufzuzeigen.

Und da gab es auch einen bedeutenden Durchbruch: Unser Sozialsprecher, Jörg Kandutsch, zitierte in seiner ersten Parlamentsrede unser »Soziales Manifest«, wonach auch der Arbeitnehmer die Möglichkeit erhalten soll, mit seiner Leistung im Betrieb Eigentum zu erwerben. Er schilderte die von uns verfochtene »leistungsbezogene Ergebnisbeteiligung« und weitete den Gedanken der Betriebspartnerschaft aus auf eine neue, größere politische Partnerschaft zwischen Arbeitgeber- und Arbeitnehmerverbänden.

Er führte damit den sonst nur in der englischen Fachliteratur verwendeten Begriff der »Sozialpartnerschaft« zum ersten Mal in Österreich ein. Nachdem er dann in grellen Farben die ganze Sinnlosigkeit und zerstörende Kraft des marxistischen Klassenkampfs ausgemalt hatte, meldete sich Gewerkschaftspräsident Johann Böhm zu Wort und erklärte: »Wir lassen uns von den jungen Neulingen nicht unsere Klassenkampf-Idee nehmen. Der Klassenkampf wird ein fester Bestandteil des österreichischen Sozialismus bleiben.«

Diese zwei Reden waren – wohl weniger für die Abgeordneten als vielmehr für die Journalisten auf der Galerie – ein Signal, den Gedanken der Sozialpartnerschaft aufzugreifen und auf das intensivste zu behandeln. Die Journalisten taten es – wie gewohnt – nicht, indem sie Kandutsch zitierten, sondern indem sie die Idee als eine »im Raum stehende Notwendigkeit« oder als ihre eigene Erfindung in Leitartikeln behandelten, und zwar so lebhaft und so lange, bis sich auch die Regierungsparteien damit befassen mußten und schließlich auch keine Angst mehr hatten, die Sozialpartnerschaft könnte als eine der zentralen VdU-Forderungen erkannt werden.

Die große Koalition hatte ja schon eine gewisse Gesprächsbereitschaft zwischen den zwei Klassen mit sich gebracht. Raab hatte sich viel darauf zugute gehalten, daß er »mit der Gewerkschaft reden« konnte. Aber in den ersten Jahren waren es mehr Waffenstillstands- als Partnerschaftsgespräche gewesen.

Erst als im Verfolg dieser neuen Diskussion die »Paritätische Kommission« gebildet wurde und verständnisvolle, auf keiner politischen Bühne stehende Experten zum Zuge kamen, ist der »sozialpartnerschaftliche« Arbeitsfriede Wirklichkeit geworden. Den schwersten Teil leisteten Gewerkschafter, in erster Linie Klenner, Kienzl und Lachs, die volkswirtschaftlich bestens ausgebildeten Berater des Gewerkschaftspräsidenten. So kam es, daß sowohl die Führung als auch »die Basis« der Gewerkschaft veranlaßt wurden, volkswirtschaftlich mitzudenken und volkswirtschaftliche Mitverantwortung zu zeigen. Die Unternehmerseite brachte es über sich, Reallohn-Erhöhungen als wirksame Konjunkturspritze anzuerkennen, und machte Zugeständnisse; beim Lohn meist in vernünftigem Rhythmus, doch bei Sozialgesetzen oft nicht mit dem richtigen Augenmaß, was dazu führte, daß Österreich die höchsten Lohnnebenkosten Europas bekam.

Es war auch kein Vorteil, daß die allzu politische Bundeswirtschaftskammer die kompetentere Industriellen-Vereinigung vom ersten Platz verdrängte. So kam es zuweilen fast zu einer »ständestaatlichen« Nebenregierung, die weder der geltenden Verfassung noch modernen demokratischen Erfordernissen entsprach.

Die große politische Verständigung zwischen den Verbänden, die wir angeregt hatten, war ohne Zweifel ein bedeutender Fortschritt. Das Wort »Klassenkampf« traute sich niemand mehr auszusprechen. Die nun einsetzende regelmäßige Erhöhung der Reallöhne spielte sich in einer neuen, geordneten Atmosphäre ab. Aber den endgültigen Arbeitsfrieden wird es erst geben, wenn die Betriebe echte »Interessengemeinschaften« mit irgendeiner Art von leistungsbezogener Ergebnisbeteiligung sein werden. So etwas wird die Gewerkschaft, die »den gerechten Anteil am Sozialprodukt von sich aus erkämpfen« will, niemals vorschlagen. Das kann nur eine neue, von humanem, »mitweltbewußtem Liberalismus« getragene Unternehmergeneration in die Wege leiten.

Mit der fortschreitenden wirtschaftlichen Gesundung wollte man auch die Gespenster der Vergangenheit bannen: Nach der Minderbelasteten-Amnestie von 1947 kam Mitte 1952 auch eine »Belasteten«-Amnestie, das heißt die bürgerliche Gleichberechtigung für Parteimitglieder, die höhere Funktionen hatten:
Die Ingenieure, Rechtsanwälte und Industrieangestellten, die Nazi gewesen waren, sollten wieder ihren erlern-

ten Beruf ausüben, frei von politischen Behinderungen und von psychologischer Belastung arbeiten können. Es entstand die Parole vom »Schlußstrich unter die Vergangenheit« – eine Parole, mit der jede politische Partei etwas anderes versprach.

Auch die Volksgerichte begannen ihre Pforten zu schließen. Sie hatten die »persönliche Mittäterschaft an den hitlerischen Verbrechen« abzuurteilen. Sie führten einige zehntausend Verfahren durch! Die (sehr spät zugänglich gemachten) Aufzeichnungen des Justizministeriums geben 13 607 Schuldsprüche an, davon 43 Todesurteile. Zwei der Verurteilten kamen der Exekution durch Selbstmord zuvor, 30 wurden hingerichtet und elf begnadigt. So sind 14 Prozent aller 273 im Zusammenhang mit dem Zweiten Weltkrieg in der Welt ausgesprochenen Todesurteile in Österreich verhängt worden. 34 Menschen bekamen lebenslangen Kerker, 264 Freiheitsstrafen zwischen 10 und 20 Jahren, die meisten anderen solche unter fünf Jahren.

Diese Volksgerichte, deren Name schon zu sehr an die Polittribunale der Hitlerzeit erinnerte, stellten – ebenso wie das Kriegsverbrechergesetz selbst – kein Ruhmesblatt in der österreichischen Rechtsgeschichte dar. Heiligste Grundsätze wurden hier gröblichst verletzt: politisch Verfolgte als Richter, keine Berufungsmöglichkeit, oft entschied nicht die Tat, sondern der Dienstrang über das Strafausmaß.

Mancher Österreicher hatte gehofft, daß der scheußliche Lebensabschnitt, der nun hinter ihm lag, endgültig ausgelöscht wäre und vergessen werden könnte. Doch das gelang nicht.

Es ist wie in der griechischen Mythologie: die racheheischenden Seelen der Ermordeten – die »Erinnyen« – verfolgen die Frevler noch lange Zeit und strafen sie mit

Wahnsinn. Die Millionen in Todesfabriken ermordeten Juden hatten jedes historische Ausmaß von Ausrottungsaktionen und Kriegsgreuel überstiegen. Es war, als ob eine Wolke von Erinnyen über dem deutschen Mitteleuropa hinge.

Mir kam diese Vision, als ich im Herbst 1953 nach Amerika reiste. Als »Minority-Leader« – das heißt Sprecher der parlamentarischen Opposition – konnte ich maßgebende Politiker sprechen: Senatoren, Berater des Präsidenten – darunter auch dessen Bruder, Milton Eisenhower – und Kommentatoren der großen Zeitungen. Sie alle wollten etwas über die neue politische Einstellung der ehemaligen Nazi und deren Gesinnungswandel erfahren. Am intensivsten befragten mich die für Österreich zuständigen Beamten des »State Department« (des Außenministeriums). Die sechs oder sieben Herren, die sich drei Stunden lang mit mir unterhielten, akzeptierten es, daß ich gleichzeitig die Rolle des Anwalts und des Umerziehers der ehemaligen Nazi übernommen hatte.

Nur einer verhielt sich ablehnend, fast feindselig. Später erklärte mir ein Kollege: »Er ist Jude, der, wie viele andere, erfahren mußte, wie nacheinander seine Eltern, seine Geschwister und eine ganze Reihe seiner Verwandten vergast wurden. Er ist einfach nicht imstande, mit Angehörigen des Mördervolkes zu reden. Er kann ihre Sprache nicht mehr hören und möchte alles von sich fernhalten, was ihn an Hitler und Europa erinnert. Da hat sich zwischen Juden und Deutschen ein Abgrund aufgetan, der nicht so leicht zu überbrücken ist.« Ich war sehr betroffen. Ich konnte nichts erwidern.

Dann aber fielen mir jene Juden ein – Literaten, Künstler und Musiker, nicht nur Kaufleute –, die nach Wien zurückgekehrt waren und wieder mit uns leben wollten …

Verständnis für unseren politischen Weg fand ich auch

254

beim Besitzer der »New York Times«, Sulzberger. Nach einem anregenden Gedankenaustausch sagte er mir zu, seine Zeitung werde den VdU in Hinkunft nicht mehr als neofaschistische Partei, sondern als »right progressive« (»rechts fortschrittlich«) bezeichnen. Das Versprechen wurde eingehalten. Er zeigte mir die Großraum-Redaktionen und die modernen technischen Einrichtungen des ihm gehörenden Wolkenkratzers und sagte: »Die amerikanischen Politiker sind derart krasse Gegner ererbter Machtpositionen – wie sie die Adelsherrschaft und der Kapitalismus Europas hervorgebracht hatten –, daß sie geradezu eigentumsvernichtende Erbschaftssteuern eingeführt haben. Von diesem schönen Besitz hier werden meine Tochter und mein Schwiegersohn die auf sie entfallenden Erbschaftssteuern gerade noch abzahlen können, aber meine Enkel werden wieder neu anfangen müssen.«

Großen Eindruck machte mir der hohe amerikanische Lebensstandard: Die meisten Leute der Mittelklasse (gelernte Fachkräfte und Kleinstunternehmer) hatten ihr eigenes Einfamilienhaus, und die Bauarbeiter fuhren im eigenen Wagen zur Baustelle – für mich eine Vision, wie es auch bei uns werden könnte und wie es dann auch wirklich, zehn oder fünfzehn Jahre später, geworden ist. – Ich habe diese Bilder nach meiner Rückkehr in Parteiversammlungen den österreichischen Arbeitern noch oft vor Augen geführt und erklärt, daß man in einem kapitalistischen, aber sozial überwachten Staat schneller und sicherer zu Wohlstand kommen kann als durch eine »neue Gesellschaftsordnung« oder Verstaatlichungsexperimente.

Dann hatte ich auch reichlich Gelegenheit, den Urgrund amerikanischen politischen Denkens kennenzulernen. Abendliche Gespräche in unpolitischen Gesellschaften

255

brachten, genauso wie offizielle Politiker-Kontakte, immer nur eines hervor: Amerika ist für die ganze Welt der Hort der politischen Freiheit.

Milton Eisenhower sprach zu mir wortwörtlich von der »großen Mission«, die Amerika jetzt in Europa zur Überwindung des faschistischen Geistes und zum Schutze vor dem Bolschewismus habe, nachdem ohnehin schon die Hälfte Europas durch die »Schwäche der Vorgänger« verlorengegangen sei. Hier in Washington ging es um weltpolitische Prinzipien, um die Aufgabe, auch in weiten Fernen die Botschaft der Freiheit und Menschlichkeit durchzusetzen.

So betrachteten die Amerikaner auch die politische Orientierung Österreichs als wichtigen Punkt ihres Europa-Konzepts: Das Pfand, das die Sowjets mit Ostösterreich besaßen, das auffallend gebesserte österreichisch-russische Verhältnis und die damit zusammenhängenden Ankündigungen der Neutralität Österreichs gaben ihnen zu denken. Deutschland, Italien, die Beneluxländer, alle wurden enge Verbündete Amerikas, aber Österreich erschien den Amerikanern immer wieder als ein nicht ganz geheurer Fremdkörper innerhalb ihrer Einflußzone.

Kurz nach meiner Rückkehr aus Amerika belebten sich die Geheimverhandlungen mit der Sowjetunion (1953). Raab deutete mir konkrete Aussichten auf den Staatsvertrag an. Er scheute sich nicht, auch öffentlich für Loyalität zu den verhaßten Russen einzutreten. Der konsequenteste Amerika-Freund, Außenminister Gruber, meldete Bedenken an und trat zurück. Nachfolger wurde der abgelöste Bundeskanzler Figl, seit jeher ein geschickter Unterhändler mit den Russen.

Ich hatte – wie die meisten Österreicher – schon 1947 kaum mehr auf den Staatsvertrag gehofft. Ich war zu sehr davon überzeugt, sowjetischer Starrsinn und westliche Schwäche würden unverrückbar sein. Doch jetzt, nach dem Tode Stalins, nach der neuen sowjetischen Militärdoktrin vom »neutralen Sperr-Riegel quer durch Europa« und nach Raabs verheißungsvollen ersten Gesprächen, gab ich meine Skepsis auf. Ich bedeutete dem Bundeskanzler, daß meine Partei auch einem harten Staatsvertrag zustimmen würde.

Ich begann, an ein ungeteiltes Österreich zu glauben. In den ersten Tagen des Jahres 1955 übersiedelte ich mit meiner Familie von Salzburg nach Wien.

Es waren aufregende, von Hoffnung erfüllte Wochen und Monate, bis die österreichische Regierungsdelegation am 12. April 1955 zum abschließenden Gespräch nach Moskau flog. Die vorhergegangenen Verhandlungen in Wien waren keineswegs einfache Routine. Ich wurde mehrfach von den überaus geschickten, mit ständig neuen Varianten hervortretenden Beamten, vor allem vom Leiter des Völkerrechtsreferats, Stephan Verosta, und dem Chef des Verfassungsdienstes im Bundeskanzleramt, Edwin Loebenstein, auf dem laufenden gehalten. Als zu guter Letzt auch noch die Amerikaner für das Wiederaufleben ihrer Ölschürfrechte besondere Zugeständnisse forderten, war ich wohl etwas erschüttert, aber ich sagte zu allen: »Nachgeben! Die Amerikaner haben ja auch ihre innenpolitischen Abhängigkeiten. Sie sind schließlich unsere einzige Rückendeckung!«

Wenige Tage nach seiner Rückkehr aus Moskau bat mich Raab ins Bundeskanzleramt. Als Oppositionsführer wurde ich feierlich davon unterrichtet, was ohnehin schon alle wußten; daß in Moskau volle Einigung erzielt worden war. Doch vor diesem offiziellen Akt führte mich Raab zu seinem Schreibtisch und zeigte mir die berühmte, gerade an diesem Morgen erschienene Karikatur des Simplicissimus von der österreichischen Kunst, die Moskowiter »weichzukriegen«: »Jetzt noch die Reblaus, dann …« Er war sichtlich bewegt, konnte sich kaum losreißen und sagte schließlich: »Ganz so einfach war es ja nicht. Mit den Russen muß man aber schon ein persönliches Verhältnis zustande bringen.«

Am 15. Mai war ich im Belvedere bei der Unterzeichnung des Staatsvertrags. Nachdem alle vier Außenminister ihre feierlichen Ansprachen gehalten hatten, wurde Sekt gereicht, und die Zungen lösten sich. Da sonst kein Österreicher russisch und englisch sprach, trat ich zu Molotow und MacMillan, die sich mit ihren Dolmetschern schwertaten. Wir scherzten gerade über die Karikatur des Simplicissimus, als sich Innenminister Helmer uns zugesellte. Er sagte lachend zu Molotow: »Sie wissen wohl nicht, daß Sie hier mit dem gefährlichsten Faschistenführer Mitteleuropas sprechen!«, worauf Molotow zurückgab: »Und Sie glauben, daß sich der sowjetische Außenminister in der Parteipolitik Österreichs weniger auskennt als der österreichische Innenminister!« Das war keine Übertreibung: Die kommunistischen Außenminister, die jahrzehntelang im Amt sind, haben wirklich jedes politische Detail fremder Länder im Kopf. Molotow kannte auch Helmers Rolle bei der VdU-Gründung.

Am Abend, während des festlichen Empfanges in Schönbrunn, hatte ich zwei aufschlußreiche Begegnungen: die eine mit dem stellvertretenden sowjetischen Außenminister Semjonow. Ich fragte ihn: »Kann der Kalte Krieg erst dann beendet werden, wenn Ihnen die Amerikaner einige Milliarden Dollar zum Wiederaufbau und zur Entwicklung Sibiriens anbieten?« Er antwortete: »Das werden sie nicht tun, aber wenn sie es täten, … wir sind nicht mehr in Kriegsnot und auch nicht mehr so unterentwickelt wie 1930, als wir die deutsche Kredithilfe annahmen.

Der Ost-West-Konflikt wird schon noch abflauen, aber
erst dann, wenn die Amerikaner unsere Einflußzonen
und unsere Rüstungsgleichheit anerkennen. Solange
Finnland, Schweden, Österreich und Jugoslawien –
jedes in seiner Art – die Balance halten, jedes Ungleich-
gewicht verhindern, wird in Europa nichts passieren.
Dazu ist der heutige Tag ein wichtiger Anfang.«
Das zweite Gespräch war das mit dem damaligen Staatssekretär Bruno Kreisky. Ich hatte ihn schon mehrfach als
aufgeschlossenen und interessanten Politiker kennengelernt. Bei diesem Anlaß ging er nun sehr aus sich heraus.
Er sprach von seinem angeborenen Drang zur Politik,
von seiner liberalen Grundhaltung und vom Antisemitismus der illiberalen National-Freiheitlichen der Ersten
Republik. Wir diskutierten aktuelle Probleme – wie die
neue Korruptionsanfälligkeit, das Machtstreben der Be-
rufsverbände und die Nazi-Frage – und kamen zu mancher wertvollen Übereinstimmung. Vizekanzler Schärf
hatte mir einmal gesagt, daß der »junge Mann« Kreisky
zu rasch aufsteigen wolle. Aber hier erlebte ich, wie sehr
Kreiskys politisches Urteil über die Beamtenmentalität
seines Parteivorsitzenden hinausragte und wie der
»junge Mann« berufen wäre, seine Partei einen liberale-
ren, wirtschaftlich vernünftigeren Weg zu führen.
Die Sozialisten verschwiegen es, aber ÖVP-Außenmini-
ster Gruber schilderte mir, wie gerade in den vorausge-
gangenen Tagen die Staatsvertragsverhandlungen in
Moskau beinahe an Schärfs Vorbehalten gegen die Neu-
tralitätsidee gescheitert wären und dann vor allem durch
Kreiskys Einschreiten gerettet wurden.

Erst nachdem der Staatsvertrag im Parlament einstim-
mig – auch mit unseren Stimmen – ratifiziert sein würde
und der letzte Besatzungssoldat Österreich verlassen

hätte, sollte der Nationalrat »aus freien Stücken die immerwährende Neutralität« erklären. So war es in Moskau vereinbart worden.

Ich hatte dem Bundeskanzler die Zustimmung meiner Fraktion zur Neutralität zugesagt, aber mit Nachdruck darauf bestanden, daß wir auf die Formulierung der Neutralitätserklärung Einfluß nehmen können. Aber man ließ uns nicht mitreden und wählte eine enge, ganz auf die uralte Schweizer Neutralität abgerichtete Formel. (Die weltpolitisch abgekapselte Schweiz, die nicht einmal Mitglied der Vereinten Nationen werden will, hat eine andere geopolitische Situation und eine ganz andere historische Ausrichtung als das weltpolitisch immer wieder aktive Österreich!)

Wir verlangten, daß im Neutralitätsgesetz eigens auf unsere völkerrechtliche Handlungsfreiheit und auf unsere »volle Wehrhoheit« hingewiesen werde und daß man nicht »immerwährende«, sondern »dauernde Neutralität« sage; denn keine Generation hat das Recht – oder auch nur die Macht –, die nachfolgenden Generationen auf ewige Zeiten zu binden. Neue Umstände sind meist viel stärker als der Wille der Vorfahren! In meiner Parlamentsrede[37] prophezeite ich die Schwierigkeiten, die wir haben würden, wenn wir vielleicht einmal der Montan-Union (der damaligen Vorläuferin der EG) oder anderen internationalen Organisationen beitreten wollten.

Aber Raab wischte wieder einmal diktatorisch alle anderen Überlegungen vom Tisch und lehnte ab.

Da ereignete sich nun folgendes: Wir stimmten dem Entschließungsantrag, die Regierung solle eine Neutralitätserklärung vorlegen, zu, das heißt, wir akzeptierten die Neutralität an sich, aber das dann vorgelegte Neutralitätsgesetz in seiner voreiligen Raabschen Fassung lehnten wir ab.

Nach der Parlamentsdebatte, in der Klubsitzung, sagte ich zu meinen Parteifreunden: »Vielleicht wird es Österreich noch sehr zugute kommen, daß ein ganzes politisches Lager gegen die Schweizer Neutralitätsvariante und gegen die ›Bindung der Kinder und Kindeskinder‹ (Raabs wörtliche Erläuterung) gestimmt und damit eine etwas andere österreichische Einstellung dokumentiert hat.«

Ich hatte es als realistisch und klug angesehen, den Staatsvertrag durch die Neutralität zu erkaufen. Das paßte auch in die Epoche der kritischen Ost-West-Beziehungen. Österreich sollte zu einem Element des Gleichgewichts werden, gerade in dieser Epoche, etwa so, wie es mir gegenüber Semjonow ausgedrückt hatte. »Neutral sein« sollte aber nicht unser ganzes weltpolitisches Denken für alle Ewigkeit bestimmen!

Für das österreichische Staatsbewußtsein war bis dahin ja noch keine neue weltpolitische Idee aufgetaucht. Seit 1945 hatten die einen von einer besonderen Rolle bei der Einigung Europas, die anderen von einer Brücke zwischen Ost und West, ein paar vielleicht noch von einer Donau-Konföderation oder gar wieder von Großdeutschland geträumt. Aber an ein dauernd neutralisiertes Österreich neben der neutralen Schweiz, hatte – außer den russischen Generälen – niemand gedacht. Es war ursprünglich nur ganz nebenbei von neutraler Haltung zwischen Ost und West die Rede gewesen, damit beide Großmächte dem Staatsvertrag zustimmten.

Ein bedeutsamer Aspekt der österreichischen Neutralität ist mir Jahre später bewußt geworden, als de Gaulle zu Bundeskanzler Gorbach sagte: »Ohne eure, durch die Neutralität gefestigte Eigenstaatlichkeit würden wir nie gemeinsam mit Deutschland das geeinte Europa bauen und an der EWG teilnehmen; denn die Gefahr, daß sich

Österreich doch irgendwie mit der Bundesrepublik vereinigte und eine deutsche Übermacht schüfe, wäre das Ende der französischen Europapolitik.« Für mich war diese Erklärung, die in keine Zeitung kam und mir von einem Ohrenzeugen, dem damaligen ÖVP-Staatssekretär Steiner, berichtet wurde, ein Meilenstein meines außenpolitischen Denkens; denn eine bessere Zukunft konnte ich mir nur in einem geeinten Europa, in dem es keine Übermacht und keine Vormacht gibt, vorstellen.

Nach dem Staatsvertrag war ich nur mehr ein Jahr im Parlament.

Die Aufgabe des Befreiungsjahres war es, einige erst jetzt mögliche Grundlagen des souveränen Staates zu schaffen.

Die erste Entscheidung betraf die Landesverteidigung. Der Staatsvertrag verbot uns Raketen, weiterreichende Geschütze und theoretisch sogar Panzerfäuste; denn man sah in uns doch noch in irgendeiner Weise die Nachfolger der besiegten deutschen Wehrmacht. Andererseits hatte Österreich die Verpflichtung, seine Neutralität zu verteidigen. Sollten wir da nicht als Demonstration überhaupt auf ein Bundesheer verzichten, das sozusagen »mit Pfeil und Bogen gegen Maschinengewehre anzutreten« hätte, und warten, bis wir die Revision dieser Bestimmungen des Staatsvertrags durchgesetzt hätten? Und wenn nicht, soll es dann ein Berufsheer, eine Miliz oder ein Kaderheer sein? Meine Fraktion ging darauf aus, zunächst die Revision zu erzwingen und inzwischen ein hochausgebildetes Berufsheer von Freiwilligen aufzustellen. Ich gestehe, daß wir unserer Sache gar nicht ganz sicher waren und echt mit den vernünftigen Kollegen der Regierungsparteien rangen. Mein Vorschlag, das endgültig zuständige Ressort nicht Heeresministerium, sondern Landesverteidigungsministerium zu nennen, wurde im Ausschuß sofort angenommen. Die Entscheidung für das Kaderheer traf wiederum Raab allein mit seinem volkstümlichen Ausspruch: »Wir müssen da schon denen Jungen die Wadeln füri richten!«

Dann kam das Gesetz über das sogenannte »deutsche Eigentum«. Die Regierungsparteien bedienten sich einer Bestimmung des Staatsvertrags, ließen die Gelegenheit einer Geste der Solidarität mit dem ebenfalls notleidenden Deutschland ungenützt vorbeigehen und beschlossen die entschädigungslose Enteignung von 450 industriellen und gewerblichen Betrieben, die sich in privater deutscher Hand befunden hatten. 17 von ihnen wurden verstaatlicht, der große Rest wurde an private Österreicher verkauft – oft unter recht bedenklichen Umständen. Zu diesem Problem erklärte mein Fraktionskollege Viktor Reimann in der Sitzung vom 7. Juni 1955: »Obwohl unsere europäische Haager Landkriegsordnung kein Beute-Recht kennt, nistete sich seit 1919 auf dem Kontinent das angelsächsische Recht ein, nach dem auch Privateigentum als Kriegsentschädigung herangezogen werden darf – ein Recht, dessen Wurzeln, wie Rechtskundige behaupten, im Piratentum liegen ... und das für unsere Zeit nichts anderes als einen Rückfall in die Barbarei bedeutet.« Auch der ÖVP-Abgeordnete Gschnitzer, ein fester Charakter, hob die verderbliche Rückwirkung auf die gesamte abendländische Eigentumsordnung hervor und wies darauf hin, wie bereits Jugoslawien und andere Staaten anfingen, nun auch das österreichische Eigentum zu verstaatlichen.

Das dritte Parlamentsereignis war die Neuordnung der Sozialversicherung mit ihrer neuen Arbeiter- und Angestelltenpension im »Allgemeinen Sozial-Versicherungs-Gesetz« (ASVG) – von seinen Verfassern als die große

Wende zum Sozialstaat gefeiert. Es vereinheitlichte Hunderte verstreute sozialrechtliche Bestimmungen und wies schon in seiner ersten Fassung 546 Paragraphen auf – ein Unternehmen, das Dutzende von Novellierungen hinter sich herzog. Österreich hat sich damit ein weitreichendes »soziales Fangnetz«, aber gleichzeitig auch eine Versuchung zum sozialen Parasitentum geschaffen. Bei den zahllosen nachfolgenden Novellierungen wäre es wichtiger gewesen, diese Bestimmungen nach den Erfahrungen der Praxis zu durchforsten, als nur wahlbedingt Geschenke auf Geschenke zu häufen, wodurch sich das Staatsbudget in gefährlicher Weise aufblähte und immer mehr Österreicher untätig Renten bezogen und ihre bisherige Tätigkeit einer steigenden Zahl von Gastarbeitern überließen.

Sieben Jahre lang hat der VdU den rechten Sektor des alten Parlamentssaales besetzt. Wir haben den Sektor in der Mitte beansprucht, aber nicht bekommen, weil die Fraktionsführer der Regierungsparteien nebeneinander sitzen wollten. Wir waren in einer Atmosphäre demagogischer Emotionsausbrüche und schier unübersteigbarer Trennungsmauern angetreten. Nun beendeten wir unsere parlamentarische Tätigkeit in einer wesentlich entspannteren Atmosphäre, in der das erste Mal freimütig ausgesprochen wurde, was die anderen aus Parteiräson verschwiegen hatten.

Die meisten von uns verließen 1956 das Parlament, weil sich in den letzten Jahren die Trennung der Nationalen von den Liberalen vollzogen hatte.

9. Kapitel

Der Aufstand der Nationalen

Die VdU-Abgeordneten waren in ihre Parlamentsarbeit vertieft, als einige ehemals führende Nationalsozialisten zum entscheidenden Schlag gegen den VdU ausholten und die »Freiheitspartei« gründeten. Die entscheidende Besprechung fand Mitte März 1955 im »Grünen Salon« des Schwechater Hofs in Linz statt. Hier waren schon einige Zeit hindurch höhere Funktionäre, politische Wortführer und Journalisten des vergangenen Regimes zusammengekommen.

Ihr Plan war, in der »Freiheitspartei« alle jene »Belasteten« und »Gesinnungstreuen« zu sammeln, die dem VdU – wegen dessen Aufnahmesperre für »Belastete« – nicht hatten beitreten können oder sich auch gar nicht darum bemüht hatten, weil ihnen der VdU zu liberal war und keine Aussicht bestand, seine liberale Mehrheit durch eine nationale Mehrheit zu ersetzen. Die Gründer waren Menschen, die wieder politisch aktiv sein wollten, und zwar als »Kameradschaft ehemaliger Nationalsozialisten«. Nun gab es aber zuwenig Belastete und Gesinnungstreue, um bei der Nationalratswahl ein Grundmandat zu erringen. Deshalb sollte die Freiheitspartei zunächst nur ein Kader sein, der von außen her in den VdU hineinwirkt. Im VdU hatte es schon immer eine »betont nationale« Minderheit gegeben, die der Partei einen kräftigeren nationalen Stempel aufdrücken wollte: stärkere Betonung des Deutschtums, gewisse Rechtfertigungen des Nationalsozialismus und national-konservatives »Lager-Denken«. Diese Minderheit, die schon lange – sowohl geistig als auch organisatorisch – um mehr Einfluß gerungen hatte, sollte nun entweder zur Freiheitspartei hin abgeworben werden oder den ganzen VdU dazu bewegen, der »großen völkischen Sammlung« beizutreten – einer Sammlung, die dann ein etwas gemäßigteres nationales Profil erhalten und weder Freiheitspartei noch VdU, sondern »Freiheitliche Partei Österreichs« (FPÖ) heißen sollte. Beide Varianten eröffneten die Aussicht, die alte Garde zu formieren und ihr ein demokratisches Auftreten zu ermöglichen.

Wie hatte es zu dieser Initiative eines organisierten nationalsozialistischen Freundeskreises kommen können? Sechs Jahre zuvor, als der VdU Anfang April 1949 vor die Öffentlichkeit trat, baten mich zwei Herren des amerikanischen CIC, mit ihnen nach Gmunden in eine Villa zu kommen, in der sie ehemals führende Nationalsozialisten für ihren Nachrichtendienst beschäftigten. Sie meinten, daß mir diese Leute bei der Wahlwerbung nützlich sein könnten. Ich sträubte mich gegen diesen Besuch und erklärte, daß ich wohl viele Wählerstimmen ehemaliger Nazi erwarte, aber dazu keinen solchen Kontakt brauche. Als die CIC-Leute nicht nachgaben, willigte ich schließlich ein, aber mit der Einschränkung, den »Sprechern der Nazi« nicht anders zu begegnen, als ich den Sprechern der ÖVP, der SPÖ oder KPÖ begegnen würde. Die voreiligen CIC-Leute erkannten nicht die gefährliche Belastung, die dem neu aufkeimenden Liberalismus durch die Zusammenarbeit mit einer Nazikameradschaft entstehen würde. Es kam nur zu einigen distanzierten Gesprächen, aber sie waren keineswegs nützlich; denn sie brachten auf der nationalen Seite nichts als Mißverständnisse.

Erst viel später erfuhr ich von den traditionellen Eigenmächtigkeiten des CIC und dem tieferen Grund dieser höchst unamerikanischen Initiative:

Eine besonders geschätzte Kontaktperson des CIC, der sozialistische Landesparteisekretär von Oberösterreich Karl Krammer, hatte dem CIC diesen »Gmunder Kreis« ehemaliger Nazigrößen zugeführt. Krammer bat nun die Amerikaner, mir mit ihrer Autorität diesen Kreis als Berater-Team und eine Art Generalstab zu empfehlen, denn die SPÖ war extrem darauf aus, mich von meiner sozialen Erneuerungspolitik abzubringen und in ein traditionelles, bürgerlich-nationales Fahrwasser umzulenken. Krammer stand unter dem Eindruck der damaligen Betriebsratswahlen, bei denen die Arbeiter der SPÖ haufenweise davongelaufen waren. Es war wie ein neuer sozialer Glaube, der den Großteil der Arbeiterschaft zu erfassen begann – vor allem in Oberösterreich. Unsere Parolen von der betrieblichen Partnerschaft und der leistungsbezogenen Ergebnisbeteiligung hatten der ungeliebten Fabrikarbeit auf einmal Sinn gegeben, so daß die schönsten Zielsetzungen des Marxismus als Utopien erschienen und verblaßten. Die Arbeiter sahen die wesentlich realistischeren Chancen eines individuellen sozialen Aufstiegs vor sich ...

Je größer die Erfolge des VdU bei der Arbeiterkammerwahl vom Februar 1950 und den weiteren Betriebsratswahlen wurden, um so heftiger suchte Krammer über seine Nazi-Freunde – vor allem über den ehemaligen »Gau-Inspekteur von Oberdonau«[38] Stefan Schachermayr, der jeden nur halbwegs »gesinnungstreuen« Oberösterreicher persönlich kannte –, in die VdU-Organisation hineinzuwirken, das heißt, eine Opposition gegen die liberale Führung zu entfachen. Die Erfolge dieser Agententätigkeit waren zunächst eher bescheiden. Die VdU-Organisation war mehr von Heimkehrern und Sozialreformern als von ehemaligen Mitgliedern der NSDAP getragen, und auch die letzteren wollten von ihren alten Führern nichts mehr wissen. Aber die SPÖ erhielt beruhigende Berichte und half ihren Beauftragten beruflich. Sie gab ihnen vor allem das Gefühl, doch noch politisch gebraucht zu werden und wieder eine Rolle zu haben.

Diese Aufwertung erfuhren die »Belasteten« nicht nur vom CIC und der SPÖ, sondern noch kräftiger von der ÖVP. Raab hatte schon vor der Gründung des VdU gesagt: »Die Nazi, die hol' ich mir selber.«[39] Als unser erster öffentlicher Auftritt, die Großveranstaltung in Linz, den sicheren Wahlerfolg angekündigt hatte, ging er sofort an dieses Heranholen und lud sieben prominente Sprecher der Nazi in die herrschaftliche Villa seines oberösterreichischen Parteifreundes Maleta nach Oberweis[40] ein. Er deutete seine eigene Vergangenheit als Heimwehrführer an, als er sich den Scherz erlaubte, die Gäste mit den Worten zu begrüßen: »So, jetzt sind wir Faschisten einmal unter uns.«[41]

Das Ergebnis: Einige bekannte Nazigrößen verpflichteten sich, Wahlaufrufe für die ÖVP zu unterzeichnen, andere versprachen eine laufende publizistische Werbung für die ÖVP und bekamen glänzende Redakteursposten. Raabs politische Gegenleistung war seine Zusicherung, nun auch eine Belasteten-Amnestie durchzusetzen.

Die Zusammenkunft von Oberweis blieb nicht geheim. Sie rief einige Proteste hervor, auch im Ausland, wurde dann aber wieder vergessen.

Die SPÖ war viel vorsichtiger. Sie vermied jedes »Komplott« und jede Propaganda-Aktion. Sie wandte sich nur an den einzelnen, den sie kurzerhand in ihren Machtapparat einbaute und zum Sozialisten machte. Zuerst – nach der »Jugend-Amnestie« von 1948 – holte man aufgeweckte und politisch gut vortrainierte Führer der Hitlerjugend. Eine auffallend große Zahl der sozialistischen Bezirkssekretäre war in dieser Aktion gewonnen worden. Später waren es die tüchtigen Ingenieure, die aus den »verläßlich antiklerikalen« Leobener und Grazer Burschenschaften stammten und zu mehr als 90 Prozent der NSDAP beigetreten waren. Mit ihnen besetzte die SPÖ die ihr zustehenden »Proporzposten« in der verstaatlichten Industrie – aber erst nachdem die Betreffenden dem »Bund Sozialistischer Akademiker« (BSA) beigetreten waren und dort ihre Loyalität bekundet hatten.

Ich hatte öfter Gelegenheit, mich mit Führern der Großparteien eingehender über »das Naziproblem« zu unterhalten. Mein Eindruck war immer wieder: Sie betrachteten die Nazifrage nicht als eine der großen Nachkriegsaufgaben, sondern als einen lästigen Schicksalsschlag, aus dem man aber »doch einiges Kapital schlagen« konnte. Die übergroße Zahl nationalsozialistischer Parteimitglieder schien ihnen ein günstiger Umstand, um einerseits die eigene Vergangenheit vergessen zu machen und andererseits – durch »Einzelbefreiungen« vom Nazigesetz – zusätzliche Anhänger zu gewinnen. Ihre Verhandlungspartner auf seiten der Nazi waren ihnen nicht viel mehr als Schachfiguren, die man bald einsetzen, bald wieder aus dem Spiel werfen konnte.

Mit der hitlerischen Vergangenheit fertig zu werden war aber die große moralische Nachkriegsaufgabe Österreichs.

Was hätte Österreich tun sollen,

- um seinen internationalen Ruf wiederherzustellen,

- um den näheren und weiteren Opfern des Nationalsozialismus gerecht zu werden und

- um ein neuerliches Abgleiten in ein derartiges Unheil
zu verhindern?

Man hätte die Mittäterschaft allzu vieler Österreicher
eingestehen müssen. Man hätte sich von den vorhergegangenen Diktaturen – sowohl von der im »Ständestaat«
ausgeübten als auch von der angekündigten Diktatur des
Proletariats – klar distanzieren müssen. Man hätte zuge-
ben müssen, daß diese vielgestaltige »faschistische Ausrichtung« mit dazu beigetragen hatte, den Weg zum extremen Massenmord-Faschismus zu ebnen. Und man
hätte schließlich auch die anderen Wurzeln des Hitlertums freilegen müssen – wie die aus der Monarchie stammende Obrigkeitstyrannei der einen, den Untertanengeist der anderen, die gegenseitige Unduldsamkeit der
Nationalitäten, die Folgen der Friedensverträge von
1919 sowie die ganze Hilflosigkeit dieses »Staates wider
Willen« und sein geistig-moralisches Vakuum.
Man hätte den Begriff »Opfer des Nationalsozialismus«
viel weiter fassen müssen: angefangen von den Juden
über die politisch Verfolgten und die Heimatvertriebe-
nen bis zu denen, die gegen ihren Willen gezwungen worden waren, Soldaten dieses Angriffskrieges zu werden, ja
sogar bis zu jenen, die als Parteimitglieder ohne echte innere Zustimmung hart unter die Räder gekommen
waren. Es wäre der Geist der allgemeinen, gegenseitigen
Hilfsbereitschaft nötig gewesen. Die Mißgunst der einen

gegen die Entschädigung der Juden und der anderen gegen die höchst bescheidene Heimkehrer-Hilfe hätte als »Fortsetzung des unmenschlichen Lagerdenkens« angeprangert werden müssen. Die große Parole der Nachkriegszeit hätte die Menschlichkeit sein müssen und nicht das politische Lager!

Aus der Entstehungsgeschichte des Hitler-Regimes hätte man einen ganzen Katalog von Gefahren für die demokratische Ordnung und die persönliche Freiheit zusammenstellen können. Ein neues Lehrbuch der Menschenrechte und der demokratischen Spielregeln wäre fällig gewesen und hätte durch ständiges Zitiertwerden das öffentliche Bewußtsein prägen sollen: keine Animositäten gegen Slowenen, Juden und »Tschuschen«, keine privilegierte Kaste nach der Art der SS (so wie es dann bei CV und BSA war), keine etablierten Verwaltungshierarchien, keine Beamtenwillkür, keine Unfehlbarkeit des eigenen Parteiprogrammes und vor allem keine offene Hetze aus Lagermentalität!

Man hätte sich nicht einreden dürfen, mit den 13607 Schuldsprüchen der fragwürdigen Volksgerichtsprozesse »die Vergangenheit bewältigt« zu haben. Man hätte sich mehr darum bemühen müssen, die Belehrbaren von den Unbelehrbaren zu scheiden. Man hätte den Gesinnungswandel der einen fördern und die anderen im politischen Abseits lassen sollen.

Warum ist das alles nicht geschehen?

Weil der Geist der Zeit nicht auf ein ruhiges Urteil und nicht auf Objektivität ausgerichtet war. Es herrschte Not. Die Besatzung empfand man als unblutige Fortsetzung des Krieges. Die meisten hatten selbst ein schlechtes Gewissen – nicht nur wegen der jüngst vergangenen, sondern auch wegen der vorhergegangenen Periode. Jeder suchte seine eigene Haut zu retten oder irgendwelche

271

Vorteile aus der verworrenen Situation herauszuschlagen.

Angehört wurden nicht die Prediger der Menschlichkeit, sondern die Prediger der Partei-Interessen. Wer Menschlichkeit predigte, wurde als Befürworter der Nazi verdächtigt, auch wenn er als einziger die Unbelehrbaren ins politische Abseits verwiesen hatte! Und Objektivität widersprach der Parteiräson. Sie war für dieses Zweiparteien-Regime genauso »untragbar« wie für das Hitler-Regime. Die halbe Million Nazi war nun einmal da. Parteipolitik mußte betrieben werden, und da nahm man sich nicht die Zeit, an das Naziproblem mit Objektivität und Menschlichkeit heranzugehen.

Die Leute, die in der Gmundner Villa für den CIC arbeiteten, in Oberweis mit der ÖVP verhandelten und sich dann später mit den Freunden im »Grünen Salon« des Schwechater Hofs verbündeten, kamen unter dem Motto ihrer alten nationalsozialistischen Gemeinschaft zusammen. Da gab es keine generelle Abkehr vom Hitlertum. Wohl hatte manch einer diese oder jene Erscheinung des Nazi-Regimes innerlich abgelehnt, aber das Band, das sie zusammenhielt, und der Tenor ihrer Gespräche war die »Gesinnungstreue«.

Sie waren von den Großparteien und vom CIC aus dem politischen Abseits geholt worden, hatten gierig nach jedem politischen Auftrag gegriffen und so wieder Macht und Einfluß gewonnen. Die Aktivisten unter ihnen stammten aus dem Kaderpersonal der NSDAP. Es waren ehemalige Kreisleiter, Gau-Inspekteure und Pressereferenten der Gauleiter, die keinen wirtschaftlichen Beruf erlernt hatten, in den sie jetzt hätten zurückkehren können. Sie bekamen bei der VOEST oder einem anderen Patronat der Regierungsparteien eine Scheinanstellung oder eine leichtere Beschäftigung, um für diese »politisch arbeiten« zu können.

Als Gemeinschaft waren sie eine Festung der Unbelehrbarkeit. So lehnte ich jeden Rat und jede organisatorische Hilfe von ihrer Seite ab. Und gerade die letztere wollten sie leisten, seit sie sich wieder politische Hoffnungen machen konnten.

So entstand die große Feindschaft.

Neben diesen wenigen tausend Unbelehrbaren gab es aber einige hunderttausend ehemalige Nazi, die belehrbar schienen und die man nicht einfach links liegen lassen konnte. Die meisten gehörten dem Mittelstand und der Intelligenz an und machten mit ihren Angehörigen ein Viertel der österreichischen Wählerschaft aus! Wenn man davon noch den Flugsand der Konjunkturorientierten abrechnete, dann blieben noch genug wertvolle »enttäuschte Idealisten« und »demokratiebereite Altnationale« übrig, die für einen reformierten, humanen Liberalismus zu gewinnen waren.

Es war nicht leicht, all das wegzuräumen, was den Weg zu Hitlers Gewaltlehre geebnet hatte, und jenes liberale Gedankengut, das noch im Altnationalen verankert war, hervorzuholen. Wer die liberale Tradition ansprechen wollte, mußte auch auf ihre vorhitlerische *nationale Tradition* eingehen.

Diese Tradition ist zwar – seit den Freiheitskriegen und dem Wartburgfest – in immer neuen Formen hervorgetreten, aber sie hat ausgestrahlt und – in unterschiedlicher Intensität – nicht nur Freisinnige, sondern auch Christliche und Juden erfaßt:

Es war das große Erlebnis, wie aus einer »Staubwolke von Fürstentümern und Kronländern« zwei innerlich gefestigte deutsche Großmächte entstanden waren und alle Deutschen zu einer neuen, engen Kulturgemeinschaft zusammengefunden hatten. Es waren neue historische Perspektiven, die – angefangen von der Aufwertung des Germanentums bis zum geistigen Aufbruch der Neuzeit – manche etablierte Auffassung des Christentums und der Renaissance verdrängt hatten. Es war die große deutsche Romantik in allen Künsten – am nachhaltigsten in die Volksseele gedrungen mit den Wagner-Opern und den Heldensagen der Schulbücher. Es war das Bestreben zahlloser Familien, germanische Vornamen – wie Siegfried, Gernot, Gudrun – an die Stelle der christlichen zu setzen, die aus dem hebräisch-griechischen Sprachraum stammten.

Zu all dem kamen die Symbole und Rituale, wie Julfeiern und Feuer-Reden, die bei Nationalen nicht weniger ins Gefühl drangen als bei den Christlichen der Christbaum und die Krippe.

Die konsequentesten Träger dieser Tradition waren die Burschenschaften – vor dem Anschluß ein maßgeblicher Faktor der österreichischen Intelligenz, dann von Hitler aufgelöst und nach dem Krieg für zwei, drei Jahrzehnte zu neuem, wohl nicht mehr so starkem Leben erwacht. Sie hatten es am schwersten, sich neu zu orientieren. Zu vieles war von ihren alten Idealen vernichtet worden oder arg durcheinandergeraten.

Mein Konzept war es, eine Brücke zu schlagen zwischen der nationalen Denkungsart und unserem erneuerungsdurstigen Nachkriegsliberalismus. Diese Brücke mußte auch auf der nationalen Seite auf festem Grund aufliegen. Das bedeutete hier: das Deutschtum-Bewußtsein in das Parteiprogramm aufnehmen, bei der Beurteilung des Nationalsozialismus die demokratisch-nationalen Wurzeln schonen und Vertreter der alten nationalen Parteien unter die Funktionäre aufnehmen. Für mich waren das nicht »Kompromisse«, um eine breitere Parteibasis

zustande zu bringen, wie dies manche Zeitgeschichtler deuten, sondern Teile meines Kampfes um den *Gesinnungswandel* dieser 200 000 oder 300 000 Österreicher.
Auf der liberalen Seite sollte die Brücke in dem Felsen neuer Forderungen für die Menschlichkeit und eines neuen Sozialprogramms eingebaut sein. Sie sollte in das Land führen, in dem die Freisinnigen, die deklarierten Nazigegner und Judenfreunde zu Hause sind.
Die Brücke selbst war der bereits erwähnte »Katalog des Umdenkens«.[42]

Welche Hindernisse stellten sich jedoch dem Plan entgegen! Ein so großes Umdenken bringt man nur unvollkommen, nur in größeren Zeiträumen und nach mancher Erschütterung zustande. Das hat auch die sozialistische Bewegung in ihrer 100jährigen Geschichte erfahren. Unter einer neuen politischen Bewegung verstehen eben nicht alle das gleiche.
Die Gegensätze traten schon auf dem ersten Parteitag in Salzburg auf. Da propagierte der Wiener Landesobmann Stüber, ein dem romantischen Nationalgefühl verfallener Dichter-Journalist, eine Linie, die ich als überlebte »germanische Schwärmerei« empfand. Ich antwortete, daß wir unter unseren elenden, harten Zeitumständen nicht geschaffen seien, so große Sprüche in uns aufzunehmen und »in Helm und Brünne einer großen Zeit entgegenzumarschieren«. Ich fügte noch weitere Ironie hinzu – mit dem Ergebnis, daß die ganze Wiener Landesgruppe demonstrativ den Saal verließ. Ich bin da wahrscheinlich zu weit gegangen. Ich hätte die »Brücke« damals wohl auch im Bereich der nationalen Gefühle sorgfältiger verankern sollen.
Die Verbundenheit mit der nationalen Tradition war sehr unterschiedlich: Einige empfanden schon die Verurtei-

275

lung des Hitlertums als persönlichen Schmerz, andere wollten nur den Gedanken des Deutschtums hochhalten, und wieder andere konnten abgenutzte nationale Sprüche überhaupt nicht mehr hören.

So ging auch der Sinneswandel der einstmals überzeugten Nationalsozialisten sehr ungleich vor sich: Manche hatten schon in der Hitlerzeit zu zweifeln begonnen, als ihnen dann der Wahnsinn der Kriegspolitik und der Verbrechen sichtbar vor Augen geführt worden war, gingen sie von selbst auf die Suche nach anderen, nach neuen oder vergessenen alten Idealen. Andere wurden erst allmählich durch verständnisvolle Freunde und behutsame Aufklärung für die Weltanschauung der Menschlichkeit und der ruhigen Vernunft gewonnen. Hier lag eine der großen Aufgaben des VdU.

Ich hielt in 200 bis 300 Dörfern und Städten Versammlungen ab und saß anschließend noch stundenlang mit den interessiertesten Zuhörern – darunter natürlich vielen ehemaligen Nationalsozialisten – zusammen. Da erlebte ich selbst, wie hoch der Prozentsatz derer war, die sich von den Ideen des Siegens und Eroberns frei gemacht und unseren ganz anders gearteten Zielen zugewandt hatten.

Dagegen waren wieder andere von jeher so vorbehaltlos für den Nationalsozialismus eingetreten, daß sie sich nun schwertaten, dieses Glaubensbekenntnis ganz zu verleugnen, und sich daher nicht mehr recht von der alten Nazi-Kameradschaft lösen konnten. Das betraf vor allem die sogenannten »Belasteten«. Die meisten begannen erst später – oft viel später, einige wenige überhaupt nicht – umzudenken. Ich durfte es noch in den achtziger Jahren erleben, daß mir prominente Vertreter der innerparteilichen »nationalen Opposition« von damals sagten: »Jetzt sehe ich es ein, wir hätten damals Ihren liberalen Weg mitgehen sollen.« Einer von diesen gab mir noch folgende psychologische Erklärung ab: »Wir waren noch ganz vom hohen Gefühl des persönlichen Opferns fürs Vaterland erfüllt. Da kam das Kriegsende und stellte uns vor ein grauenvolles Nichts. Wir fühlten uns innerlich zerrissen und sahen keinen Ausweg; nur der Zusammenhalt mit gleich empfindenden Kameraden schien Erleichterung zu bringen.«

Solche keiner neuen Idee, sondern nur »dem nationalen Lager« verschriebene Leute gab es auch im VdU. Aber es war eine kleine Gruppe, die am Anfang kaum bemerkbar war; denn da hatte der gemeinsame Kampf und der gemeinsame Erfolg alle zusammengeschmiedet.

Erst nach der Nationalratswahl von 1953, bei der wir statt 16 nur mehr 14 Mandate erhielten, nicht in die Regierung kamen und daher dem roten Terror gegen die vielen VdU-Leute in den verstaatlichten Betrieben machtlos gegenüberstanden und noch stärker nach den drei verlorenen Landtagswahlen vom Oktober 1954, trat die innerparteiliche nationale Opposition hervor. Sie gewann ihre eigentliche Bedeutung erst, als sie sich mit den draußen gebliebenen, ehemaligen Kameraden verbündete.

Zu jener Zeit war es nämlich den Sozialisten gelungen, den größten Teil der VdU-Arbeiterbewegung schachmatt zu setzen: In den verstaatlichten Großbetrieben, wo wir besondere Wahlerfolge erzielt, zum Teil sogar die Mehrheit errungen hatten, fingen sie an, den Menschen, die den VdU-Wahlvorschlag unterschrieben hatten, zu kündigen, sie vorzuladen und brutal einzuschüchtern. Manche ordentlich abgehaltene Wahlen mit großen VdU-Erfolgen wurden für ungültig erklärt. Auch Betriebsräte wurden, entgegen allen gesetzlichen Bestimmungen, entlassen oder mit der Entlassung bedroht.[43]

Ich bat Raab um seine Intervention bei den ÖVP-Proporz-Direktoren dieser Betriebe. Sie hätten den Terror und die Kündigungen leicht verhindern können. Ich appellierte an die Solidarität der nicht marxistischen Parteien – alles vergeblich! Raab hatte ein ganz anderes Konzept.

Die »nationalen« Agenten der Großparteien – nicht nur die des Sozialisten Krammer, auch die Beauftragten Raabs – hatten es nun leicht, ihren Freunden im VdU zu sagen: »Gebt die Arbeiter-Politik der Kraus und Reimann auf und macht aus dem VdU eine althergebrachte, national-bürgerliche Partei! Dann handeln wir uns den Abbau der Nazi-Benachteiligungen ohne jeden Parlamentslärm friedlich mit den Großparteien aus.«

Am 6. Januar 1954 versammelte Raab anläßlich einer Wirtschaftsbund-Tagung in Linz einige ehemals nationalsozialistische Industrielle zu einer vertraulichen Aussprache. Er bat sie, mitzuhelfen, »das dritte Lager umzukrempeln«: Seine Oberweis-Aktion habe nicht viel gebracht. Er habe erkannt, daß die ÖVP zahllose antiklerikale Bürgerliche, wie die Burschenschafter und viele ehemalige Nazi, doch nie gewinnen könne. Er wolle, daß sich diese, bevor sie sozialistisch oder gar nicht wählen, in einer mit der ÖVP verbündeten nationalen Partei sammeln. Was er aber diesen Herren verschwieg, seinen engeren Parteifreunden jedoch um so freimütiger bekannte – wie mir immer wieder berichtet wurde –, war seine neue Richtlinie: »Wenn eine nicht marxistische Partei neben der ÖPV wirklich nicht zu verhindern ist, dann soll es eine nicht koalitionsfähige Partei sein; denn sonst gäbe es gleich eine rot-blaue Koalition, und die ÖVP müßte in die Opposition gehen. Das Nazi-Problem kommt uns hier sehr zugute. Wir werden an der Stelle des VdU eine Partei von solchen Nazigrößen aufbauen, daß es kein Sozialist wagen kann, mit ihr eine Koalition zu bilden. Akteure für die neue Partei sind da. Die Nazi sind ja hilflos und auf uns angewiesen.«

Der Hauptakteur war Emil van Tongel, ein Wiener Apotheker mit Berufsausübungsverbot, der sich in Oberösterreich als Viehhändler durchschlug. Er war schon in der Großdeutschen Volkspartei und dann in der NSDAP als rastloser politischer Organisator hervorgetreten. Eine Zeitlang wollte er im VdU Wurzeln fassen, kam aber als Belasteter nirgendwo an und zog sich grollend zurück, bis er nach 1953 die treibende Kraft der VdU-feindlichen »nationalen Runde« des »Grünen Salons« im Schwechater Hof wurde. Der Kontakt mit Raab wurde über die nationalen Industriellen hergestellt. In diesem Meinungsaustausch entstand die Idee der »Freiheitspartei« als Kaderorganisation und der Verbrüderung mit der VdU-internen Opposition, um eine neue Partei zu gründen, in der prominenteste Nationalsozialisten herausgestellt werden sollten.[44]

Die Gallionsfigur, die sich van Tongel ausgedacht hatte, hieß Anton Reinthaller. Dieser war in der kurzlebigen nationalsozialistischen Übergangsregierung Seyß-Inquarts Landwirtschaftsminister gewesen und dann zum SS-Funktionär im Generalsrang aufgerückt. Seine persönliche Integrität war bekannt, er hatte nie an Naziverbrechen mitgewirkt, hatte sogar manchem Nazigegner geholfen und galt nun als der höchstrangige nationalsozialistische Führer, der die Volksgerichtsprozesse mit Begnadigungen glücklich hinter sich gebracht hatte. Reinthaller zeigte aber keine Lust, wieder in die Politik zu gehen – nach den überstandenen persönlichen Leiden und bei der weltweiten Verurteilung seines nationalsozialistischen Glaubensbekenntnisses kein Wunder. Van Tongel ließ aber nicht nach. Da seine Überredungskunst nicht ausreichte, schickte er – als höhere Autorität und gleichzeitig als künftigen Schutz – die ÖVP ins Gefecht: So kam es zum historischen Treffen im Bahnhofsrestaurant Attnang-Puchheim kurz nach Raabs Linzer »Vergatterung der nationalen Industriellen«. Es erschienen: Reinthaller, als Beauftragter von Raab der Gesandte Hornbostel, ein Intimus Schuschniggs, und schließlich als Vermittler der nationale Industrielle und Großaktionär der Zipfer Brauerei, Fritz Grätz. Die ÖVP sagte den Akteuren der neuen Parteikonstruktion persönlichen Schutz, berufliche Erleichterungen und eine echte Zusammenarbeit zu. Deren Krönung sollte eine gemeinsame Kandidatur bei der nächsten Bundespräsidentenwahl bilden. Unter diesen Umständen fand sich Reinthaller schließlich doch bereit, Obmann der Freiheitspartei und später auch Obmann des neuen Parteizusammenschlusses, das heißt der FPÖ, zu werden.

Die willfährige und anspruchslose, eben erst amnestierte oder freigesprochene, nationalsozialistische Prominenz war dem ÖVP-Obmann ein viel angenehmerer Gesprächspartner als die selbstbewußte VdU-Führung, die nicht nur das Nazi-Gesetz, sondern auch den Proporz, den unmäßig aufgeblähten Kammerstaat und hundert andere ÖPV-Sünden bekämpfte. Bitterer als jeden sozialistischen Angriff empfand Raab meine Vorwürfe wegen seiner Nachgiebigkeit in der Verstaatlichungsfrage und sein allzu schwaches Eintreten für das freie Unternehmertum. All das hoffte er sich vom Hals zu schaffen, wenn auf der bürgerlichen Seite nicht mehr die kraftvolle Erneuerungsbewegung der Kriegsgeneration, sondern eine schwache, nicht koalitionsfähige Partei stünde.

Raabs Konzept, die Nazi als Nazi zu organisieren, zerschlug mein Vorhaben, umkehrwillige Nazi in einer echt

280

liberalen Partei – so wie etwa in der FDP – als »Nicht-mehr-Nazi« mitarbeiten zu lassen und damit eine koalitionsfähige liberale Partei ins Spiel zu bringen. Darin bestand jahrelang der große Unterschied zwischen der gesund bewegten politischen Szene der Bundesrepublik und der versteinerten Österreichs! Die Allianz war geschlossen. VanTongel gab nun der nationalen Opposition im VdU das Zeichen, sich auf den neuen Weg zu machen – organisatorisch und ideell:

Am Bad Ausseer Parteitag überrumpelte sie die Mehrheit mit einem neuen Parteiprogramm, in dem von einer »deutschen Aufgabe Österreichs« die Rede war. Ich erklärte diese Passage als überflüssig und äußerst unklug, sosehr es mir vertretbar schien, unserem Land – zum Beispiel bei einer weltpolitischen Initiative – bestimmte deutsche Aufgaben zu stellen. Es war eine primitive Demonstration. Um die mühselig erbaute »Brücke« zwischen national und liberal nicht zu gefährden, gab ich nach.

In der Organisation wirkten sich allmählich die Schwächen unserer 1949 ganz neu aus dem Boden gestampften Partei aus: eine unzulängliche Personalauswahl, das heißt manche zaudernde oder untätige VdU-Vertreter in den Landesregierungen, von unerfahrenen Mitgliedern empfohlene, aber politisch versagende Ritterkreuzträger in Schlüsselstellungen des Parteiapparats und schließlich eingeschüchterte Betriebsräte im Zweifrontenkrieg zwischen haßerfüllten roten Kollegen und politisch ausgerichteten Direktoren.

Immer wieder verließen uns Mitglieder und Funktionäre aus dem einfachen Grunde, weil sie »zum Überleben« einen Posten, eine Wohnung oder öffentliche Aufträge brauchten, und das konnte man nur bekommen, indem man Mitglied einer Regierungspartei wurde und bei ihr ein bißchen mitarbeitete. Denn vergeben wurde das alles durch eine rein parteipolitisch ausgerichtete Bürokratie. So machte sich ringsum Ermüdung und auch ein starker Wählerschwund bemerkbar. Die faschistische Gewohnheit, billige Wohnungen, Posten und vieles andere Lebenswichtige nur den eigenen Parteigünstlingen zukommen zu lassen, war wie ein lähmendes Gift für die ganze Demokratie Österreichs – am spürbarsten für die ausgeschlossene Oppositionspartei, den VdU.

Nachdem van Tongel mit Schachermayers Hilfe in Oberösterreich einen kleinen Stock von VdU-Funktionären für die Fusion mit der Freiheitspartei gewonnen und sich damit eine gewisse Ausgangsbasis gesichert hatte, begann er die organisatorische Kleinarbeit in den anderen Bundesländern, um sich mit den übertrittswilligen VdU-Funktionären zu verabreden und sie mit den Aktivisten der »nationalen Traditionsvereine« zusammenzuführen. Diese Vereine, wie Turnerbund, Freiheitlicher Akademikerverband, Lehrerverein, »Reichsorgan« und »Hagebund«, betrachteten sich ohnehin schon längst als die einzig echten Vertreter nationalen Gedankenguts und waren zum VdU, der ihnen viel zuwenig national war, schon längst auf Distanz gegangen. Angesichts der allseits – nicht nur von Raab – forcierten Aufwertung von Nazi-Größen und der allgemeinen Verharmlosung des Nationalsozialismus – Erscheinungen, die unmittelbar nach dem Staatsvertrag besonders stark hervortraten – konnte van Tongel viele ganze und halbe Zusagen bekommen: In Kärnten wurde sogleich verkündet, daß mit der Fusionierung die Führung vom gemäßigten VdU-Obmann Kaufmann auf den weit rechts stehenden ehemaligen Landesbauernführer Huber übergehen werde. Nur in Salzburg sagte Landesobmann Zeillinger zu van Tongel: »Entweder ihr akzeptiert die ganze Führung samt ihren Liberalen oder wir tun alle nicht mit.«

Im Bundesparteivorstand hatten auch schon manche seit einiger Zeit von der »großen nationalen Sammlung« geschwärmt, von einer neuen Partei, die alle Gruppen und Grüppchen dieses Lagers – angefangen von der FSÖ[45] des rechtsradikalen Stüber, den wir aus dem VdU ausgeschlossen hatten, bis zur Strachwitz-Gruppe, die glücklos zwischen ÖVP und VdU hin und her pendelte – unter einem »geeichten Nationalen« vereinigen würde; denn noch wichtiger als die Erfassung aller Grüppchen war ihnen eine neue Führung: Mein politisches Profil und meine klare, liberale Ausrichtung schien ihnen das eigentliche Hindernis für diese Sammlung zu sein.[46]

Ein anderer Teil des Vorstands wollte sowohl »das Nationale« als auch »das Liberale« behalten und konnte sich vorläufig zu nichts entscheiden. Der dritte Teil, die Vertreter unseres Sozialreferats, also die Träger unserer Arbeiterbewegung, hielt eisern zu den alten Idealen und lehnte die Fusion mit der Freiheitspartei ab.

Ich fragte mich, ob ich den innerparteilichen Kampf aufnehmen und unsere »nur nationalen« Parteifunktionäre zur Freiheitspartei abschieben oder die Fusion geschehen lassen und mich selbst zurückziehen sollte.

Im ersteren Fall wäre wohl ein Drittel der Mitglieder und Wähler zur nationalen Partei gegangen, aber viele andere auch zu den Regierungsparteien und den Nichtwählern abgewandert, so daß der Rest kaum gereicht hätte, das Grundmandat zu sichern. Der sozial-liberale Flügel des VdU war ja durch den Betriebsterror am meisten geschwächt. Bei den Arbeiterkammerwahlen von 1954 verloren wir 98 von unseren 117 Mandaten!

Zudem war auch die Chance der Regierungsbeteiligung nicht mehr gegeben. Jetzt, nach dem Staatsvertrag, wäre die rechte Zeit gewesen, so wie die FDP in der Bundesrepublik als rein pragmatisches, ausgleichendes Element zwischen zwei ideologisch ausgerichteten Blöcken eine ausgewogene Politik der Mitte durchzusetzen! Die Großparteien hatten schon angekündigt, die große Koalition auch nach der Wahl von 1956 fortzusetzen. In ihrer bequemen Ämter- und Machtaufteilung fühlten sie sich wohler als in einer handlungsfähigen, echte Reformen bringenden, kleinen Koalition.

Politik ist die Kunst des Möglichen. 1956 waren zu viele der mir zuvor gegebenen Möglichkeiten geschwunden, um im demokratischen Spiel weiterhin erfolgreich mitzuwirken. Für mich war eine Partei nie Selbstzweck, sondern Mittel zum Zweck, ein politisches Lager nie Vaterland, sondern nur ein Teil des von allen zu tragenden, echten Vaterlands. Sollte ich mich da mit aller Gewalt an meine Führungsposition klammern und für diese einen großen Kampf ausfechten? Das wäre mir faschistisch vorgekommen; denn Faschismus heißt gewaltsam und verbissen aufrechterhaltene Führung, Demokratie dagegen Führungswechsel und Ablösung – sobald sich die Szene oder Volksstimmung gewandelt hat. Ich habe 1984 in den »Berichten und Informationen« (Nr. IV) einen Katalog der »liberalen Tugenden«, das heißt der politischen Verhaltensweisen, zusammengestellt, welche für das Funktionieren der liberal konzipierten Demokratie erforderlich sind. Unter diesen spielt die – gar nicht so leichte – Bereitschaft zurückzutreten, eine hervorragende Rolle.

Ich bekämpfte wohl noch die Fusion mit der Freiheitspartei bis zuletzt und bezeichnete sie als den Übergang der großen demokratischen Erneuerungsbewegung der Kriegsgeneration zum kleingeistigen »Traditionsverein ehemaliger Nationalsozialisten«. Aber ich konnte die zögernden Mitglieder der Parteileitung, die den alten Geist noch hätten retten können, nicht mehr überreden.

Meine Konsequenz war, daß ich meinen engeren Freunden meinen Abgang aus der Politik ankündigte.

Zum Schluß hatte ich noch eine dramatische Aussprache mit dem gegnerischen Hauptakteur van Tongel. Er sagte, mit der neuen Führung werde man ein Wahlergebnis von nahezu 25 Prozent zustande bringen; denn so viele waren eingeschriebene Mitglieder der NSDAP, und jetzt würden sie alle, bis auf wenige Ausnahmen, wiederkommen.

Am 7. April 1956, bei der Gründungsversammlung der FPÖ, wurde nun tatsächlich Reinthaller, der prominenteste noch lebende ehemalige Nationalsozialist Österreichs, zum Obmann gewählt. Ich wußte sehr wohl, daß dies kein Wiedererstehen des Hitlertums bedeutete. Aber ich war entsetzt, wie wenig man darauf aus war, sich von der grauenvollen Nazi-Vergangenheit zu distanzieren, sondern geradezu als Demonstration der »nationalsozialistischen Rehabilitierung« den todkranken Reinthaller auf dieses Podest zerrte. Da half es auch nichts, daß man einen übriggebliebenen Funktionär der Strachwitz-Gruppe, der schon mehrere Male seine politische Richtung gewechselt hatte, als »liberalen Exponenten« zu einem seiner Stellvertreter wählte.

Mit einer Partei, die sich ein solches Profil zurechtlegte, wollte ich nichts zu tun haben. Ich berief eine Pressekonferenz ein, schilderte, wie verantwortungsbewußt der VdU an die Nazi-Frage herangegangen war und wie bedenkenlos jetzt provokante Nazi-Trümpfe ausgespielt würden. Ich ließ meinen Anhängern sagen, daß ich meinen Namen und meine Empfehlung nicht für eine Partei hergeben kann, die eine ganz andere Richtung als ich verfolgt. Einige zur FPÖ hinübergewechselte VdU-Funktionäre – darunter auch enge Freunde von mir – seien ohne allen Zweifel von Neonazismus weit entfernte, verläßliche Sozialliberale. Doch schienen sie mir zur völligen Einflußlosigkeit verurteilt zu sein.

Van Tongel wurde noch während der Pressekonferenz von einem Journalisten telefonisch verständigt und rief in einer gleichzeitig abgehaltenen FPÖ-Sitzung freudestrahlend aus: »Jetzt ist der Kraus wirklich endgültig weg. Jetzt kommt unser großer Sieg!«

Dann kam die Wahl 1956. Die FPÖ errang gerade die Hälfte der Stimmen, die der VdU hatte. Sie bekam nur sechs Mandate.

So enttäuschend dieses Ergebnis nach außen hin auch war, für die Ziele, die sich van Tongel und seine Freunde vom »Grünen Salon« fürs erste gesteckt hatten, reichte es aus: Die Belasteten kamen schneller und auch praktisch-beruflich in den Vollbesitz ihrer Bürgerrechte, und die Zusammenarbeit mit der ÖVP schien zu funktionieren. Raab war hoch zufrieden, denn alle acht verlorengegangenen VdU-Mandate bekam die ÖVP.

Es war ohne Zweifel vor allem unsere, durch den Betriebs-Terror verscheuchte Arbeitnehmerschaft, die diesen ÖVP-Sieg herbeigeführt hat; denn sie war von uns so antimarxistisch ausgerichtet worden, daß sie die SPÖ nicht wählen konnte. Die SPÖ gewann diese Wählerschaft erst nach 1970, als sie unter Kreisky liberaler und leistungswirtschaftlicher zu werden schien. Auch die tiefgreifenden sozialen Veränderungen, das heißt die geringer gewordenen Unterschiede zwischen Bürgertum und Arbeiterstand, ließen das fixe Stimmenkapital der drei politischen Lager immer kleiner und das fluktuierende immer größer werden.

Jetzt war ich frei. Die Hektik der politischen Tagesarbeit war auf einmal vorbei. Ich konnte die Dinge wieder mit Abstand betrachten, in Ruhe überdenken.

286

Zunächst mein Rückblick: Was hat unsere Politik der Anhängerschaft und dem ganzen Land gebracht?

Es waren keine groß zu feiernden Siege, sondern allmähliche Entwicklungen, die wir in Gang setzten – stille, aber nachhaltige Beiträge zu manchem Gesundungsprozeß:

Wir haben verhindert, daß ein Viertel der Österreicher, verfemt und entrechtet, in dauernder Feindschaft gegen die anderen und gegen den ganzen Staat verharrte. Wir haben bei den meisten Nazi einen tiefgreifenden Sinneswandel hervorgerufen, sie mit neuen Idealen und Hoffnungen erfüllt.

Die Klassenkampf-Idee ersetzten wir durch die Idee der Partnerschaft, und zwar konkret: im einzelnen Betrieb mit der – eindrucksvoll vorexerzierten – Ergebnisbeteiligung und in den großen Wirtschaftssparten, beim Kollektivvertrags-Aushandeln, mit der gemeinsam angestellten Wirtschaftsanalyse. Das letztere wurde von den Großparteien zuerst belächelt, dann allmählich akzeptiert, schließlich sogar zum Prinzip erhoben und als die »österreichische Sozialpartnerschaft« groß herausgestellt. Die erstere und viel wichtigere Seite der Partnerschaftsidee – die innerbetriebliche – wurde allerdings erst von wenigen Unternehmern und in recht unterschiedlicher Weise verwirklicht, aber in den achtziger Jahren wieder in die politische Diskussion[47] gebracht.

Die so in die Arbeiterschaft eingedrungene Ahnung von echten Alternativen zur marxistischen »Zwangswirtschaft« des Staates hat ohne Zweifel zur Entradikalisierung und zum späteren Rechtsruck der Sozialistischen Partei beigetragen.

Wir haben – wie 100 Jahre zuvor, in der Revolution von 1848 – um den »freien Zugang zu den Ämtern«, gegen Proporz und Freunderlwirtschaft gekämpft, mit wenig Erfolg zwar, aber doch so, daß letztere weiterhin nur mit

287

schlechtem Gewissen geübt wurden. Wir haben Korruption und Mißwirtschaft angeprangert und als erste seit 1934 die Aufgaben einer parlamentarischen Opposition erfüllt. Da ist manches angefacht worden, was nun schrittweise demokratisches Leben in die erstarrte, halbfaschistische Zweiparteienherrschaft brachte.
Durch Mahnungen zu liberaler Toleranz und durch unsere eigene Versöhnlichkeit haben wir sicherlich auch einiges von den alten »Lager-Barrieren« abgebaut und den Parteibegriff auf seinen demokratischen Ursprung zurückgeführt.
Und dann der Ausblick: Ich hatte wenig Hoffnung, daß sich die positiven, vom VdU gekommenen Kräfte in der neuen Konstellation durchsetzen und die FPÖ zur so dringend benötigten, liberalen Mitte unserer Parteienlandschaft machen würden. Wie sollte diese Partei von ihrer Gründungsidee, alte Nazikameradschaften zu verwirklichen, loskommen!

Es kam jedoch besser, als ich gefürchtet hatte: Nach dem baldigen Tod Reinthallers übernahm ein Vertreter der jüngsten Kriegsgeneration die Führung der FPÖ: Friedrich Peter, ein echtes politisches Talent, das eine neue Orientierung suchte. Er war Soldat der Waffen-SS gewesen, schien sich aber nicht als der »Exponent der alten NS-Kameradschaft« zu fühlen. Er war sichtlich bemüht, sich von der Vergangenheit zu lösen. Mühsam und gegen allerlei Widerstände und Rückschläge ankämpfend, suchte er seiner Partei eine liberale Ausrichtung zu geben. Durch die Gründung des weltaufgeschlossenen Atterseekreises und durch eine intensive neue Programmarbeit gelang es ihm auch, einige wesentliche Schritte in Richtung moderner Liberalismus zu tun und einiges vom VdU-Erbe wiederzubeleben.

10. Kapitel

Die Wohlstandsepoche

Zur Zeit, als ich mein Politiker-Dasein aufgab, erlebte die europäische Wirtschaft einen beispiellosen Konjunkturaufschwung. Österreich war nicht mehr im Abseits: Der Staatsvertrag war abgeschlossen, der internationale Handel wurde nicht mehr kontrolliert und gehemmt, und die Banken verliehen wieder Geld, langfristiges sogar, für alle Arten von Investitionen.

Da war mir nicht bange, »neu anzufangen«. Zu meiner ursprünglichen Beschäftigung, zur Herausgabe der »Berichte und Informationen«, konnte ich nicht zurückkehren. Ich hatte die Zeitschrift meinen Mitarbeitern gänzlich überlassen. Ich war erst 45 Jahre alt und fühlte mich in der österreichischen Wirtschaft einigermaßen zu Hause. In meiner politischen Zeit waren mir ja die verschiedensten Detailprobleme vertraut geworden; denn um das notwendige Geld für die drei, vier Parteiangestellten, die Plakate und die Stimmzettel zusammenzubetteln, war ich von einem Wirtschaftsführer zum anderen gegangen, hatte dessen Sorgen und Meinungen aufmerksam angehört, besprochen, was davon im Parlament vorzubringen war, und schließlich die jeweilige Spende ausgehandelt.

Zunächst nahm ich einen Posten in der Zellwolle Lenzing an, als Verkaufsleiter für das neue Produkt Zellglas (Cellophan). Obwohl das ein wirklich bescheidener Allerweltsposten war, schrieben zwei neidvolle, auf »Privilegienjagd« spezialisierte Journalisten von »Schiebung und Bevorzugung ehemaliger Politiker«. Ich blieb nur wenige Monate.

Dann gründete ich meinen eigenen Service-Betrieb für die Geldveranlagungen der Versicherungswirtschaft. Daraus wurde 1959, als ich mich mit einem erfahrenen Fachmann aus der Bundesrepublik und einem österreichischen Rechtsanwalt zusammentat, die »Donau-Finanz«. Schon 1958 verschaffte ich der Verbundgesellschaft und der Republik Österreich durch amerikanische Investmenthäuser die erste österreichische Auslandsanleihe.

Österreich war nicht mehr das Aschenbrödel Europas. Es galt bereits als kreditwürdig und bekam bald weitere Anleihen. Auch sonst gewann unser Land zusehends an internationaler Achtung.

Sein guter Ruf als neutrales Asylland machte sich schon Ende 1956, während des ungarischen Volksaufstands, geltend. Die Österreicher zeigten damals eine Hilfsbereitschaft, die man gar nicht erwartet hatte: Zahllose Familien nahmen Ungarnflüchtlinge in ihre Wohnungen auf. Ich sah die geizigsten Spießbürger mit Kleidern und Brot zu den Sammelstellen der Flüchtlingshilfe eilen. Es war eine großartige Demonstration europäischer, antisowjetischer Solidarität!

Die kurz aufgeflammte Hoffnung, daß unsere Nachbarländer ihre kommunistische Fremdherrschaft abschütteln könnten, war verflogen – aber auch die Angst, daß Österreich noch einmal besetzt werden würde.

Während jenseits des Eisernen Vorhangs weiterhin Lebensmittelmarken, Menschenschlangen vor den Geschäften und Wohnungsnot die Szene beherrschten, entwickelte sich in Österreich ohne Aufenthalt ein nie gekannter Wohlstand: Bescheidene Durchschnittsbürger verbrachten ihre Ferien nicht mehr bei bäuerlichen Verwandten auf dem Lande, sondern fuhren an die Adria – in das altbekannte Grado oder das neu entdeckte Jesolo. Die Auslagen der Geschäfte zeigten beste Waren, ja schon richtige Luxusgüter in Fülle. Der Arbeiter kaufte sich einen Eisschrank auf Raten, und die Taxis waren nicht mehr die Ratterkästen, Baujahr 1926, sondern herrschaftliche Mercedes.

Ihre letzte Hochkonjunkturperiode hatten die Österreicher vor 30 Jahren erlebt. Die jetzige Blüte verdankten sie nicht bloß dem »Ankurbelungseffekt« des lange aufgestauten Nachholbedarfs wie in der Zeit um 1926, sondern einer neu anbrechenden Wirtschaftspolitik: der schrittweisen Annäherung der Arbeiterlöhne an bürgerliche Einkommensverhältnisse. Früher waren Lohnerhöhungen nur im Kampf, durch Streikdrohungen und ganz uneinheitlich erzwungen worden. Jetzt fing man an, Lohnsteigerungen zum System zu erheben.

Die überstürzten Feuerwehraktionen der Lohn-Preis-Abkommen wurden endlich aufgegeben. Statt dessen begann 1957 eine neu gegründete »Paritätische Kommission für Lohn- und Preisfragen«, bestehend aus Arbeitgeber- und Arbeitnehmervertretern, das Ausmaß der volkswirtschaftlich zu rechtfertigenden Lohnerhöhungen gemeinsam zu untersuchen und dann gemeinsam festzulegen.

Der ursprünglich noch recht klassenkämpferische Gewerkschaftspräsident Johann Böhm sagte damals vor Industriellen, daß man den gemeinsamen Ast, auf dem Arbeiter und Unternehmer sitzen, nicht mutwillig absägen dürfe. Er wurde wegen dieses Ausspruchs von Kommunisten und linken Sozialisten zunächst angegriffen und verspottet. Aber allmählich akzeptierte auch die Basis des Gewerkschaftsbundes das regelmäßige friedliche Gespräch mit den Arbeitgebern. Der nächste – besonders mutige[48] – Gewerkschaftspräsident, Franz Olah, verfeinerte 1959 noch den Lohnerhöhungsmechanismus und begann, von »Sozialpartnerschaft« zu sprechen. Es war nicht jener – weit über Lohnfragen hinausgehende – Partnerschaftsbegriff, den der VdU gepredigt hatte, aber doch ein bedeutsamer Niederschlag davon.

1960 sprach mich Olah in einem Kaffeehaus an und lud mich in sein Büro ein. Wir diskutierten über die Sozialpartnerschaft, besprachen aktuelle Parteiprobleme und fanden zu einem freundschaftlichen Kontakt, der noch seine politische Bedeutung bekommen sollte.

Ich kam auch mit einigen seiner Mitarbeiter[49] zusammen und besprach mit ihnen unter anderem konkrete Projekte für die Dritte Welt. Es war ein eigener Kosmos, den ich da kennenlernte: Seit es in Österreich nur eine einzige gemeinsame Gewerkschaft gibt und man nicht mehr hektisch, mit spektakulären Forderungen, einander übertrumpfen muß, sind diese Arbeiterführer ein besonderer Menschentyp geworden: aus dem Gefühl der Stärke heraus gelassen und selbstsicher, nicht auftrumpfend, sondern betont kameradschaftlich – auch dem »Kapitalisten« gegenüber, für den sie mich hielten. Nur jene Gewerkschafter, die keine starken Unternehmer, sondern leicht einzuschüchternde, politisch abhängige Staatsdiener als Gegenüber hatten – wie die Eisenbahn-Gewerkschafter und die Betriebsräte der verstaatlichten Industrie –, wurden häufig zu falsch konzipierten Forderungen und zu engstirnigen Eifersüchteleien verführt. Als ich 1967 den Verkauf von zehn schwedischen Thyristorlokomotiven zur Modernisierung der Bundesbahn zustande gebracht hatte, berichtete man mir, wie wütend der Präsident der Eisenbahngewerkschaft war, daß er dabei nicht hatte mitreden können.

So endgültig mein Abschied von der Tagespolitik auch gewesen war, so wenig wollte ich den Kontakt mit den nachfolgenden Politikern verlieren. Seit ich selbst keine Partei mehr zu führen hatte, war jedes politische Gespräch offener und ergiebiger.
Politiker der Volkspartei traf ich häufig im Österreichischen Club, einer ÖVP-»Vorfeld-Organisation« für liberale Wirtschaftsführer. Meinen alten Bekannten Josef Klaus, der 1962 Finanzminister und 1966 Bundeskanzler wurde, besuchte ich fast jeden Monat in seinem Amtszimmer.
Nur mit der FPÖ hatte ich zehn Jahre lang keine Berührung. Aus der Ferne verfolgte ich, wie Raab und Reinthaller die 1953 vertane Gelegenheit eines gemeinsamen schwarz-blauen Kandidaten für die Bundespräsidentenwahl 1957 dilettantisch zurückholen wollten, indem sie einen angesehenen, aber politisch unbekannten Arzt als ihr Zugpferd präsentierten – als ob Breitner den großen Wahlerfolg seinem Arztberuf zu verdanken gehabt hätte! Gewählt wurde der sozialistische Parteiobmann Schärf.
Die ÖVP war über diesen Mißerfolg so entsetzt, daß sie die stille Freundschaft mit der FPÖ schleunigst aufgab und von der versprochenen Wahlrechtsreform, die der FPÖ zusätzliche Mandate gesichert hätte, nichts mehr wissen wollte. 1963, bei der nächsten Präsidentenwahl, fiel sie ins andere Extrem und stellte – ohne jede Absprache mit der FPÖ – ihren zweifellos bedeutendsten Politiker, den »Staatsvertrags-Kanzler« Raab, als Kandidaten auf – mit dem Ergebnis, daß dieser die geringste Stim-

menzahl aller ÖVP-Kandidaten in der Geschichte erhielt, ein Schulbeispiel dafür, wie oft auch die glorreichste politische Karriere tragisch endet. Die allzu konservativen ÖVP-Politiker hatten es nie zustande gebracht, die halb liberale, halb orientierungslose Wählerschicht zwischen den zwei Großparteien richtig zu beurteilen und richtig mit ihr umzugehen.

Um diese Zeit erschien ein neuer Gesprächspartner für die FPÖ am Horizont: Franz Olah, der 1963 die Gewerkschaft verlassen und das Innenministerium übernommen hatte. Er legte es darauf an, die schon recht brüchige große Koalition durch eine kleine rot-blaue Regierung zu ersetzen. Er sah die Chance, deren Bundeskanzler zu werden. Denn auch an der SPÖ-Spitze war ein Wechsel fällig.

Schärfs Nachfolger war Bruno Pittermann geworden – kein leistungsfähiger Politiker, sondern ein Klassiker des Wortspiels und gefälliger Witzeleien. Wo sich eine Gelegenheit bot, stellte er dem Koalitionspartner ein Bein, ohne eigene Vorschläge als Alternativen anzubieten. Für die ihm unterstellten verstaatlichten Betriebe erfand er das stolze Wort »Nationalindustrie«, tat aber nichts, um sie an den entscheidenden neuen Marktentwicklungen Europas teilnehmen zu lassen.

Olah aber hatte Alternativen. Er organisierte mit den Freiheitlichen die Kampfabstimmung gegen die ÖVP in der Habsburger-Frage. Er startete die ungewöhnlichsten Initiativen, wagte sich aber in manchem so weit vor, daß Pittermann zum offenen Kampf gegen ihn aufrufen konnte. Olah war sich seiner starken Verankerung in der Arbeiterschaft bewußt und beantwortete seinen Partei-Ausschluß mit der Gründung der »Demokratischen Fortschrittlichen Partei«.

Wiederum begegnete ich Olah zufällig. Er bat mich in

sein bescheidenes Parteibüro am Bauernmarkt und klagte mir, daß er wohl viele Anhänger, aber kein Geld habe, um an der bevorstehenden Nationalratswahl (6. März 1966) teilzunehmen. Ich sei doch in diesen Dingen erfahren und solle ihm helfen.

Gegen Olahs politisches Konzept hatte ich nichts einzuwenden, und Pittermanns Politik verdiente zweifellos einen »Denkzettel«. So machte ich mich auf den Weg, um Olahs Wunsch zu erfüllen.

Zuerst sprach ich den Präsidenten der Industriellen-Vereinigung, Mayer-Gunthof, an. Er sagte: »Ich weiß ganz genau, daß ich mit der Finanzierung Olahs den ÖVP-Obmann Klaus zum Bundeskanzler einer Alleinregierung machen könnte. Die kleine Summe, die Olah braucht, wäre auch leicht aufzubringen. Aber ich habe dem Gewerkschaftspräsidenten Benya mein Wort gegeben, es nicht zu tun.« Mayer-Gunthof war nicht nur der beste Präsident der Industriellen-Vereinigung, er war auch ein Ehrenmann.

Ich erinnerte mich eines mir freundlich gesinnten ÖVP-Politikers aus dem Österreichischen Club, Viktor Müllner, der gerade in eine Affäre um die Finanzierung seiner Partei verwickelt war. Die ÖVP-Spitzen hatten ihn wie eine heiße Kartoffel fallen lassen. Ich fragte ihn, ob vom politischen Geld noch etwas vorhanden sei und ob er das nicht der Olah-Partei geben wolle. (Müllner hatte Olah im Konzentrationslager als guten Kameraden kennengelernt.) Müllner hatte nur mehr ein paar hunderttausend Schillinge, die er mir gab. Ich schickte meinen ältesten Sohn in seiner Bundesheer-Uniform mit dem Kuvert voller Banknoten zu Olah. Olahs Quittung dafür gab ich ab, und sie müßte heute noch in Müllners Besitz sein.

Olah bekam über 100 000 Stimmen aus dem festen Stimmenkapital der SPÖ, aber kein Mandat. Auch andere wandten sich wegen Pittermanns Auftreten von der SPÖ ab. So erhielt die ÖVP mit 85 Mandaten die absolute Mehrheit, und Klaus wurde Bundeskanzler einer ÖVP-Alleinregierung.

Klaus erfuhr nie von dem Geheimnis. Er glaubte auch noch 1970, den großen Wahlerfolg aufgrund seiner eigenen Beliebtheit errungen zu haben.

Olah kam später – wegen seiner gewerkschaftlichen Eigenmächtigkeiten – für ein Jahr ins Gefängnis. Auch Müllner wurde vom Gericht und von seiner Partei verurteilt. Viele Jahre später sagte einer der ÖVP-Führer zu Freunden von mir: »Beim gegenseitigen Umbringen geht es in unserer Partei ärger zu als im Alten Testament.«[10c]

Klaus bemühte sich aufrichtig um Reformen. Er war Ratgebern gegenüber aufgeschlossen, aber nur solchen gegenüber, die katholisch punziert waren. Als »christlicher Fundamentalist«, der politisches Heil nur aus streng katholischen Quellen schöpfen wollte, war er voreingenommen gegen jeden Andersgläubigen. Durch seinen politischen Aufstieg zu übermäßigem Sendungsbewußtsein verführt, wirkte er manchmal zu wenig realistisch, fast weltfremd. Dafür war er jederzeit bereit, persönliche Opfer auf sich zu nehmen. Er hatte Erfolg. Seine Amtszeit bewies, um wieviel handlungsfähiger eine Einparteienregierung ist. Auch eine kleine Koalition stimmt sich gegenseitig viel besser ab als eine große. Es hängen zu viel Prestige-Gewichte auf den beiden Seiten einer großen Koalition!

Am Anfang seiner Regierung ging es um die Neuordnung des Rundfunks, nachdem schon 1964 über 800 000 Wahlberechtigte im ersten österreichischen Volksbegehren einen parteiunabhängigen Rundfunk verlangt hatten. Klaus fragte mich, ob Gerd Bacher als Generalintendant geeignet wäre. Ich antwortete, Bachers außerordentliche journalistische Fähigkeiten zu kennen und zu schätzen; es gäbe nur selten einen Menschen, der von so viel innerer Neugier getrieben sei, so rückhaltlos staunen könne und so rasch mit guten Einfällen reagiere wie er. Bedenken hätte ich nur gegen seine Vorliebe für bewußt »provokantes« Journalistentum. Und was seinen Charakter beträfe, so hätte ich keine persönlichen Erfahrungen.

Während des Wahlkampfes, der zu dieser Einparteienregierung geführt hatte, sollte ich im Fernsehen mein Urteil über die FPÖ abgeben. Ihr neuer Parteiobmann war mir aber nur vom Bildschirm her bekannt. Ich entschloß mich, im freiheitlichen Parlamentsklub anzurufen. So kam es, daß Peter mich – den verfemten Erbfeind der »Nationalen« – zu einer Aussprache einlud.
Sie verlief freundschaftlich. Am Ende sagte Peter: »Ich habe das gleiche Ziel wie Sie, nämlich die Nationalen wieder ins liberale Lager zu führen. Sie haben das nur zum Teil erreichen können. Denn Sie sind nicht von ›nationaler Tradition geprägt‹, weshalb Sie das Vertrauen mancher festgelegter Kreise nicht haben gewinnen können. Ich glaube, dieses Vertrauen zu besitzen, und sehe es daher als meine Aufgabe an, Ihr Vorhaben zu Ende zu führen – soweit das eben möglich ist.«
Anschließend kam ich noch einige Male mit Peter zusammen. Ich schätzte den Gedankenaustausch mit ihm. Wenige Wochen vor der Nationalratswahl vom 1. März 1970 hatte ich noch einmal eine denkwürdige Aussprache:
Damals war in der Bundesrepublik eine rot-blaue Regierung gebildet worden. In Österreich erwarteten viele Bürgerliche das gleiche und fürchteten einen gefährlichen Linksruck. Das veranlaßte Peter am 16. Januar

1970 zur öffentlichen Erklärung, er werde mit den Sozialisten keine Koalition eingehen, obschon er mit der ÖVP keinerlei Absprache über ein Zusammengehen hatte. Ich riet Peter, seine Erklärung zu widerrufen oder abzuschwächen; denn seit Bruno Kreisky sozialistischer Parteiobmann geworden war (1967) und einen sichtlich liberalen Kurs eingeschlagen hatte, würde ich eine freiheitlich-sozialistische Zusammenarbeit keinesweg von vornherein ablehnen. Ich sagte zu Peter: »Am wirksamsten kann man den alten, klassenkämpferischen Marxismus zurückdrängen, wenn man dem liberalen Flügel der SPÖ eine Chance gibt. Zuerst jedoch ist zu prüfen, ob ein zielführendes Zusammengehen mit der ÖVP möglich wäre. Die historische Aufgabe der kleinen Partei in der Mitte ist es, das Land vor der Erstarrung einer handlungsunfähigen großen Koalition zu bewahren. Jede andere Regierungsform ist besser.«

Peter glaubte, nicht einfach widerrufen zu können, und was die ÖVP betraf, so war ein Gespräch jetzt mitten im Wahlkampf noch weniger möglich als in der ohnehin schon so frostigen vorhergehenden Periode. Ein Gespräch mit der öffentlich abgelehnten SPÖ kam überhaupt nicht in Frage. Diese hatte ihren Wahlkampf schon auf einen »drohenden Bürgerblock« hin ausgerichtet – für die Arbeiterschaft eine schreckhafte Erinnerung aus der Ersten Republik.

Schon am nächsten Tag besuchte ich Bundeskanzler Klaus und fragte ihn, was die ÖVP angesichts der Erklärung Peters zu tun gedenke. Er antwortete: »Wir werden wieder die absolute Mehrheit bekommen. Sollte ich mich jedoch täuschen, werden wir uns eben mit einer großen Koalition abfinden. Was sonst? Solange ich Parteiobmann bin, gibt es keine Zusammenarbeit mit den Freiheitlichen.« Ich bat ihn, seine Meinung zu überdenken, beschrieb ihm Peters Abkehr von jeder extremen nationalen Gesinnung und prophezeite, daß er mit seiner Feindschaft das freiheitliche »Zünglein an der Waage« nur zur linken Seite hin abdrängen werde. Klaus blieb halsstarrig. Kurz vor dem Wahltag ging ich wieder zu ihm. Ich richtete abermals nichts aus.

Bevor ich sein Zimmer verließ, drehte ich mich nochmals um, die hoch angebrachte Türschnalle in der Hand, und sagte: »Sie werden die absolute Mehrheit ganz sicher nicht erreichen, vielleicht nicht einmal die relative. Wenn Sie als Parteiobmann das nun einmal vorliegende freiheitliche Koalitionsangebot zurückweisen, dann tragen Sie allein die Verantwortung, daß die ÖVP auf mindestens zehn Jahre alle Regierungschancen verliert. Ich weiß nicht, ob Sie ermessen können, wie wenig die ÖVP auf die Oppositionsrolle vorbereitet ist.« Klaus zog seinen Kopf tief zwischen die Schultern, schaute nur mehr schief zu mir hin und blieb bei seinem Nein.

Mir war klar, daß er seine Parteigremien überrumpeln, das heißt dieses Nein schon in der Wahlnacht öffentlich aussprechen würde, um jeden anderen Vorstandsbeschluß zu verhindern. Bei seiner tief sitzenden Abneigung sah ich in einer schwarz-blauen Koalition auch keinen Sinn mehr.

Andererseits war mir Kreisky schon während des ganzen Wahlkampfes als kluger, fast liberal ausgerichteter Sozialist erschienen. So hatte er die erfolgreichste Wahlparole der österreichischen Geschichte aufgebracht: die Verkürzung der Wehrdienstpflicht auf sechs Monate. Damit sprach er das persönliche Interesse von mehr als 100 000 Wählern an und schlug gleichzeitig etwas Vernünftiges vor, was keine neuen Steuermittel erforderte – eine äußerst seltene Erscheinung unter den österreichischen Wahlparolen.

Die ÖVP hatte mit dem Plakat »Klaus, ein echter Österreicher!« geworben. Jeder wußte, was das heißen sollte:
»Mein Gegenkandidat Kreisky ist Jude, also nicht so
österreichisch wie ich.« Nun ist aber der vielzitierte »la-
tente Antisemitismus« der Österreicher keineswegs so
primitiv, daß er da mitgegangen wäre. Im Gegenteil,
viele, deren latent antisemitische Stimmung mir wohlbe-
kannt war, sagten: »Das ist unfair! Jetzt wähle ich erst
recht den Kreisky.«
Kreisky hatte die große Koalition schon vor 1966 und
dann immer wieder als sehr abträglich qualifiziert. Vieles
sprach nun dafür, daß die SPÖ wohl nicht die absolute,
aber die relative Mehrheit bekommen würde. Was
könnte da anderes in Frage kommen als eine Minder-
heitsregierung der Sozialisten, gestützt auf eine »stille«
rot-blaue Zusammenarbeit im Parlament?
Ich fragte Peter, ob er auf so etwas einginge. Der Gedanke gefiel ihm, da ihm zu seiner Erklärung vom 16. Januar im Laufe des Wahlkampfes doch immer mehr Bedenken gekommen waren.
Das sollte Kreisky erfahren! Da ich damals keinen direk-
ten Kontakt mit ihm hatte, wandte ich mich an einen seiner wirtschaftlichen Ratgeber, den Länderbank-Gene-
raldirektor Ockermüller. Auch dieser hielt den Gedanken einer »stillen«, auf das Parlament beschränkten
»Koalition« für richtig und versprach, ihn Kreisky zu
empfehlen. Um sicherzugehen, bat ich auch noch den in
der SPÖ-Zentrale beschäftigten Sekretär Fischer-Leh-
ner zu mir und informierte ihn über alles, was Kreisky
wissen sollte.
Die Wahl brachte dann der SPÖ 81, der ÖVP 78 und der
FPÖ sechs Mandate.
Sofort nach der Verkündigung des Wahlergebnisses gab
Klaus die erwartete Absage an die Freiheitlichen be-

kannt. Kreisky erklärte, den Auftrag zur Regierungsbildung auf jeden Fall anzunehmen. Wenig später, nach Mitternacht, rief der sozialistische Diplomat Jankowitsch[50] in Peters Wohnung an, ob er bereit wäre, sich mit Kreisky zu treffen. Bei dieser ersten, nächtlichen Zusammenkunft sprach Kreisky von nichts anderem als der Wahlrechtsreform, die Pittermann den Freiheitlichen versprochen, aber nicht gegeben hatte. Er erklärte, das Versprechen einlösen zu wollen, und gab den Termin und alle Details an, wie das geschehen sollte. Erst beim dritten Treffen wurde die parlamentarische Unterstützung der sozialistischen Minderheits-Alleinregierung durch die Freiheitlichen angeschnitten.

Diese Zusammenarbeit funktionierte klaglos durch eineinhalb Jahre. Die Wahlrechtsreform und die Verkürzung des Wehrdienstes wurden Wirklichkeit. Kreisky hatte, genauso wie vorher Klaus, den Vorteil der Alleinregierung, zügig handeln zu können. Im Herbst 1971 fühlte sich Kreisky so gefestigt, daß er eine neue Nationalratswahl wagte. Und da gewann er zum ersten Mal die absolute Mehrheit.

In den 13 Jahren der Kreisky-Ära trat nirgendwo ein Judenproblem hervor. Unter den vielen hundert Meinungsäußerungen, die ich hörte, waren keine drei, in denen die Regierung aus antisemitischen Gefühlen heraus kritisiert worden wäre. Jude war kein Reizwort mehr. Die assimilierungswilligen Juden wurden immer häufiger problemlos akzeptiert. Sie begannen, im Österreichertum aufzugehen. Die Traditions- und Glaubenstreuen standen unter dem Schutz einer judenfreundlichen Weltmeinung. Und die kluge Israelitische Kultusgemeinde vermied öffentliche Auftritte und Konflikte.

Vielleicht hat gerade der Bundeskanzler jüdischer Herkunft wesentlich dazu beigetragen, daß der österreichische Antisemitismus zugedeckt wurde. Vielleicht hat sich Kreisky aber zu stark vom Judentum distanziert, um ein Gesprächspartner für die Überwindung des Antisemitismus zu werden.

Seit Kriegsende gab es verschiedene Phasen in der Haltung der Österreicher zum Judentum:

Zuerst hatte man es halb erleichtert, halb ängstlich hingenommen, daß wieder Juden da waren – erleichtert, weil gerade das Ende der Judenverfolgung die Beendigung des ganzen Naziterrors am deutlichsten ins Bewußtsein gebracht hatte, und ängstlich, weil die Juden seit Jahrzehnten und ganz massiv in der jüngsten Vergangenheit als die reine Pest, als Drohung einer bösen Weltherrschaft hingestellt worden waren. Diese Angstvorstellung ist mit dem Ende der Hitlerzeit keineswegs einfach verflogen. Die Wahlkampagne, die 1949 wegen meiner Judenhilfe[51] gegen mich eröffnet worden war, wäre ohne eine solche Angstvorstellung doch gar nie ausgedacht worden. Die längste Zeit ist kaum etwas geschehen, um solche Vorstellungen zu beseitigen und eine neue Sicht des Judentums zu verbreiten. Außer im religiösen Bereich[52] sind nicht einmal überzeugende Bücher unter das Volk gebracht worden.

Dann kam die zweite Periode, in der Israel gefestigt und vergrößert wurde. Man stellte sich auf die Seite Israels, nicht nur aus Solidarität mit den verfolgten Juden oder aus Bewunderung für ihre Tapferkeit, sondern weil man damit das »Judenproblem als endlich menschlich gelöst« ansah. Die jüdischen Mitbürger in Österreich wurden nicht mehr als gefährliche Platzverdränger, sondern teils als altgewohntes Element und teils als »doch nur vorübergehende Erscheinung« empfunden.

Die Palästina-Frage überließ man gerne den Arabern

und den Großmächten. Erst als Palästinenser in Österreich mit antijüdischem Terror begannen und Kreisky – gegen alle Erwartungen – Verständnis für die arabischen Gefühle zeigte, dämmerte die Erkenntnis auf, wie wenig wir uns alle diesen Fragen entziehen können.

Ich besuchte ein einziges Mal Israel, und zwar gerade an jenem Tage – nach Beendigung des Sechstagekrieges –, an dem die jüdische Bevölkerung in den neu eroberten Teil Jerusalems zu ihren heiligen Stätten hineingelassen wurde. Da erlebte ich die aus 1000jähriger Sehnsucht hervorbrechenden Gefühle. Die Menschen strömten wild den steilen Weg zur Klagemauer hinauf, stießen mit den Köpfen gegen dieselbe und murmelten ihre Gebete – stellvertretend für Millionen Juden, die, über die ganze Welt verstreut, nun das hochverehrte Symbol ihres Volkes und ihrer messianischen Hoffnung im Geiste miterobert hatten.

Später erlebte ich in arabischen Ländern ebenso intensiv die Gefühle der Palästinenser, die innerhalb von vier Stunden ihre Heimstätten hatten räumen müssen und seither in elenden Lagern lebten. Auch sie hatten ihr besonderes Heiligtum am Tempelberg von Jerusalem. In Amman stand ich einmal mit palästinensischen Bekannten auf dem Festungsberg und schaute auf die unendliche, unbebaute Steppe ringsherum. Ich sagte zu den Umstehenden, daß diese Ebene noch bis zum 11. Jahrhundert fruchtbares Ackerland gewesen war, daß man sie mit österreichischer Bodenkunde und Bewässerungstechnik in kurzer Zeit kultivieren könnte und daß dieses sowie anderes jordanisches Neuland ausreichen würde, um das notwendige Agrarland für die Palästinaflüchtlinge zu schaffen. Ich meinte, daß sich dies auch finanzieren ließe, wenn Israel dafür den sicheren Frieden erhielte. Ein Alter schien mir zustimmen zu wollen, aber die Jungen empörten sich und riefen: »Wir brauchen keine Bewässerungstechnik, wir brauchen Waffen, um unseren eigenen, heiligen Boden zurückzuerobern!«

Dort, wo es um heißverehrte Heiligtümer oder den Mythos geht, ist kein rascher Friede zu finden!

Die dritte Phase begann in den achtziger Jahren mit einem – unerwartet spät – neu aufflammenden Entsetzen über den Holocaust. In Österreich verurteilten Söhne ihre Väter und Enkel ihre Großväter, die da vielleicht mitgetan und dann so lange geschwiegen hatten. In Amerika spürte man vergessene Bluthunde jener Zeit auf, übergab sie europäischen Gerichtshöfen und fand schließlich auch, daß kleinere Mittäter oder untätige Zuschauer der Kriegsgreuel in großen Karrieren unangefochten vorangekommen waren. Manche amerikanische Juden erfaßte ein neuer Vergeltungs- und Angriffsgeist. Sie wollten ein Exempel statuieren und suchten sich dafür den ehemaligen Generalsekretär der Vereinten Nationen Waldheim aus, mit dem wegen seiner Bevorzugung der arabischen Seite ohnehin noch eine alte Rechnung zu begleichen war und der gerade als Bundespräsident Österreichs kandidierte. Sie stempelten ihn zu einem der kleinen, heimlichen Mittäter. Die österreichischen Medien, die Nachrichten nicht nach ihrem Erkenntniswert, sondern nach ihrem Sensationswert auswählen, zitierten alle, auch die abwegigsten Angriffe, so daß sich eine breite Abwehrstimmung gegen diese Einmischung entfachte – natürlich mit einem gewissen antisemitischen Beigeschmack.

Der eigentliche Fehler Österreichs war aber nicht diese Reaktion. Er war viel früher begangen worden, als man es nämlich versäumte, die fällige Versöhnung mit dem Judentum zu vollziehen und die heimkehrwilligen Emigranten, darunter bedeutende Wissenschafter und

Künstler, zur Rückkehr aufzufordern – in der ersten Phase, in der noch die Judenangst vorherrschte, natürlich ohne viel Aufhebens, aber dann auch offenkundig, mit den notwendigen Kundgebungen der Wiedergutmachungsabsicht. Mit vermögensrechtlichen (übrigens unter alliiertem Zwang zustande gekommenen) Gesetzen allein kann man so tiefe Wunden, wie sie den Emigranten geschlagen worden waren, nicht heilen!

Auch über die sensiblen Probleme, die es immer wieder zwischen der jüdischen Minorität und den anderen Österreichern zu lösen gibt, hätte man zur richtigen Zeit ein systematisches Gespräch beginnen sollen, sowohl im kleineren Kreis kompetenter Fachleute als auch offiziell in den Medien!

Das alles wären Aufgaben gewesen, die nicht einmal so sehr der Regierung, als vielmehr den politischen Parteien und privaten Organisationen zugekommen wären. Es ist in dieser Hinsicht sicherlich zuwenig geschehen. 1973 intervenierte der FPÖ-Obmann Peter auf meine Bitte dafür, daß der bemerkenswerte emigrierte Germanist Heinz Pollitzer an die Wiener Universität berufen werde. Krankheit vereitelte seinen Erfolg. Peter begann damals auch klärende Gespräche mit meinen jüdischen Freunden zu führen. 1987 fragte ich im Namen des Liberalen Klubs bei der Israelitischen Kultusgemeinde an, ob man an einem Diskussionsabend über die »bessere gegenseitige Verständigung« teilnehmen würde – leider vergeblich. Vielleicht waren zu diesem Zeitpunkt die Fronten schon zu sehr verhärtet.

Dem anhaltend günstigen Konjunkturablauf tat die sozialistische Regierung keinen sichtbaren Abbruch. Wo die Initiativen der freien Wirtschaft nicht ausreichten, wurde nach wie vor »staatlich gefördert«, und zwar alles, was förderbar erschien: das Sparen, das Investieren, die Fachausbildung, die Infrastruktur des Fremdenverkehrs, die Saatgutauswahl der Bauern und hunderterlei anderes. Im Handwerk zum Beispiel füllten die »Förderungsmaßnahmen von Land und Bund« ein umfangreiches Buch – so umfangreich, daß kaum ein damit befaßter Beamter sie alle im Kopf behalten konnte.

Unsere Firma brachte damals immer größere konsortiale Schuldscheindarlehen der Versicherungswirtschaft für Autobahnen, neue Universitätsgebäude und Freizeitzentren der Fremdenverkehrsdörfer auf.

Ich kam in diesem Zusammenhang in Gebirgstäler, wo die Bauern während meiner Gymnasialzeit im Sommer noch barfuß gegangen waren, weil sie ihr einziges Paar Schuhe für den Winter hatten aufsparen müssen. Jetzt beherbergten sie gut zahlende Sommergäste und Skitouristen und konnten sich bereits selber manchen Luxus leisten. Die bescheidensten Dorfgasthäuser wurden zu respektablen Hotels ausgebaut. Auch in der Ebene verschwanden Dreschflegel und Bauernpflug und machten einem ständig erneuerten, grell bemalten Maschinenpark Platz. Als ich in den dreißiger Jahren meine ersten Wirtschaftsrecherchen gemacht hatte, waren auf einem Hektar nur 19 Doppelzentner Weizen geerntet worden. Nun waren es 40! Die neuen Landwirtschaftsgesetze, zu denen meine Fraktionskollegen Scheuch und Hartleb eine bedeutende Vorarbeit geleistet hatten, verwandelten unsere Landwirtschaft von Grund auf.

Industrie und Handwerk waren voll beschäftigt. Den meisten Menschen ging es schon nicht mehr um die Anschaffung eines »Familienautos« oder einer Eigentumswohnung, sondern bereits um das »Zweitauto« und die »Zweitwohnung« auf dem Lande.

Die Konjunktur wurde schon allein durch die Inlandsnachfrage aufrechterhalten. Um die internationale Konkurrenzfähigkeit kümmerten sich die wenigsten. So legte gerade diese Blüte der Kreisky-Ära bereits den Keim zu Stagnation und wirtschaftlicher Enge der späteren achtziger Jahre:

Auf meinen Geschäftsreisen nach Stockholm erlebte ich, mit welcher eisernen Konsequenz in dem kleinen Schweden geforscht, erfunden und innoviert wurde. Ich erkannte dort, um wieviel schneller sich nun das Rad der Technik drehte und wie auf dem Weltmarkt wirtschaftliche Erfolge nur mehr durch technische Neuerungen und Diversifizierung zu erzielen waren. Zu Hause in Wien schlug ich der verstaatlichten Elektrofirma Elin eine Forschungszusammenarbeit mit der schwedischen Asea vor. Doch forschen heißt risikoreich investieren, und für größere, der ferneren Zukunft dienende Investitionen war die verstaatlichte Industrie viel zu schwerfällig. Da hätte man sich die längste Zeit nicht nur mit dem Aufsichtsrat und der »Holding der Verstaatlichten«, sondern auch mit dem Betriebsrat und den Industriesprechern der Großparteien herumschlagen müssen, und von all denen wollte keiner eine größere Verantwortung übernehmen – Prozeduren, zeitraubend und entscheidungshemmend, fast wie in der Sowjetunion!

1932, an der Hochschule, hatte ich eine Statistik gelesen, wonach die Österreicher im Hinblick auf Erfindungen an zweiter Stelle in der Welt standen.[53] Nun aber ging es bergab mit dem österreichischen Erfindertum. Die Industrie, von der »Lohnerhöhungs-Konjunktur« und der Inlandsnachfrage verführt, glaubte, man könnte unbegrenzt lang das »Übliche« produzieren, und ließ die fähigsten Ingenieure und Wissenschaftler auswandern. Einige meiner Freunde machten eine glanzvolle technische Karriere innerhalb der großen Forschungsteams der deutschen und amerikanischen Weltkonzerne. In Kanada und Frankreich übernahm der Staat einen beachtlichen Teil der risikoreichen Forschung und zog ebenfalls österreichische Auswanderer an.

Was die Großbetriebe und der Staat versäumten, konnte die mittelständische Privatindustrie Österreichs nicht aufwiegen. Abgesehen davon, ich erfuhr immer wieder von wertvollen Erfindungen alleinstehender österreichischer Forscher, die fern von den großen Forschungsgruppen gemacht wurden und den Weltmarkt hätten erobern können. Aber der dornenvolle Weg vom Laboratoriumserfolg zur industriellen Produktionsreife war nicht zu meistern. Diesen Erfindern fehlt das Micelium risikofreudigen Unternehmertums; ein solches gibt es nur, wo sich in mehreren steuerfreien Jahren eine größere Kapitalreserve bilden kann.

Das zweite Versäumnis war: Man ist an den zwei großen weltwirtschaftlichen Ereignissen jener Zeit einfach vorbeigegangen, nämlich am Zusammenwachsen der Europäischen Wirtschaftsgemeinschaft und an der Beendigung der Kolonialherrschaft, das heißt an der Eröffnung des riesigen Marktes »Dritte Welt«. Meine Voraussage im Parlament, daß die österreichische Neutralität falsch formuliert sei und dann zu ängstlich ausgelegt werden würde, bewahrheitete sich. Die meisten Schritte zum Eintritt in den Gemeinsamen Markt wurden aus diesem Grunde verschoben, versäumt oder ganz verhindert. Auch für die Entwicklungsländer begründete man keine richtige Außenhandelsstrategie – trotz der »Exportförderungs-Milliarde« der Bundeswirtschaftskammer, die zwar viele Parteifreunde als Handelsdelegierte unterbrachte, aber in der Unternehmerschaft keine neue »Export-Gesinnung« zu entfachen und keine wesentliche Exporthilfe zu leisten verstand. Auf meinen Auslandsreisen begegnete ich wohl den interessantesten Außenhandelsinitiativen von Italienern und Griechen, aber nur selten neuen Ideen der österreichischen Exportwirtschaft. Noch reichte die Binnenkonjunktur aus, um das allgemeine Wohlstandsgefühl am Leben zu erhalten. Die Älteren, die den Wirtschaftsaufschwung zustande gebracht hatten, begannen, sich für die Entbehrungen der Kriegs- und Nachkriegszeit zu entschädigen. Luxus und Wohlleben rückten in den Mittelpunkt. Die nachwachsende Generation sah wenige Vorbilder für Verzicht und Selbstdisziplin. Sigmund Freuds »Lustgewinn« wurde vielen zum eigentlichen Sinn des Lebens. Die Befreiung von der alten Sittenstrenge wurde aufdringlich zur Schau gestellt: durch eine Überschwemmung mit Pornofilmen, Sex-Shops und frivol formulierten Annoncen des Dirnen-Marktes. Die Freiheit zu jedem Genuß – auch zu dem der Droge – wird zur Errungenschaft der Epoche.

Die politischen Parteien erkennen, daß sie ihren Wählern keine wirtschaftlichen und sozialen Vorteile mehr in Aussicht stellen können, weil alles schon erreicht ist, schon da ist, und weil der Mißbrauch der sozialen Errungenschaften schon aufzufallen beginnt. Sie erfinden die neue Parole von der »höheren Lebensqualität« und tun sich schwer, diese konkret zu erklären …

Ohne daß man darüber viel redete, wurden seit den siebziger Jahren für die schwereren, die unangenehmeren Arbeiten Türken und Jugoslawen eingestellt. Die freigesetzten Österreicher gingen »stempeln«. Noch eine Stufe tiefer als die Bauhilfsarbeiter und Straßenkehrer aus dem Balkan rangierten die Zeitungsverkäufer aus dem Mittleren Osten. Obwohl ich schon lange nicht mehr Abgeordneter war, brachten es irgendwelche Umstände mit sich, daß ich immer wieder Schützlinge hatte, in dieser Zeit vor allem aus Afghanistan, Polen, Sri Lanka und anderen Gegenden. So erfuhr ich manches von den Lebensverhältnissen und der Ausbeutung dieses stummen Helotenvolkes, für das kein Zeitungsschreiber und kein Gewerkschafter seine Stimme erhob.

Anders als die Sklaven des Altertums hatten diese Ausgesetzten jedoch die kleine Chance, als Diener in einer Botschaft oder als Wacheorgane in der UNO-City unterzukommen und nach zehn Jahren vielleicht in Österreich eingebürgert zu werden. Noch war in Österreich keine ernste Ausländerfeindlichkeit aufgekommen. Die vorsichtige, aber wohlwollende Einbürgerungspraxis bewies eine echte Asyl-Gesinnung. Seit 1945 sind wenig über eine halbe Million Ausländer (nicht nur deutschsprachige) eingebürgert worden – immer noch nicht so viele wie zuvor ausgewandert, gefallen, bei Bombenangriffen umgekommen, in Konzentrationslagern ermordet oder offiziell hingerichtet worden waren.

1978 kaufte ich die »Berichte und Informationen« zurück. Mein Nachfolger war in Pension gegangen. Es drängte mich, noch einmal auf verschiedene Dinge öffentlich hinzuweisen.

Nach den mühseligen Jahren der Aufbauarbeit war wieder eine gewisse Erschlaffung, ein geistiges Vakuum ans Licht gekommen. Die wenigsten hatten feste Grundsätze, die der Demokratie eine ausreichende Ordnung garantiert hätten.

Ich veröffentlichte eine Serie von Betrachtungen über die nunmehr notwendige Gesinnung, die ich »liberale Haltung« nannte, da sich noch kein treffenderes Wort eingestellt hatte. Den jahrhundertelang von Dichtern gepriesenen konservativen Tugenden wie der Treue, der Ehrfurcht, dem Gehorsam und der Tapferkeit stellte ich andere Tugenden gegenüber: das neue »Mitweltbewußtsein«, die Toleranz, die geistig freie Weltaufgeschlossenheit, die demokratische Fairneß und die Bereitschaft, Verantwortung zu übernehmen und beizeiten wieder abzugeben. Ohne eine »staatstragende Schicht«, die solche Eigenschaften zu ihrem Ehrenkodex macht, kann die Demokratie nicht überleben. Sie ist ein zerbrechliches Gebilde, viel weniger robust als die Monarchie oder die Diktatur!

Das Echo bewies mir, wie viele Menschen auf der Suche nach solchen Geboten und ihrer rechten Bezeichnung waren. 1979 gründete ich mit Gleichgesinnten den Wiener Liberalen Klub. Hier wurde weniger die Theorie als vielmehr das aktuelle öffentliche Geschehen aus liberaler Sicht erörtert.

Besondere Aufmerksamkeit erregte es, daß den neuen Einparteienregierungen seit 1966 keine wirkungsvolle Opposition gegenüberstand. Die kleine FPÖ hatte zuwenig Resonanz in den Medien, und die oppositionelle Großpartei bekämpfte nicht das Eigentliche. Zu kontrollieren und zu korrigieren waren ja nicht so sehr die zwölf oder 14 Minister der gegnerischen Partei als vielmehr die 1000 Leitungsorgane der Verwaltung und der Staatsbetriebe. Und diese – sichtbar als rot oder schwarz gekennzeichnet – waren nach dem österreichischen »Proporz« gleichmäßig von den Großparteien gestellt, so daß fast jeder Mißstand von beiden Parteien gleichermaßen verursacht und daher von beiden verteidigt oder vertuscht wurde und daher unangetastet blieb.

Die kritischen Punkte waren gar nicht so sehr die großen Korruptionsfälle, in denen sich die Sensationspresse erging, als vielmehr die wachsende Interesselosigkeit und Selbstsucht der Verantwortlichen: Manche Minister überließen die akut gewordenen Probleme und Initiativen ihren eiligst eingestellten, jungen Sekretären, den sogenannten Stabsstellenleitern – manchmal talentierten, aber oft unerfahrenen Menschen und manchmal einfach überheblichen Nullen, die sich in der Nähe der Macht bequem emporarbeiten wollten. Viele Politiker und Schlüsselfunktionäre vergeudeten ihre Zeit mit »Leerlauf-Verpflichtungen« – Eröffnungen, Preisverteilungen und ähnlichem sowie auf langen Auslandsreisen. Sie machten große Worte und drückten sich vor Entscheidungen, indem sie überlastete Beamte oder niemals fertig werdende Riesenkommissionen Gutachten ausarbeiten ließen. Persönlich griffen sie fast nur dann ein, wenn sie ihren Freunden einen schönen staatlichen oder halbstaatlichen Posten zu verschaffen hatten.

Die Staatsbürger sahen nicht die Details, aber sie spürten den Schlendrian; denn die Steuerreform, die Durchforstung mißbrauchter Sozialgesetze, der Abbau unnötiger Agenden und die Reduzierung des Beamtenapparats wurden zwar gerne diskutiert, aber niemals verwirklicht. Das alles kam mir bei einer Aussprache mit Bundespräsident Kirchschläger[54] lebhaft zum Bewußtsein. Er sagte, die FPÖ habe bei ihrem Regierungsantritt eine enorme Chance gehabt. Denn sie hätte zuvor als Oppositionspartei die »Proporz- und Versorgungspraktiken« der Großparteien so treffend kritisiert, daß man die größten Hoffnungen auf sie setzen konnte. Aber jetzt in der Regierung verließe sie jeder Mut und jede Zuversicht. Mit eigenem gutem Beispiel und mit festen Forderungen an die Großparteien könnte sie die Proporz-Mißwirtschaft Schritt für Schritt zurückdrängen. Die Freiheitlichen hätten nichts zu fürchten, wenn sie bei diesen Bemühungen die Koalition aufkündigen und vorzeitige Neuwahlen herbeiführen müßten; denn dann wäre ihnen der Wahlerfolg ebenso sicher wie die Durchsetzung der Reformen. Die Großparteien könnten – schon aus parteiinternen

Gründen – von einem altgewohnten, falschen System nur dann abgebracht werden, wenn ihnen der überzeugende Wahlerfolg des gegenteiligen Prinzips eindrucksvoll vor Augen geführt werde.

Der damalige FPÖ-Obmann, Vizekanzler Steger, erklärte mir wenige Tage danach, daß seine innerparteiliche Opposition ihm jedes kraftvollere Auftreten unmöglich mache. Er versuche, mit der kompliziertesten Personalpolitik die Geschlossenheit der Partei zu retten. Auch unnütze Ambitionen[55] hätten der Partei die Schlagkraft geraubt.

Kurz darauf wurde der strebsame und verständnisvolle Norbert Steger auf einem dramatischen Parteitag gestürzt. An seine Stelle trat der wortstarke Aufrührer Jörg Haider, mit dem die kleine Koalition nicht fortgesetzt wurde – weshalb Österreich nach 20 Jahren zur lendenlahmen großen Koalition zurückzukehren gezwungen war.

Haider erzielte einen großen Wahlerfolg – nicht durch Maßnahmen, wie sie Kirchschläger der FPÖ zugedacht hätte, sondern durch dick aufgetragene Kritik. Die demokratische Diskussion der vorhergegangenen Jahre war so matt und eintönig geworden, daß man bei ihm gerne aufhorchte.

Gleichzeitig mit der FPÖ arbeiteten sich die Grünen empor. Die Großparteien verloren. Dort, wo sie besser abschnitten, war dies individuell profilierten Politikern zu verdanken – denen, die sich von ihrer Parteischablone eher distanziert hatten; denn der starre Partei-Egoismus war es, dem nun viele die Schuld an den Mißständen gaben.

Bis zu den siebziger Jahren hatte dem Österreicher seine Partei Hort und Heimat bedeutet. Nun aber begann sich der typisch österreichische »Lagerpatriotismus« zu verlieren. Seine Hauptstützen, das Klassenbewußtsein und der kirchliche Kampfgeist, waren schon lange im Schwinden. Die ehemaligen fanatischen Kampfgemeinschaften begannen, sich zu ähnlichen Gebilden zu entwickeln, wie es die amerikanischen Parteien sind, das heißt zu undeutlichen Begriffen verschiedener Grundtendenzen, so daß man von der einen sagte, sie sei mehr für die kleinen Leute, und von der anderen, sie sei mehr für das Althergebrachte. Entscheidend wurden jetzt zwei andere Dinge: die Meisterung der akut gewordenen Volksanliegen – wie etwa des Umweltschutzes, der Arbeitsbeschaffung und der Steuerreform – und das politisch-menschliche Profil eines stärker hervortretenden Politikers. Die Persönlichkeit scheint immer wichtiger und die Partei immer unwichtiger zu werden. Das ist ein Fortschritt.

Über Bundespräsident Waldheim gab es weltweite Diskussionen, die auch innenpolitisch viel wertvolle Aktivität lahmlegten. Bundeskanzler Vranitzky war das klassische Beispiel für den von seiner Partei abgehobenen Politiker. Mit seiner hervorragenden Formulierungsgabe verhinderte er ein allzu starkes Abrutschen seiner Partei. Der allseits als Charakter geachtete Vizekanzler Mock hatte sich am wenigsten vom gängigen ÖVP-Parteibegriff entfernt und tat sich daher am schwersten, in der Wählergunst voranzukommen.

Das Bild der FPÖ wurde seit 1986 fast nur von Haider geprägt. Er galt als rechtsradikal, da er in den vorangegangenen Jahren in Kärnten tätig war, wo nationalistische Töne bei allen Parteien besondere Resonanz finden. Haider hat sich bei allem, was populär erschien, nur schwer zurückhalten können. Ich selbst hatte ihn im Fernsehen wegen solcher Erklärungen einmal scharf verurteilt, zeigte mich dann jedoch bereit, einen eventuellen echten Sinneswandel voll zur Kenntnis zu nehmen.

Ende 1986 überlegte die »Liberale Internationale«, die FPÖ wegen rechtsradikaler Tendenzen aus ihrer Organisation auszuschließen. Sie schickte eine Kommission nach Wien, um verläßliche Informationen über die FPÖ zu sammeln. Diese interviewte auch mich als den Präsidenten des Liberalen Klubs.[56] Ich schilderte ihr die eigenartige Wechselwirkung liberaler und nationaler Traditionen in Österreich und sagte schließlich: »Wenn die ›Liberale Internationale‹ die FPÖ ausschließt, werden die liberalen Kräfte Österreichs ihre historische Aufgabe zugunsten des Sinneswandels der ehemaligen Nazi nicht erfüllen können. Denn dann liefe die FPÖ Gefahr, sich nur mehr national auszurichten. Bedenken Sie doch, daß alle drei Lager Österreichs den Weg des Faschismus gegangen sind, ja daß auch die von der Monarchie herrührende Tradition eine sehr autoritäre gewesen ist. Heute sieht das Ausland nur den Faschismus des dritten Lagers. Auch Sie können etwas zum Sinneswandel dieses Lagers beitragen: Ich habe es erlebt, wie die Jugendorganisation der ›Liberalen Internationale‹ bei ihren Arbeitstagungen ganz rechts stehende Jugendfunktionäre der FPÖ zu den verläßlichsten und überzeugtesten Liberalen gemacht hat. Denn Sie ahnen nicht, wie wenig liberales Gedankengut trotz des großartigen liberalen Manifests von Rom in Österreich verbreitet ist.«
Der Antrag auf Ausschluß der FPÖ wurde dann mehrheitlich abgelehnt.
Früher war das Parteiwesen eine rein innenpolitische Angelegenheit. Seit die Welt immer mehr eine unteilbare wird und zusammenwächst, gibt es auch im Parteiwesen eine gegenseitige Beeinflussung – eine Erscheinung, die die innerstaatlichen Diskussionen allmählich zu Weltdiskussionen werden läßt.

11. Kapitel

Teilnahme an der Weltpolitik

Für kleinstaatliches Denken ist der Österreicher nicht geschaffen. Zu vieles erinnert ihn an die alte, kaiserliche Großmacht. Der »nettesten Provinz« des Großdeutschen Reiches anzugehören war auch kein Ersatz und noch kein Anlaß zu besonderem Selbstbewußtsein gewesen. So sah sich mancher Politiker allmählich nach einer neuen internationalen Rolle für Österreich um – einer Rolle, die auch die Jugend mit Stolz und Staatsbewußtsein erfüllen konnte.

Als daher Kreisky anfing, in den Nahost-Konflikt hineinzureden, ein neues Verhältnis mit Polen und Ungarn herzustellen und einen Marshallplan für die Dritte Welt zu verlangen, stimmten ihm weit mehr Österreicher zu, als seine Partei Wähler hatte – auch wenn sie Einzelheiten davon kritisierten.

Seine Forderung der »aktiven Neutralität« schien die österreichische Außenpolitik von der schweizerischen abzuheben; in der Schweiz, hieß es, werde nur »passive Neutralität« betrieben und kleinstaatlich gedacht.

Österreich fing an, international hervorzutreten. Wenn ich vorher in fernen Entwicklungsländern umständlich hatte erklären müssen, wo ich herkäme, so brauchte ich jetzt dem Wort Österreich nur den Namen Kreisky beizufügen, und man sagte freudig: »Ja! Der Sprecher der ›like minded countries‹ (das heißt: der mit den Entwicklungsländern konform gehenden Industriestaaten), der Freund der Dritten Welt!«

1982 sagten mir zwei Herren der südafrikanischen Botschaft: »Ihr Bundeskanzler hat Yassir Arafat empfangen und die verfemten Palästinenser beinahe salonfähig gemacht. Könnte er nicht auch eine Initiative ergreifen, um die Mißverständnisse über Südafrika abzubauen?« Ich wußte, daß zu jener Zeit zufällig der Ministerpräsident des – von Südafrika errichteten und daher international nicht anerkannten – Negerstaates Transkei inkognito in Wien gewesen war und eine streng private, aber freundschaftliche Aussprache mit Kreisky gehabt hatte. Ich versicherte den südafrikanischen Diplomaten, daß mir die Vernichtung der weißen Zivilisation in ihren ehemals portugiesischen Nachbarstaaten sehr wohl bekannt sei und daß ich daher verstehe, warum Südafrika seine große schwarze Mehrheit in eigenen Staaten unterbringen will, um dann in den verbleibenden – mehrheitlich weißen – Gebieten seine hoch entwickelte Zivilisation und Industrie am Leben zu erhalten. Aber ein europäischer Staat könnte diese Politik nur dann unterstützen, wenn Südafrika mit einer massiven Entwicklung dieser neugegründeten Negerstaaten seine jahrzehntelangen Versäumnisse einholte und seine Obsorge für die Schwarzen glaubwürdig machte. Ich könnte mir vorstellen, daß sich Österreich – bei entsprechendem Beitrag von südafrikanischer Seite – für eine international überwachte Entwicklungshilfe zugunsten dieser schwarzen Teilstaaten einsetzen würde.

Diese Idee arbeitete ich noch genauer aus und diskutierte sie mit erfahrenen Leuten, darunter auch mit Kreisky, der den Grundgedanken akzeptierte. Als dann später die »beiden Bothas« – der Ministerpräsident und der Außenminister Südafrikas – auf ihrer Goodwill-Tour nach Wien kamen, sprach ich mit dem Außenminister darüber und übergab ihm ein Kurzexpośe. Er schien jedoch nur an der gemeinsamen Entwicklungshilfe, aber nicht an einer Begrenzung der weißen Souveränität in diesen Staaten interessiert zu sein und kam nicht mehr auf den Gedanken zurück.

In jenen Jahren ist noch so manche Idee zur Lösung internationaler Konflikte, wie zum Beispiel zur Neutralisierung Afghanistans, in Wien geboren, diskutiert und weitergegeben worden.

Ein besonderes Echo fanden die weltpolitischen Initiativen Österreichs in der arabischen Welt. Und die arabischen Politiker suchten auch ihrerseits ihre Hochachtung für Österreich zu zeigen: Als in Saudiarabien nur mehr eine einzige der begehrten Bankkonzessionen zu vergeben war, ließ König Fahd durchblicken, daß er diese nur einem besonders befreundeten fremden Staat geben würde und daß dafür eigentlich nur Österreich in Frage käme. Ich wurde von Saudis gebeten, einen österreichischen Vorreiter zu finden, hinter dem sie bei der Bankgründung mittun könnten. In der Creditanstalt wurde das Projekt monatelang studiert, aber man konnte sich dann doch nicht zur Gründung entschließen.

Meine persönlichen Erlebnisse sind nur ein Ausschnitt aus der lebhaften damaligen Politik »aktiver Neutralität«.

Zum großen Geschehen des 20. Jahrhunderts, zur Einigung Europas, hatte Österreich nicht viel beizutragen. Denn bis in die achtziger Jahre konnten sich die österreichischen Politiker nicht zur Entscheidung aufraffen, dem neuen Europa mit vollem Herzen beizutreten. Zu sehr steckte ihnen noch die zehnjährige Sorge um den

Staatsvertrag und neue Angst vor dem sowjetischen Unwillen in den Knochen.

Österreichs Aufgabe schien damals nicht eine greifbare europäische, sondern eine noch nicht ganz zu definierende weltpolitische zu werden. Wien wurde – nach New York und Genf – das drittgrößte Zentrum der »Vereinten Nationen« mit der UNIDO und anderen wichtigen Einrichtungen. Es wurde Sitz regionaler Organisationen, wie der OPEC und des OPEC-Funds, und erschien schon in den siebziger Jahren als Marktplatz von Diplomaten aller Nationen und Hautfarben. Wenn es auch nur wenig Kontakte zwischen den Österreichern und diesem internationalen Publikum gab, so strahlte diese »Weltorientierung« doch aus.

Auch ich wurde erfaßt, und zwar von einem speziellen Interesse für die Dinge der Dritten Welt. Persönliche Freundschaften in Wien und lebhafte Reise-Eindrücke in Afrika und im Mittleren Osten erweckten in mir die Frage: Kann die Dritte Welt ein aussichtsreicher Wirtschaftspartner Europas werden, das heißt unsere Überproduktion aufnehmen und dabei selbst die ersehnte Aufwärtsentwicklung nehmen?

Die Eingeweihten standen unter dem Eindruck zahlloser mißlungener Industriegründungen, des gigantisch angewachsenen Schuldenbergs und des wirkungslosen Verpuffens der Entwicklungshilfe. Wie viele stillgelegte, verrostende Fabrikanlagen, die von der Entwicklungshilfe geschenkt oder mit Regierungskrediten finanziert worden waren, hatte man mir gezeigt oder beschrieben! Das Techniker-Team der europäischen Lieferfirma war nach den drei Monaten »Probelauf« abgereist, und nun kannte sich niemand mehr richtig aus. Aber vor allem: es hat keine erreichbaren »vorgelagerten«, das heißt zu liefernden und keine erreichbaren »nachgelagerten«, das heißt abnehmenden Betriebe gegeben – die Folge der mangelhaften Planung einer unerfahrenen, prestige-orientierten Regierung! – Zurückgeblieben ist ein babylonischer Turm, mitten in der Wüste, über dessen Verwendung die Schenker, die Beschenkten und die Lieferanten keine gemeinsame Sprache mehr fanden.

In Kenia, in Jordanien und in Westafrika, überall sagte man mir: »Wir warten auf euren Technologie-Transfer. Wir brauchen nur euer Know-how, dann machen wir uns schon alles selber.« Sie glaubten, dieser Transfer sei so etwas wie der Transport eines Containers aus Europa nach Afrika, und ahnten nicht, aus wieviel Millionen Kunstgriffen und Fachkenntnissen dieses Know-how besteht und wie viele hundert Spezialberufe dieses Können verwalten und nur in einem äußerst diffizilen Vorgang weitergeben können.

Seit 1985 fingen die Führer der immer ärmer werdenden Entwicklungsländer an, liberaler zu denken, ihre Europafeindlichkeit aufzugeben und Europäer wieder zu Firmengründungen in ihren Ländern zu ermuntern, aber mit wenig Erfolg.

Es schien an der Zeit, die falsche Politik des nachkolonialen Zeitalters anzuprangern und eine neue, natürliche, einfacher funktionierende Entwicklungspolitik vorzuschlagen. Genau der gleichen Meinung war auch der stellvertretende Generaldirektor des OPEC-Funds[57], Awni Al Ani, ein europäisch gebildeter Iraker, der in der wirtschaftlichen und politischen Problematik der Dritten Welt sehr zu Hause war. In einigen anregenden Aussprachen fanden wir zu einer gemeinsamen Idee, die wir »Neue Partnerschaftliche Entwicklungspolitik« nannten, und verfaßten eine Studie. Wir koordinierten diese auch mit dem zuständigen österreichischen Handelsminister Steger.

– Der Grundgedanke war, die Industrialisierung und allen Technologie-Transfer durch eine Vielzahl privater europäischer Firmengründungen – vornehmlich kleiner und mittlerer – in Gang zu setzen. Die neuen Betriebe werden durchwegs europäisch geführt. Aber nach fünf bis 15 Jahren, wenn das investierte Kapital hereinverdient ist und die Einheimischen so weit ausgebildet sind, daß sie die Betriebe richtig weiterführen können, gehen die Firmen mehrheitlich – also zu wenigstens 51 Prozent – an Einheimische über.

– Die Gründungen werden im Rahmen eines zwischenstaatlichen Vertragswerks vorgenommen, auf der einen Seite ein oder mehrere Industriestaaten und auf der anderen sorgfältig ausgesuchte, vertrauenswürdige Entwicklungsländer. Die Industriestaaten fördern die Planung, die Marktforschung und die Kapitalausstattung, und die Entwicklungsländer garantieren die freie Entfaltungsmöglichkeit der neu zu gründenden Betriebe. Sie verpflichten sich zu den örtlich erforderlichen Hilfestellungen sowie zur Sicherheit vor Verstaatlichung, Benachteiligungen und falscher Wirtschaftspolitik. Das Vertragswerk wird dermaßen in das System der internationalen Schuldenregelungen eingebunden, daß ein vertragsbrüchiger Staat die Vernichtung seiner ganzen Devisenwirtschaft zu befürchten hätte.

– Dieser besondere Schutz und eine gute Rendite sollen einen Strom europäischer Unternehmerinitiative in die Dritte Welt lenken, der europäischen Anlagen- und Zulieferungsindustrie einen großen Exportaufschwung verschaffen, unendlich viele neue Güterströme hervorrufen und den Entwicklungsländern rasch und endgültig aufhelfen.

Als wir die Studie übergaben, meinte Steger: »Jetzt sollten wir noch die Erklärung einer afrikanischen oder sonstigen Regierung bekommen, daß sie die hier vorgesehenen Zugeständnisse auch wirklich machen würde. Und dann müßten wir auch wissen, ob österreichische Firmen all das akzeptieren.«
Es verging kein Jahr, und ich brachte ihm den Brief einer fortschrittlichen, europafreundlichen Regierung Westafrikas[58], in dem sie die geforderten Verpflichtungen auf sich zu nehmen versprach. Außerdem konnte ich ihm die österreichischen Firmen nennen, die einige der dort anhängigen Projekte nach unserer Vorgangsweise verwirklichen wollten.
Unabhängig davon wollten österreichische Firmen mit unserem System eingefrorene Lieferkredite an die Dritte Welt wieder auftauen, das heißt ehemals dort eingerichtete Betriebe – die wegen einer unfähigen einheimischen Führung stillgelegt oder so zusammengeschrumpft waren, daß sie ihre Schulden nicht mehr bezahlen konnten – von tüchtigen, europäischen Managern wieder beleben und in die Gewinnzone führen lassen, bis die Schulden abgezahlt und einheimische Fachkräfte für eine funktionierende Weiterführung herangebildet wären.
Die Idee ist dann in die Wirtschaftsministerien von Bonn und Bern übersiedelt, während das österreichische Regierungsinteresse für die Dritte Welt wieder absank.

Das wirtschaftliche Zusammenwachsen unserer Welt mag friedlich nach einem gemeinsamen Plan, es mag auch erst in der Folge eines »Nord-Süd-Konflikts« vor sich gehen, aufzuhalten ist es aber nicht mehr.

1946 hatte der österreichische Afrika-Forscher Hugo A. Bernatzik erklärt: »Europa soll die Neger in ihrer glücklichen Primitivkultur endgültig in Ruhe lassen!« Diese Meinung hörte ich noch bis in die achtziger Jahre von »leistungsorientierten Europäern«. Das »Nord-Süd-Problem« schien ihnen zu sehr von außerwirtschaftlichen Aufgaben belastet und daher unlösbar zu sein.

Aber: Das Zusammentreffen von Schwarzen, Weißen und Gelben ist schon zu weit fortgeschritten. Täglich laden gegen 1000 Großflugzeuge Hunderttausende aus, die von Kontinent zu Kontinent reisen. Schon hat der abgelegenste Negerstamm seine Straßenverbindung zu einem Flug- oder zu einem Seehafen. Er hat lebhafte Vorstellungen, wie die Europäer leben und arbeiten. Die meisten haben auch schon deren Fahrräder, Radios und Traktoren gesehen. Es ist nichts mehr rückgängig zu machen. Fraglich ist bloß, ob die unaufhaltsame Verschmelzung dilettantisch oder vernünftig vollzogen wird.

Die rasante Verkehrsentwicklung hat auch die Kulturen und Religionen in nahe Berührung gebracht.

Einen flüchtigen Blick hinter den Vorhang muslimischen Denkens konnte ich 1973 tun, als ich mit dem hochgebildeten ehemaligen Diplomaten Abduljalil El Rawi mehrere arabische Länder bereiste. Er erklärte mir, warum hier alle Politik so sehr mit der Religion verknüpft ist: Der Muslim ist fest überzeugt, daß einmal die Welt in Ordnung war, nämlich als unter Mohammed und den vier ersten Kalifen die öffentlichen Dinge von der Religion bestimmt waren, was das »glückselige Zeitalter« geschaffen hatte. Er zitierte vieles aus den Chroniken jener

Zeit sowie aus den Meisterwerken arabischer Dicht-
kunst und sprach stolz von der jahrhundertelangen Über-
legenheit der arabischen Kultur.

Wir besuchten den muslimischen Ministerpräsidenten
des Libanon, der uns aus der religiösen Zerrissenheit des
Landes dessen künftiges Unheil voraussagte, den Innenminister von Kuweit, der von der unangreifbaren konservativen Ordnung der Golfregion sprach, und schließlich
in Dschedda den Prinzen Motayib, einen Bruder des sau-
diarabischen Königs:

Es war ein moderner Marmorpalast am Rande der
Wüste, wohin er uns geladen hatte. An einer überlangen
Tafel saßen, nach Rang und Alter gereiht, 24 Personen –
ganz unten die jüngsten, sechs- bis zehnjährigen Söhne
des Prinzen, aber kein einziges weibliches Wesen. Wir
sprachen von möglichen Entwicklungen der Weltpolitik.
Ich wollte hören, was Motayib von der Idee eines arabischen Großreiches halte, und meinte, daß ein solches
wohl nur aus einer gemeinsamen Gegnerschaft zu Europa entstehen könne. Er erwiderte:»Bedrohungen, die
zur Einigung zwingen, wird es nicht von seiten Europas,
sondern höchstens von der gottlosen Sowjetunion oder
vom materialistisch verseuchten Amerika her geben.
Das sind Bedrohungen auch für Europa. Die politische
Einigung der 18 arabischen Staaten kann ich mir nicht
vorstellen. Sie würde auch nicht viel bringen. Aber eine
Einigung der arabischen Welt mit Europa zu einem mächtigen, monotheistisch-konservativen Großreich, einer
Konföderation wie den USA, würde geistig haltbar, stra-
tegisch und geopolitisch den zwei Großmächten eben-
bürtig und wirtschaftlich zur glücklichsten Entwicklung
vorherbestimmt sein.« Er schmückte seine Vision noch
weiter aus und lud uns ein, vor dem Dritten Weltkrieg an
die ungefährdete Küste des Roten Meeres zu fliehen.

Motayib war nicht der einzige arabische Politiker, der mir eine solche Fata Morgana ausmalte.

Bis 1918 war der Orient eine eigene Welt, die von der unseren nur wenig wußte. Und wir wußten fast nichts von ihr. Nun aber entstand eine neue Gemeinschaft. Es gab geistige Annäherungen, persönliche Freundschaften, Geschäftsbeziehungen und gemeinsame Firmen. Auch Heiraten zwischen Christen und Muslims wurden immer häufiger. Die tief verwurzelten Gegensätze der letzten 1000 Jahre begannen, unaktuell zu werden. Der heutige gebildete Mensch, ob Christ, Muslim oder Jude, trägt denselben Gott, dieselbe Ewigkeit und wohl auch dieselben Zweifel in seinem Sinn. Er will endlich den Frieden zwischen den Religionen, der jedem seine vertraute Tradition, seine altgewohnten Riten läßt! In gewissen, politisch erregbaren Volksschichten verglimmen allerdings noch die alten Gegensätze und werden da und dort wieder angefacht, wenn es darum geht, der zivilisatorischen Übermacht Europas die eigene nationale Identität gegenüberzustellen ...

1983 wurde im Vorstand der »Gesellschaft für österreichisch-arabische Beziehungen«[59] darauf hingewiesen, wie sehr noch das traditionelle Feindbild vom Islam die Schulbücher Europas beherrsche. Ich schlug die Bildung einer gemischten christlich-islamischen Historiker-Kommission vor, die – nach dem Vorbild der erfolgreichen österreichisch-italienischen – die emotionsgeladenen Kriegsberichte durch objektive Beschreibung der geistigen und wirtschaftlichen Entwicklung ersetzen solle. Der Gedanke fand lebhafte Zustimmung, sowohl bei den Politikern als auch beim Sprecher der Wiener Muslims, Smail Balić,[60] der dann am meisten für dessen Verwirklichung getan hat.

Stärker als alles berührte mich die Ankündigung des großen Umschwungs in der Zweiten Welt. Wer die russische Intelligenz kennt, rechnete schon lange mit der Rebellion der Jungen. Je mehr sich die Sowjetunion in die internationale Szene drängte, um so mehr Intellektuelle mußte sie ins Ausland schicken, in die verführerische freie Welt, wo sich der schöpferische Mensch durchsetzen kann und nicht immer auf die tote Hand des totalen Zwangsstaates stößt.

Wie hatten sich alle meine Gesprächspartner in den sowjetischen Handelsdelegationen bemühen müssen, die Schwerfälligkeit ihres Wirtschaftssystems zu rechtfertigen! Eine neue Verkaufschance zu nutzen oder eine Produktionsidee zu verwirklichen, das schlossen sie von vornherein aus. Nur was unter persönlichem Druck eines Ministers durch die 20 Kanäle der Wirtschaftsbürokratie gepreßt worden war, kam nach vielen Monaten als Realität heraus. Die ganze geistige Kapazität von zwei, drei Millionen sowjetischen Ingenieuren und Wirtschaftsfachleuten wurde in untergeordneten Funktionen, in »Ausführungsarbeiten« vergeudet.

1983, bei meinem letzten Moskaubesuch, war mir eine verzweifelte Stimmung der russischen Hochschüler entgegengeschlagen, heftige Entrüstung über den Schlendrian in den Fabriken und Ämtern. Die Jungen hatten einander geschworen, es ganz anders zu machen, die »hohen Ideale des Sozialismus« durch Ideen, Fleiß und Opfer endlich zu verwirklichen, sobald sie selbst einmal ins Berufsleben kämen und mitwirken könnten. Als es soweit war, begegneten sie mir wieder: mit gebrochenen Flügeln und entmutigt. Die meisten hatten sich abgefunden und den Schlendrian als unabwendbar hingenommen.

Das war die geistige Verfassung gewesen, bevor der Führungswechsel kam. An die Stelle der 80jährigen, altkommunistischen Starrköpfe traten die 50jährigen, die schon etwas von den Gesetzmäßigkeiten der neuen Weltwirtschaft mitbekommen hatten. Sie schickten sich an, die Wirtschaft effizienter zu gestalten, den Schlendrian zu überwinden, durch die Abrüstung der Friedensproduktion Raum zu verschaffen und der Öffentlichkeit etwas mehr Einblick zu gewähren.

Als Abonnent zweier sowjetischer Zeitschriften konnte ich den aufregenden Wandel, wenigstens durch die Brille der »umgeschalteten« Journalisten, verfolgen. Ich traute meinen Augen nicht, als ich las, wie sie an den heiligen Institutionen des Kommunismus offene, harte Kritik übten, zunächst wohl noch recht ungeübt und linkisch, doch im klaren Kampf um die neuen Grundsätze Gorbatschows. Unsicher tasteten sie sich durch die neue Wirtschaftspolitik. So hielten sie zum Beispiel große Betriebsversammlungen ab, bei denen die Direktoren kritisiert und abgesetzt wurden, für die wahre Rückkehr zur Demokratie – nicht ahnend, daß Führungslosigkeit so schlecht wie Diktatur ist. Dagegen hat Japan in jüngster Zeit Beispiele einer wirklich zielführenden »Betriebsdemokratie« gegeben, einer Betriebsorganisation, in der die Mitarbeiter alle ihre Ideen, Vorschläge und Erfindungen zum eigenen und zum Fabriksvorteil verwirklichen können. So wurde von einer japanischen 2000-Arbeiter-Fabrik berichtet, in der ein paar hundert kleinste Arbeiter-Teams, von kluger Hand geführt, 20 000 betriebliche Neuerungen ausgedacht, ausdiskutiert und praktisch eingeführt hatten. Der Weg zu solchen Wirtschaftsreformen ist aber nicht so einfach.

Fehlgriffe, Rückschläge und Verzögerungen des Abrüstungsprogramms, das alles war zu erwarten. Westeuropa hat den Ereignissen in der finster verworrenen Zweiten

Welt gar nicht die nötige Aufmerksamkeit schenken wollen, weil es auch zwei Jahre nach Gorbatschows Amtsantritt noch nicht glauben wollte, daß die Angst vor dem West-Ost-Krieg doch einmal vorbei sein könnte. Doch gerade gegen Ende meines Berichtszeitraums, im Dezember des Jahres 1987, lichtet sich das Gewölk, und Hoffnung lebt wieder auf.

Wenn einmal Ostdeutschland und die Tschechoslowakei von ihrer Stacheldraht-Mentalität abrückten, wenn Ungarn und Polen sich noch weiter dem Westen näherten und wenn die zwei ganz armen Schwarzmeer-Staaten von ihrer schlimmsten Not erlöst würden, dann könnte Europa vielleicht doch langsam, langsam ein neues, glücklicheres Gesicht bekommen!

Einer durchgreifenden, doch vom Ostblock deutlich unterschiedenen »Perestrojka« bedürfte auch das wichtige zentraleuropäische »Bindeglied« Jugoslawien. Es liegt an der Schnittstelle, die Ost und West ein wenig auseinander hält und von Schweden über die »Weltkriegsinsel Berlin« und das neutrale Österreich bis zum Mittelmeer reicht und jenseits desselben vielleicht noch durch Ägypten fortgesetzt wird. Einige Jahre nach Titos Tod stellte sich endgültig heraus, daß Jugoslawien seine »Blockfreiheit« ebenso ernst nimmt wie Österreich seine Neutralität.

In Österreich regte sich die Idee, mit diesem so besonders verkehrsgünstig gelegenen Nachbarstaat auch auf dem Rüstungsgebiet enger zusammenzuarbeiten; hier gäbe es keine »Rüstungsmafia«, dafür hervorragende technische Ergänzungsmöglichkeiten. Einige Schritte sind getan worden, aber der mächtig hereinbrechende Wirtschaftsabstieg Jugoslawiens verhinderte vorläufig noch praktische Ergebnisse.

Die leidvollen sozialpolitischen Experimente des

20. Jahrhunderts haben die eine Erkenntnis gebracht: Persönliche Freiheit und Würde gedeihen weder in der Führungslosigkeit noch in der Diktatur, sondern nur dort, wo die vielen einzelnen Freiheiten von einer handlungsfähigen Führung geschützt werden und das Verhältnis zwischen allgemeiner Ordnung und persönlicher Entfaltungsmöglichkeit ständig neu überdacht und neu korrigiert wird.

Vom bevorstehenden Ende unseres turbulenten Jahrhunderts aus betrachtet, scheinen seine ungeheuren Opfer nicht ganz umsonst gewesen zu sein: Vieles spricht jetzt dafür,

- daß die Erste Welt aus ihrer geistigen Orientierungslosigkeit, aus ihrer einseitigen Genußsucht und ihrem Mangel an Lebenssinn herausfindet,

- daß die Zweite Welt die schlimmsten Formen ihrer Zwangsregime und ihrer wirtschaftlichen Verbohrtheiten abstreift,

- daß die Dritte Welt von ihrer Unerfahrenheit und von ihren primitiven Korruptionsmethoden befreit wird

und daß sich die drei einander so fremd gegenüberstehenden Welten gegenseitig aufhelfen und auf einem freien, allen zugänglichen Marktplatz friedlich miteinander reden und Handel treiben werden.

Anmerkungen

[1] Mein Vater, Major des Generalstabs Maximilian Kraus (geboren 1876, gefallen Dezember 1914)

[2] Der älteste Bruder meines Vaters, Oberst des Geniestabes Hugo Kraus

[3] Eine interessante Würdigung dieses Kompromißvorschlages im Sprachenkonflikt veröffentlichte Walter B. Simon in seinem Beitrag »Die Donaumonarchie, Völkerkerker oder Modell?« auf Seite 9 des Sammelbandes »Die Europäische Herausforderung Österreichs« (K. Sapotozki und R. Richter, Landesverlag Linz 1987).

[4] Ritter Baldauf, dem Helden einer frommen Tiroler Legende, ist eine Seitenkapelle der Stadtpfarrkirche von Hall gewidmet gewesen.

[5] CV ist die Abkürzung für »Cartell-Verband«, einer mächtigen Organisation katholischer Studentenverbindungen, politisch bedeutungsvoll durch das Gelöbnis ihrer »Alten Herren«, einander beizustehen, was am sichtbarsten durch das gegenseitige Posten-Verschaffen geschieht.

[6] Der Schoberblock war eine für die Wahlen vom November 1930 gebildete, halb liberale, halb nationale Sammlung der verschiedensten politischen Gruppen.

[7] Dr. Ing. Ernst Kraus, ein jüngerer Bruder meines Vaters, von 1915 bis 1938 Generaldirektor der »Siemens & Halske AG« und von 1929 bis 1938 auch der »Siemens-Schuckert Werke AG«

[8] Der »Marshallplan« war die großzügige amerikanische Finanzhilfe für Europa, ein reines Geldgeschenk – vergleichbar mit der späteren Entwicklungshilfe der Ersten für die Dritte Welt.

[9] Walter B. Simon charakterisiert diesen Lagerpatriotismus ein-

drucksvoll in seinem Buch »Österreich 1919 bis 1938, Ideologien und Politik«, Böhler Verlag, Graz.

[10a-e] Die Namen jener Personen, die meinen Bericht als unangenehm empfinden könnten, führe ich hier nicht an, sondern hinterlege ihre Liste bei Notar Dr. Michael Zerdik, 1010 Wien, Naglergasse 6, mit der Weisung, sie 10 Jahre lang geheimzuhalten.

[11] Karl Hartleb war der prominenteste Politiker der Ersten Republik, der nach dem Krieg bei der Gründung des »Verbandes der Unabhängigen« – meiner Partei – mitgewirkt hat.

[12] Die Heimwehren waren bürgerlich orientierte Wehrverbände, die eine sehr uneinheitliche Entwicklung genommen haben. Die einzige Spezialgeschichte bietet Walter Wiltschegg in seinem Buch »Die Heimwehr«, Verlag für Geschichte und Politik, Wien 1985.

[13] Diese Ziffern führte der aus Österreich emigrierte Historiker jüdischer Herkunft Egon Schwarz in einem Vortrag an, den er 1978 in Wien gehalten hat und den ich zum größten Teil in der Zeitschrift »Berichte und Informationen« in den Nummern 7, 8 und 9 (1978) abgedruckt habe.

[14] K. d. F., Abkürzung für »Kraft durch Freude«, eine nationalsozialistische kulturelle Organisation für das einfache Volk

[15] Siehe »Akten zur Deutschen Auswärtigen Politik 1918 bis 1945«, Serie D, Band VI, S. 823–828

[16] Es gibt Historiker-Spekulationen, daß Hitlers Stellvertreter Rudolf Heß zu seinem sinnlosen Flug nach England durch dieses – schon längst unaktuell gewordene – Angebot der Engländer veranlaßt worden wäre.

[17] Die Schloßherrin war Prinzessin Bourbon-Siciles, geborene Prinzessin Lubomirska.

[18] Das war die übliche Bezeichnung für das Deutsche Auswärtige Amt, dessen wohlausgewogene Fassade fast die ganze Westseite der Wilhelmstraße einnahm.

[19] Das Hotel Kaiserhof war das erste Nobelhotel Berlins. Es stand »Unter den Linden« nahe dem Brandenburger Tor und dem Reichstagsgebäude. Es wurde im Krieg zerstört.

[20] Die kommunistische Nivellierung der Löhne ist später radikal geändert worden: Wichtige Erfinder erhielten unter anderem das Recht, sich in den Sondergeschäften der Privilegierten mit allem gratis zu versorgen.

[21] Diese Dienststelle befand sich im OKW-Wi Rü Amt (Oberkommando der Wehrmacht – Wirtschafts- und Rüstungs-Amt).

²² Diesen Aktenvermerk zeigte mir mein ehemaliger Redaktionskollege vom NWD, W. Kuss, der zu Kriegsbeginn in die Zensurabteilung des Propaganda-Ministeriums einberufen worden war. – Als »untragbar objektiv« bezeichnete man damals alles, was man als »zutreffend«, aber dem Regime abträglich erkannte. Objektivität und freies Urteilen waren ganz offiziell verpönt.

²³ Das Arbeitsgebiet der »Abwehr II.« war die psychologische und indirekte Kriegsführung, insbesondere die Zersetzung der feindlichen Wehrkraft, die »Insurektion« (Organisierung von Aufständen) sowie die Sabotage im Rücken des Feindes. (Abwehr I. war die eigene Spionage und Abwehr III. die wirkliche Abwehr der fremden Spionage.)

²⁴ SD (Abkürzung von »Sicherheits-Dienst«) war eine Spezialeinheit der SS, welche große, der Abwehr ähnliche »Sonderaufgaben« durchzuführen hatte, und zwar unabhängig von der Wehrmacht, oft sogar im Gegensatz zu ihr.

²⁵ Admiral Wilhelm Canaris war der oberste Chef der deutschen Abwehr – gegen Kriegsende in Ungnade gefallen und »beseitigt«.

²⁶ Das Terror-Regime des kommunistischen Putschisten Béla Kun von 1919

²⁷ Der Duklapaß war der strategisch wichtigste Punkt der Ostkarpaten. Dort ist mein Vater im Dezember 1914 gefallen.

²⁸ RAD ist die Abkürzung für »Reichsarbeitsdienst«. In den RAD-Lagern wurden die Burschen, bevor sie zur Wehrmacht einberufen wurden, und auch die 17jährigen Mädchen kaserniert und zu örtlichen Arbeiten eingesetzt.

²⁹ »Do not fraternize!«, zu deutsch »Keine Verbrüderung mit der Zivilbevölkerung!«. Dieser Armeebefehl war von amerikanischen Journalisten und Parlamentariern noch vor Kriegsende verlangt worden.

³⁰ Siehe Salzburger Landes-Archiv, BH Salzburg 1945/II. G. 6/576

³¹ »Volksdeutsche« nannte man die zirka sechs Millionen deutschsprachigen Bewohner der Tschechoslowakei, Siebenbürgens, Jugoslawiens und anderer osteuropäischer Gebiete. Sie wurden mit Kriegsende auf meist sehr grausame Weise aus ihren Wohnstätten vertrieben.

³² Siehe Viktor Reimann, »Die Dritte Kraft«, Verlag Fritz Molden, Seite 185

³³ Es waren vor allem Anliegen des Generaldirektors der »Austria

Versicherung«, Vesely, und des Chefs der »Ersten Allgemeinen«, Hummel.

[34] Fritz Bock, später Handelsminister und Vizekanzler und nach Beendigung seiner politischen Karriere langjähriger Aufsichtsratspräsident der »Creditanstalt-Bankverein«

[35] Lujo Tončić war 1946 bis 1949 Redakteur unserer »Berichte und Informationen«. Dann bot ihm die ÖVP ein Nationalratsmandat an. Er war kurze Zeit Außenminister im Kabinett Klaus.

[36] Waldbrunners Vater war Betriebsratsobmann bei Siemens-Halske

[37] Siehe meine Parlamentsrede zur Neutralitätserklärung in den stenographischen Protokollen des Nationalrats, 80. Sitzung, S. 3716

[38] »Gau Oberdonau« war während der Hitlerzeit die Bezeichnung für das Land Oberösterreich.

[39] Nach dem Besuch bei Mautner Markhof, siehe S. 197

[40] Einen ausführlichen Bericht über Oberweis bringt Viktor Reimann in »Die Dritte Kraft«, Seite 116.

[41] Das erzählten mir die Teilnehmer Raschhofer u. Borodajkewicz.

[42] Der »Katalog des Umdenkens« siehe Seite 188 ff.

[43] Über den Betriebsterror schreibt Viktor Reimann in »Die Dritte Kraft« sehr ausführlich ab Seite 187.

[44] Siehe Kurt Piringer, »Die Geschichte der Freiheitlichen«, Verlag Orac, Seite 26

[45] FSÖ (»Freiheitliche Sammlung Österreichs«). Näheres darüber siehe Fritz Stüber, »Ich war Abgeordneter«, Leopold Stocker-Verlag, Graz, Seiten 283 ff.

[46] Siehe Piringer wie oben, Seite 22

[47] Der Liberale Klub, Wien, veranstaltete am 13. November 1985 eine Podiumsdiskussion über die Betriebspartnerschaft, bei der die Vertreter aller drei Parteien (Sepp Wille für die SPÖ, Wolfgang Schüssel für die ÖVP und Holger Bauer für die FPÖ) ihre Bereitschaft für die politische Behandlung dieses Gedankens aussprachen.

[48] Olah war als Präsident der Bau- und Holzarbeiter-Gewerkschaft 1954 äußerst mutig gegen den kommunistischen Putschversuch aufgetreten.

[49] Vor allem mit Klenner, Zak und Ströer

[50] Dr. Peter Jankowitsch, ein begabter Diplomat, der seine sozialistische Parteimitgliedschaft stets betonte, 1985 im letzten Kabinett Sinowatz Außenminister.

[51] Siehe Seite 173, Erhebung über Arisierungen

[52] Als erster begann der Österreicher Friedrich Heer mit dem Buch »Gottes erste Liebe« eine Kampagne zu einer neuen religiösen Sicht des Judentums.

[53] An erster Stelle stand Schweden mit jährlich 660 wirtschaftlich genutzten Erfindungen auf 100000 Einwohner, dann kamen Österreich mit 367 und die Schweiz mit 365 Erfindungen und viel weiter hinten das Deutsche Reich, die USA und Japan.

[54] Ich besuchte Kirchschläger am 21. Mai 1986, um ihn zu einem Vortrag im »Liberalen Klub« einzuladen. Bei dieser Aussprache brachte er noch andere klare und präzise Kritiken an allen drei Parteien vor – Kritiken, die mir bewiesen, wie weitreichend die Informationen sind, die ein Bundespräsident von Politikern, Beamten, Diplomaten und Leuten aus dem Volke bekommen kann, und wie gering seine Möglichkeiten sind, Fehlentwicklungen aufzuhalten.

[55] Er meinte damit wohl vor allem die Begrüßung des begnadigten, in ein schweres Kriegsverbrechen verwickelten Majors Reder durch seinen Parteifreund Minister Frischenschlager.

[56] Die Besprechung fand am 13. November 1986 im »Freiheitlichen Bildungswerk« statt.

[57] Der OPEC-Fund mit dem Sitz in Wien ist die Dienststelle für die Entwicklungshilfe, die die OPEC-Länder (die reichen Ölstaaten) den armen Entwicklungsländern gewähren.

[58] Es war das Schreiben des Staatspräsidenten Joseph Momoh von Sierra Leone.

[59] Die »Gesellschaft für österreichisch-arabische Beziehungen« (Göab) wurde 1983 unter dem Ehrenschutz von Bruno Kreisky von Politikern und Wirtschaftsführern gegründet und entfaltet eine umfangreiche Tätigkeit.

[60] Smail Balić, ein aus Bosnien stammender Muslim, gibt die Zeitschrift »Der Islam und der Westen« heraus und ist ein aktiver Vorkämpfer für das gegenseitige Verständnis von Christentum und Islam.

[61] Kurz vor Fertigstellung dieses Buches erschien im Ullstein-Verlag Berlin das Buch »Vertreibungsverbrechen an Deutschen« von Heinz Nawratil. Es dient nicht dem »gegenseitigen Aufrechnen«, sondern belegt dieses »finsterste Kapitel der Menschheitsgeschichte« nun auch von der anderen Seite her. Im selben Verlag und zum selben Thema erschien 1987 auch das Werk »Die Gefangenen« von Carell.

Personenregister

Abuschayew, Biktimer, mein tatarischer Schützling, der später dreimal seinen Namen wechselte 136 ff., 148 ff., 162, 179

Al Ani, Awni, stellvertretender Generaldirektor des OPEC-FUNDS 320 ff.

Altenburger, Erwin, ÖVP-Abgeordneter 230

Antonescu, Jon, rumänischer Staatschef und Verbündeter Hitlers 110

Atatürk, Kemal, Reorganisator der Türkei nach dem Ersten Weltkrieg 208

Bacher, Gerd, Generalintendant des österreichischen Rundfunks 296 ff.

Balić, Smail, Sprecher der Muslims in Wien 325

Baudet, Lucien, Capitain, für innenpolitische Fragen zuständiger Offizier der französischen Besatzungsmacht 179

Behrmann, Eigentümer der »Oberösterreichischen Nachrichten« 194, 201

Belcredi, Graf Richard, österreichischer Ministerpräsident 112

Benya, Anton, österreichischer Gewerkschaftspräsident 295

Bergemann, Walter, 1939 Ministerialdirigent im Reichswirtschaftsministerium 106

Beria, Andrej, unter Stalin Chef der sowjetischen Geheimpolizei NKWD 123

Béthouard, Emile, General, französischer Hochkommissar in Österreich 178

Blücher, Wassili Konstantinowitsch, unter Stalin hingerichteter Marschall der Roten Armee 122

Blunder, John, Oberst der amerikanischen Besatzungsarmee 195

Bock, Fritz, ÖVP-Abgeordneter, später Handelsminister und Vizekanzler 238

Böck-Greißau, Josef, Industrieller und Handelsminister 240, 242

Böhm, Johann, erster Präsident des österreichischen Gewerkschaftsbundes 250, 292

Bös, Josef, Chefredakteur der »Berichte und Informationen« 89

Breitner, Burghard, Professor der Chirurgie, Präsidentschaftskandidat des VdU 240

v. Brentano, Clemens, deutscher Diplomat und Nachkomme des gleichnamigen Dichters 92

340

Sachregister

343

344

349

Kurt Schuschnigg

Im Kampf gegen Hitler

Die Überwindung der Anschlußidee

Amalthea

Österreichs Bundeskanzler von 1934–1938 analysiert die Geschichte des Anschlusses Österreichs an das Deutsche Reich. Die politischen Erinnerungen eines Staatsmannes, der zum Historiker geworden ist.

474 Seiten

Heinrich Drimmel

Vom Kanzlermord zum Anschluß

Österreich 1934-1938

Amalthea

In diesem 3. Band der Trilogie „Österreich 1918–1938" schildert der Autor aus der Perspektive eigenen Erlebens den ebenso dramatischen wie vergeblichen Kampf Österreichs um die Bewahrung seiner Eigenständigkeit.

512 Seiten

Spannender als jeder Polit-Thriller belegen Dokumente, Protokolle und Bilder den wesentlichen Anteil Otto von Habsburgs an der Wiedererrichtung Österreichs im Jahre 1945. Ein Buch, das die Geschichte Österreichs in neuen Zusammenhängen zeigt.

188 Seiten mit 200 Abbildungen